INTRODUCCION E HISTORIA DE LA FILOSOFIA

COLECCION TEXTOS

EDICIONES UNIVERSAL. Miami. Florida, 1980

HUMBERTO PIÑERA LLERA

INTRODUCCION E HISTORIA DE LA FILOSOFIA

P.O. Box 450353 (Shenandoah Station)
Miami, Florida, 33145, U.S.A.

(c) Copyright 1980 by Humberto Piñera Llera

ISBN: 978-0-89729-254-2

Library of Congress Catalog Card No: 80-65885
TERCERA EDICION
(la primera edición de este libro fué publicada por
Cultural S.A. - Habana, Cuba, 1956. Segunda edición
en Cuba, 1959).

Depósito legal: B. 13728-1980

PROLOGO A LA TERCERA EDICION

Veintiún años después de su segunda edición en Cuba, aparece ahora en Estados Unidos la tercera de esta **Introducción e Historia de la Filosofía**, que ha tenido una amplia difusión por todo Hispanoamérica, como prueba de la acogida que se le ha dado. Tal como se dice en el prólogo de las anteriores ediciones, una obra de esta naturaleza es del todo indispensable, si se tiene en cuenta que —como suele decirse— "no hay filosofía sin historia de la filosofía", en contraste con lo que, relativamente, es posible hacer con el resto de los saberes. Y no es posible, en el caso de la filosofía, debido precisamente a la peculiar naturaleza de dicha disciplina intelectual, pues consiste, más o menos, en esa **Aufhebung** o "cancelación superadora" adscrita a la **dialéctica** por Hegel, en la cual, mírese como se quiera, consiste el filosofar. Por lo mismo, la **Introducción a la Filosofía** ha de ser, al mismo tiempo, su **Historia**, aun cuando esto suponga cierta diferencia entre ambas, tanto en su contenido como en su forma. Pues mientras la **Introducción** es el despliegue metódico de la fundamental temática filosófica, su **Historia** nos brinda el acontecer vivo y, en consecuencia, **dramático** (justamente por darse en el tiempo) de esa peculiar forma de actuación humana en el tiempo y en el espacio. Sócrates en el siglo V a. de C., San Agustín en el V de nuestra era, Descartes en los albores de la Edad Moderna, Hegel en el siglo diecinueve, Heidegger ahora. Heleno uno, romano otro, francés el tercero, y germanos los dos últimos. **Tiempo** y **espacio**, o sea, las inesquivables coordenadas que imponen limitación y grandeza en el caso del hombre. He aquí por qué tanto la **Introducción** como la **Historia** de la filosofía requieren la Geografía y la Historia, soportes de ese quehacer que, a la altura de nuestro tiempo, tras veintisiete siglos de actividad filosófica, conmueve aún al lector inteligente que es, claro está, el sensitivo.

Mas para el caso del nivel de enseñanza al cual se destina esta obra, menester es que sea breve y un tanto esquemática. Pues tomada en serio, digamos más o menos "profesionalmente", la filosofía exige un dilatado quehacer que ocupa todo el tiempo de una larga vida. Dado el carácter de **historicidad** del filosofar, de ello resulta que es indispensable recurrir constantemente a lo "anterior" a fin de entender lo "posterior", o sea, por ejemplo, que se comprende mejor a Aristóteles si se tiene presente lo que hay **detrás de** él, sobre todo, Platón y Sócrates. Y lo mismo pasa si tratamos de abrirnos paso en el pensamiento de Hegel, que requiere conocer todo lo anterior a él, especialmente Kant. Ahora bien, habida cuenta del carácter desmesuradamente "proteico" de la filosofía, su **Introducción** impone una síntesis que nunca es deseable, pues da la falsa impresión de que la filosofía es tal como se presenta en esa reducción, con lo que la convertimos en cierto modo dogmático de ser, lejano, en realidad, a su verdadera naturaleza. De esta manera, lo que puede decirse de la teoría de las Ideas en Platón, en el reducido marco de la **Introducción a la Filosofía**, dista tanto de su esencial contenido, que, si atendemos a dicha teoría tal como la exige su verdadero conocimiento, descubrimos entonces que ella es la prueba del afán de su autor por darse a sí mismo una consistente "explicación" de por qué disponemos del privilegio de **pensar**. Y lo que deja satisfecho al lector ingenuo y desprevenido de cualquier **Introducción a la Filosofía** se vuelve, en el caso del lector profundo, desconfianza e inseguridad con respecto a la pretensión del filósofo.

Pero, se dirá, ¿acaso no es posible acceder a ninguna "seguridad" en el caso de la filosofía, tal como, según se mire la cuestión, puede darse en el caso de la Ciencia? Pues bien, es preciso decir que no; que la filosofía es, según mi modesta opinión, respaldada al menos por cuarenta años de continuo quehacer con el saber principal, única y exclusivamente "la problematización de lo problemático". Mas sabemos muy bien que el hombre es, sobre todo, un ser **pragmático**, y no gratuitamente, sino debido a su menesterosa condición en un universo que ha de "entender" si quiere "dominarlo". Es este **homo faber** el que busca a todo trance soluciones tanto más apetecibles cuanto más "fáciles" sean. Y la filosofía es, esencialmente, "temor y temblor", como dicen San Pablo y Kiekegaard al referirse ambos, respectivamente, a determinadas experiencias vitales (1). Pero, a medida que el nivel del **Saber** aumenta, la "facilidad" tiende a ser cada vez más difícil. Tal vez, por esto mismo, al ansioso interrogador por la "realidad" de la luz le repone Einstein: "es la sombra de Dios". También, cabe decir aquí, en cierto modo la filosofía es una sombra inmensa que se cierne sobre la aparente claridad del sentido común.

Mi intención, en este caso, es simplemente la de conducir al lector por los innumerables vericuetos y los interminables zigzagueos de la más excelsa forma de pensar, o sea la **filosofía**. Hacerle ver que con este pequeño manual puede llevarse a cabo algo así como un turístico recorrido del escenario y de las épocas en las cuales floreció dicha actividad hasta el momento actual. Superficial inspección, mas inevitable, dado el propósito al que se le destina, es decir, introducir al neófito en un vasto conjunto del que, por pedagógicas exigencias de suyo comprensibles, sólo es posible mostrar el perfil. Así y todo, hallará el lector amenidad de lectura y hasta cierta vislumbre de ese "dramatismo" en que consiste indefectiblemente el filosofar, según ya se ha advertido. Finalmente, digamos que este texto concluye con una nutrida bibliografía en lengua española y, asimismo, con unas tablas cronológicas de comparación que completan bastante lo que, por exigencias metódicas, falta en el texto. Es el sincero deseo de su autor que esta tercera edición sea del agrado de profesores y estudiantes y alcance así el éxito deparado a sus predecesoras.

Humberto Piñera Llera

---

(1) San Pablo: I **Romanos**, IX, 20; S. Kierkegaard: **Temor y temblor.**

INDICE

	Pág.
ANOTACIÓN PRELIMINAR	XVII

PRIMERA PARTE

INTRODUCCION A LA FILOSOFIA

Capítulo I 3
1. Posibles actitudes del hombre frente a la realidad 3
2. El hombre ante la realidad: su "explicación" 5
3. El asombro y la curiosidad 7
4. El mito 9
5. La religión 11
6. La filosofía y la religión 12
7. El origen de la palabra filosofía 14
8. La filosofía y la ciencia 15
9. La universalidad del saber filosófico 16
10. La cultura 16
11. La persistencia de la filosofía a través de la cultura . 18

Capítulo II 19

1. La actitud filosófica 19

   a) La disposición problemática 19
   b) La disposición teorética 19
   c) La voluntad de abstracción 20

2. El vocabulario filosófico 20
3. El método científico 21
4. Los métodos de la ciencia 23

   a) Las ciencias matemáticas 25
   b) Las ciencias de la naturaleza 25

      I) Las ciencias físicas y químicas 25
      II) Las ciencias biológicas 27

   c) Las ciencias del espíritu 28

Pág.

- 5. Los métodos de la filosofía 29
- 6. Posible clasificación de los métodos de la filosofía 30
- 7. Los métodos discursivos.................................. 31

    - a) La mayéutica 32
    - b) La dialéctica 34
    - c) La lógica 36
    - d) La disputa 37
    - e) La tríada hegeliana 39

- 8. Los métodos intuitivos 39

    - a) La intuición intelectual 41
    - b) La intuición emocional 42
    - c) La intuición volitiva 43

- 9. El problema de la incomprobabilidad de la investigación filosófica 43
- 10. La verdad, la realidad y el juicio que las implica a ambas. 45

CAPÍTULO III 47

1. Los modos fundamentales de concebir la verdad........... 47
2. El conocimiento en la relación sujeto-objeto 48
3. El sujeto y el yo 49
4. El objeto y el yo 49
5. Objetivismo y subjetivismo 50
6. Las tres cuestiones fundamentales inherentes al yo......... 50
7. El conocimiento del no-yo 51
8. Ser general y ser particular 51
9. La Ontología y sus derivaciones 52
10. El conocimiento del yo 52
11. La filosofía de la religión 54
12. La Axiología 55
13. El conocimiento del conocimiento 55

CAPÍTULO IV 57

1. El conocimiento 57
2. La prioridad de la Teoría del Conocimiento en relación con las restantes investigaciones filosóficas 58
3. Los problemas fundamentales de una Teoría del Conocimiento 59

ÍNDICE VII

	Pág.
4. La descripción fenomenológica del conocimiento	60
5. La posibilidad del conocimiento	61

    a) El dogmatismo 62
    b) El escepticismo 63
    c) El subjetivismo y el relativismo 65
    d) El pragmatismo 66
    e) El criticismo 67

6. El origen del conocimiento 67

    a) El racionalismo 68
    b) El empirismo 69
    c) El intelectualismo 70
    d) El apriorismo 70

7. La esencia del conocimiento 71
8. Las soluciones metafísicas 71

    a) El realismo 72
    b) El idealismo 73
    c) El fenomenalismo 74

CAPÍTULO V 75
1. La Ontología 75
2. Objetividad y entidad 76
3. Las estructuras ónticas y ontológicas 76
4. Esferas y subesferas de la realidad 77

    a) La esfera de los objetos reales 77

        I) El mundo amanual 77
        II) El mundo percibido 78
        III) El mundo de la ciencia 78

    b) La esfera de los objetos ideales 79
    c) La esfera de los objetos metafísicos 79
    d) La esfera de los objetos valores 79

5. Las estructuras ónticas de las esferas de la realidad 79

    a) Objetos reales 79
    b) Objetos ideales 79
    c) Objetos metafísicos 80
    d) Objetos valores 80

	Pág.
6. El realismo y el idealismo metafísicos	81
7. La Metafísica como parte de la Ontología	81
8. Categorías ónticas de la existencia humana o vida	82
9. La vida y el tiempo	83
10. La angustia	83
11. El problema de la existencia de un ser trascendente	83
a) El monismo y el dualismo	84
b) Materialismo y espiritualismo	86
c) El mecanicismo y el teleologismo	87
12. Los problemas de Dios y del alma	88
a) El problema de Dios	88
I) Quién es Dios	88
II) Qué es Dios	89
III) Cómo se sabe si existe Dios	89
b) El problema del alma	92

Capítulo VI 95

1. La antropología filosófica 95
2. La antropología, el hombre y el yo 95
3. La antropología científica y la antropología filosófica ... 96
4. La psicología y el problema del yo 96
5. La antropología filosófica y el problema del yo 97
6. Las posibles categorías de la estructura fundamental o el yo espiritual 98
7. Las diversas interpretaciones de la libertad del yo espiritual. 99

    a) El determinismo 99
    b) El libre albedrío 100

8. Las tres cuestiones fundamentales en la relación del yo con el mundo exterior 101

    a) La Etica 102
    a-1) Los formas de manifestación del pensamiento ético... 103

        I) La ética empírica 103
        II) La ética de bienes 103
        III) La ética formal 103
        IV) La ética de los valores 104

    b) La Estética 104

	Pág.
Capítulo VII	106
1. La filosofía de la naturaleza	106
2. Ciencias naturales y filosofía de la naturaleza	107
3. La Cosmología	107
4. La Filosofía de la religión	108
5. La Filosofía de la historia	109
6. El problema de las filosofías "especiales"	111

SEGUNDA PARTE
HISTORIA DE LA FILOSOFIA

Capítulo VIII	115
1. La Historia de la filosofía	115
2. La filosofía y su historia	115
3. Los orígenes de la actividad filosófica	116
4. El lugar donde tuvo su origen la filosofía griega	117
5. El tránsito de la religión a la filosofía	118
6. Las etapas de la filosofía griega	120
7. Las etapas de la filosofía bajo el cristianismo	121
8. Las notas fundamentales de la actividad filosófica occidental	122

LA FILOSOFIA EN LA ANTIGÜEDAD

Capítulo IX	125
1. El período cosmológico	125
2. Caracterización general de la filosofía presocrática	125
3. Caracterización general de la filosofía de los "físicos"	126
a) Tales de Mileto	126
b) Anaximandro	127
c) Anaximenes	128
4. Caracterización general de la filosofía de los "metafísicos"	128
a) Pitágoras	128
b) Jenófanes	130
c) Parménides	131
d) Zenón	135
e) Meliso	136
f) Gorgias	136
g) Heráclito	137

		Pág.
5.	Caracterización general de la filosofía de los "eclécticos".	138
	a) Empédocles	138
	b) Anaxágoras	139
	c) Demócrito	140
6.	El período antropológico	140
7.	Caracterización general del período antropológico	141
8.	Los sofistas	141
	a) Protágoras	142
	b) Gorgias	143
	c) Hippias	143
9.	Sócrates	143
	I) La actitud	145
	II) El método	145
	III) Los resultados	145
10.	Las escuelas "socráticas"	146
	a) Los cínicos	146
	b) Los cirenaicos	147
11.	El período sistemático	147
	a) La filosofía de Platón	148
	I) El problema de la realidad	149
	II) El problema del conocimiento	150
	III) El problema de lo individual	151
	IV) El problema de lo social	151
	b) La filosofía de Aristóteles	152
	I) El problema de la realidad	153
	i) El ente en cuanto tal	154
	ii) Dios	154
	iii) La sustancia	154
	iv) Las categorías	155
	v) La potencia y el acto	155
	vi) La materia y la forma	155
	vii) Las causas	155

			Pág.

	II)	El problema del conocimiento	156
	II-a)	La lógica	157
	III)	El problema de lo individual	157
	IV)	El problema de lo social	157
	V)	La Psicología	158
	VI)	La Teología	158
12.	El período helenístico-romano		159
	a) Los estoicos		159
	b) Los epicúreos		160
	c) El escepticismo		161
	d) El eclecticismo		162
	e) El neoplatonismo		162

LA FILOSOFIA EN LA EDAD MEDIA

CAPÍTULO X 167
1. El cristianismo y la filosofía 167
2. Los aportes del cristianismo 168
3. Los primeros contactos del cristianismo con la filosofía..... 170

    a) Los Apologetas 170
    b) Los Santos Padres 170
    c) Las herejías 171

4. San Agustín 171
5. La Escolástica 175
6. Los filósofos anteriores a Santo Tomás 178
7. Santo Tomás de Aquino 179

    a) El punto de partida 180
    b) Distinción entre la filosofía y la teología 180
    c) Las partes de la filosofía 181
    d) La existencia de Dios 181
    e) El alma humana 182
    f) La Etica 182
    g) La Política 182

8. El movimiento filosófico posterior a Santo Tomás 183

    a) El movimiento franciscano 183
    b) El misticismo especulativo 184

LA FILOSOFIA EN LA EDAD MODERNA

	Pág.
Capítulo XI	189
1. El tránsito de la Edad Media al Renacimiento	189
2. Los tres movimientos principales en el Renacimiento	190
a) El humanismo	190
b) La mística	191
c) La filosofía	191
i) Nicolás de Cusa	191
ii) Giordano Bruno	192
iii) Francisco Suárez	193
3. La filosofía moderna	194
a) Renato Descartes	194
i) El punto de partida	195
ii) El criterio de verdad	196
iii) Dios	196
iv) Las dos sustancias	197
v) El mundo	197
vi) Lo animado	197
vii) Las ideas	197
viii) El problema del método	198
b) Baruch de Spinoza	198
i) El punto de partida	199
ii) Dios	199
iii) El problema de la comunicación de las sustancias	199
iv) La concepción ética	200
c) Nicolás de Malebranche	201
d) Godofredo Guillermo Leibniz	201
i) El punto de partida	202
ii) Dios	203
iii) El conocimiento	203
iv) Las verdades de razón y de hecho	204
v) La Teodicea	204
e) Christian Wolff	205

ÍNDICE

	Pág.
4. La filosofía moderna. La rama insular	206
a) Francisco Bacon	206
i) El punto de partida	206
ii) El método	207
iii) La ciencia y la filosofía	207
iv) La clasificación de las ciencias	208
b) Tomás Hobbes	208
c) John Locke	209
i) El punto de partida	209
ii) Las ideas	210
iii) Las cualidades	210
iv) El conocimiento	210
v) La moral y el Estado	211
d) George Berkeley	211
i) El punto de partida	211
ii) Las ideas	212
iii) El espiritualismo	212
e) David Hume	213
i) El punto de partida: el origen de las ideas	213
ii) Crítica de la ley de causalidad	213
iii) Negación del espíritu	214
iv) El conocimiento	214
5. El idealismo trascendental: Manuel Kant	215
i) Vida y obra	215
ii) El punto de partida	216
I) El ser trascendental	216
II) El conocimiento trascendental	217
iii) La inversión copernicana	217
iv) El juicio	218
v) El espacio y el tiempo	218
vi) Las categorías	219
Tabla de los juicios	219
Tabla de las categorías	220
vii) Los tipos de conocimiento *a priori*	220

	Pág.

  viii) El problema de Dios 221
  ix) La metafísica 221
  x) La moral 222

    I) El imperativo categórico 222
    II) La persona moral 223
    III) La primacía de la razón práctica...... 223

 6. La Ilustración 223

  a) El barón de Montesquieu 224
  b) Juan Jacobo Rousseau 224
  c) Voltaire 225

Capítulo XII 227
 1. La filosofía en los comienzos del siglo xix 227
 2. El idealismo especulativo 227

  a) Juan Teófilo Fichte 227

    i) El punto de partida 228
    ii) El yo 228
    iii) El no-yo 228

  b) Federico Guillermo Schelling 229

    i) El punto de partida 229
    ii) El conocimiento 229
    iii) La libertad 229

  c) Jorge Guillermo Federico Hegel 230

    i) El problema del espíritu 230

      I) El espíritu subjetivo 230
      II) El espíritu objetivo 230
      III) El espíritu absoluto 231

    ii) La naturaleza 231
    iii) La filosofía de la historia 232

 3. La oposición al idealismo especulativo 232

  a) La reacción contemporánea con Hegel 232
    Arturo Schopenhauer 233
  b) El materialismo alemán 234

	Pág.

c) El positivismo 234

    I) El fundador: Augusto Comte 234

        i) El punto de partida 235
        ii) Relativismo y utilitarismo 235
        iii) La clasificación de las ciencias 236
        iv) La Sociología 236
        v) La religión de la humanidad 236

    II) El positivismo inglés: Herbert Spencer. 237
    III) El positivismo alemán 238

d) El neokantismo 238

LA FILOSOFIA EN LA EDAD CONTEMPORANEA

Capítulo XIII 243

1. La filosofía contemporánea 243
2. La filosofía de la vida 244

    a) Sören Kierkegaard 244
    b) Federico Nietzsche 245
    c) Guillermo Dilthey 246
    d) Enrique Bergson 247

3. La fenomenología 248

    a) Francisco Brentano 248
    b) Edmundo Husserl 250

        i) El punto de partida 250
        ii) Las vivencias 251
        iii) La reducción fenomenológica 251
        iv) Consecuencias de la fenomenología 252

4. La filosofía de los valores 253

    a) Los antecedentes 253

        i) El subjetivismo axiológico 253
        ii) El objetivismo axiológico 254

    b) Max Scheler 254
    c) Nicolás Hartmann 255

		Pág.

    5. La filosofía existencial 256

        a) Martín Heidegger 258

            i) El punto de partida 258
            ii) La existencia como preocupación 258
            iii) La nada 259

        b) Juan Pablo Sartre 259

    6. El neopositivismo 260
    7. El neo-realismo 261
    8. La filosofía de la "razón vital" 261

        i) Vida y obras 262
        ii) La filosofía de la "razón vital" 262

LA FILOSOFIA EN CUBA

Capítulo XIV 267
    1. La filosofía en Cuba 267
    2. Situación cultural de Cuba al comenzar el siglo xix........ 267
    3. El presbítero José Agustín Caballero 268
    4. Félix Varela y Morales 268

        i) Vida y obras 268
        ii) La filosofía de Varela 269

    5. Manuel González del Valle 270
    6. José Zacarías González del Valle 270
    7. José de la Luz y Caballero 271

        i) Vida y obras 271
        ii) La filosofía de Luz y Caballero 271

    8. José Manuel Mestre 273
    9. Enrique José Varona 273

        i) Vida y obras 273
        ii) La filosofía de Varona 274

Cronología aproximada de autores 277

Bibliografía 309

ANOTACION PRELIMINAR

Ofrezco a la consideración de los profesores y alumnos el presente texto de *Introducción a la filosofía*, desarrollado al hilo del programa que rige dicha disciplina en los Institutos de Segunda Enseñanza, aunque con ligeras alteraciones de forma —y en ningún caso de contenido—, hechas con el propósito de facilitar el trabajo del profesor y del estudiante.

La primera consideración seria que plantea la *Introducción a la filosofía* es la que consiste en preguntar si ella "introduce" de veras al estudiante, por consiguiente al no iniciado, en el vasto y complejo campo de la filosofía. Mis experiencias durante más de una década como profesor de filosofía me inclinan a creer que la *Introducción a la filosofía*, lejos de ser fácil puerta de acceso al conocimiento de la problemática del saber principal, es, por el contrario, tal vez el modo más efectivo de no llegar jamás a dicho conocimiento; porque la forma demasiado sintética y esquemática que necesariamente debe adoptar la *Introducción a la filosofía* implica e impone por parte del estudiante un conocimiento en cuya busca se va por medio de la mencionada introducción. Para decirlo todavía con mayor claridad: que el esquematismo y la nebulosidad de la *Introducción a la filosofía* dejan de ser tales sólo cuando ya se ha decursado lo suficiente por el amplio campo de la especulación filosófica.

Pero la dificultad no puede ser, sin embargo, la razón que justifique la no existencia de una disciplina como es la *Introducción a la filosofía*. Pues no parece haber otro modo de iniciar a nadie en los complejísimos problemas de la filosofía, como no sea mediante el eficaz auxilio que la introducción proporciona. Otra cuestión es ya la de cómo hacer tangible el propósito que se persigue, llevando al texto todo lo que debe formar parte de esa introducción. Y a este respecto debe decirse que entre los criterios extremos que o bien subordinan el problematismo a lo histórico, o bien proceden a la inversa, es siempre preferible el criterio intermedio de balancear ambas maneras de concebir la *Introducción a la filosofía*, según aparece en el programa oficial vigente en Cuba, y al cual, como lo hemos señalado, se ajusta la presente obra. Con un criterio como el que rige el programa mencionado se consigue el propósito de *corporizar* la problemática que constituye la primera parte del texto. La historia de la filosofía que aparece en la segunda parte, tiene, por consiguiente, la finalidad de mostrar al iniciado el proceso en que ha consistido la especulación filosófica como actividad humana y por lo mismo *histórica*, es decir, como un quehacer propio del hombre, con el cual éste ha creído posible obrar eficazmente en el medio social.

Y aquí tocamos ya otra de las dificultades que la *Introducción a la filosofía* apareja sin remedio, a saber: cómo entender la *historicidad* de la filosofía. Al decir esto último, queremos aludir aquí a la *organicidad* que debe mostrar el proceso histórico de la especulación filosófica. Pongamos un ejemplo: todo el desarrollo de la filosofía en la Edad Moderna está presidido por la adhesión a las *ideas*. No importa que se afirme o se niegue la existencia de la materia, o del espíritu, o de ambos; que se admitan o no se admitan las ideas *innatas;* que se defienda o se rechace el origen sensorial de las ideas, etc. En todos los casos, la *idea* aparece como el *leiv-motiv* de la filosofía moderna. Lo mismo Descartes que Hume, Kant y Hegel que Berkeley y Comte, todos *creen* en la *idea* como el punto de partida que, *mutatis mutandis*, posibilita y justifica la especulación acerca de la realidad.

Pero, a su vez, ese proceso de la filosofía moderna empalma con el anterior de la medieval y condiciona el subsiguiente de la contemporánea. De donde resulta que si queremos encontrar un *sentido* a la enseñanza de la filosofía, es preciso poner todo el cuidado posible en el *carácter orgánico* de la historia de la filosofía. O sea que ésta debe mostrarse al estudiante como la peripecia de la cual el momento presente constituye una fase. Sólo así se conseguirá despojar a la *Introducción a la filosofía* de la pesadez arqueológica que suele aquejarla más de lo debido.

Otras consideraciones de tanta importancia como las señaladas podrían ser suscritas ahora, pero harían demasiado extenso lo que se anunció como simple anotación preliminar. Hemos de confiar en que se nos permita considerar lo expuesto al respecto como lo esencial a los efectos de una expresa manifestación de las inevitables preocupaciones que han debido asaltarnos mientras componíamos la obra que ahora ofrecemos.

Nuestro más ferviente deseo no puede ser sino que este libro sirva de amable y eficaz colaboración al estudiante de *Introducción a la filosofía* en los Institutos de Segunda Enseñanza y también a quienes intenten iniciarse en los complejos y vastos problemas que la filosofía propone.

Consignamos también nuestro reconocimiento a la empresa editora CULTURAL, S. A., que por segunda vez y en breve plazo nos ha honrado con la confianza que ha depositado en nosotros al permitirnos la redacción de este libro.

EL AUTOR.

PRIMERA PARTE

•

INTRODUCCION
A LA FILOSOFIA

CAPITULO I

IDEA GENERAL DE LA FILOSOFIA

1. **Posibles actitudes del hombre frente a la realidad.**—El hecho primario del cual es preciso partir para considerar cualquier manifestación de la cultura —también, por consiguiente, en el caso de la filosofía— es el de la existencia del hombre y el mundo, irrecusablemente correlacionados e interdependientes en todas sus manifestaciones. Tal es, pues, el punto de partida: un ser humano situado en un mundo del que forma parte y un mundo que existe para un ser humano del cual resulta una parte constitutiva. En principio, tenemos, por consiguiente, una correlación constituída por dos seres —el *hombre* y el *mundo*—, que por ser la más remota y en consecuencia la inicial, es la misma para todos los seres humanos.

Pero esa correlación, que es idéntica para todos los casos en que se manifiesta primariamente, comienza a teñirse de distinto modo según la actitud que asuma el ser humano que, en su mundo y enfrente de él, pretende o necesita —que esto habría que verlo— *saber a qué atenerse* con respecto a su mundo. Porque, en definitiva, lo que a todo ser humano interesa, antes que toda otra cosa, es saber a qué atenerse en el mundo que le contiene, del cual es él a su vez y en cierto modo el depositario. O lo que vendría a ser lo mismo: *explicarse* en qué consiste el mundo, según él es capaz de concebirlo e interpretarlo.

La actitud más próxima a la del hecho primario del hombre en el mundo estaría dada por la que puede ofrecer aquello que en la jerga filosófica se llama el *hombre vulgar*. Mientras que otras actitudes, más distantes respectivamente del hecho primario aludido, vendrían a ser las del *hombre de ciencia* y el *filósofo*. O sea que en tanto que la actitud del hombre vulgar puede ser calificada de "espontánea", tal cosa no cabría hacer con las del científico y el filósofo. Pero no debemos, sin embargo, dejarnos llevar con ligereza de las primeras intenciones significativas de los vocablos, hasta el punto de olvidar sus segundas intenciones. Basta reflexionar un poco para advertir que la distinción entre la "espontaneidad" del hombre vulgar y la "no espontaneidad" del científico y el filósofo es bastante relativa, ya que, en rigor de verdad, no hay un hombre vulgar a secas, ni un científico o un filósofo a secas, sino que, por el contrario, en cualquiera de ellos —en todos— se dan los tres tipos inextricablemente mezclados. No es en balde que la conseja popular reclama para todo mortal la triple condición de médico, poeta y loco. Y el eminente pensador francés Edmond Goblot dice en su *Tratado de lógica* [1]: "Le philosophe est le moins métaphysicien des hommes; le savant l'est un peu plus que lui; le vulgaire l'est éperdument". Con ello ha querido señalar el autor citado que, contra lo que se suele admitir generalmente, el hombre vulgar filosofa mucho más de lo que se puede suponer. De paso, la ingeniosa y aguda expresión de Goblot sirve para expresar de otro modo nuestra tesis de que una última distinción rigurosa entre el modo de concebir la realidad el hombre vulgar, de una parte, y de otra el científico y el filósofo, no cabe estrictamente en el terreno de los hechos.

Si se permite el siguiente modo de expresarlo, diremos que en los tres casos tenemos: 1) una *descripción*, y 2) una *explicación*. Con respecto a la descripción, cabe decir que es primero, porque toda explicación, no importa que sea simple o compleja, supone un *contenido* o sea un conjunto de datos en virtud de los cuales se produce la explicación. Ahora bien, mientras que la descripción es gratuita y espontánea, a la vez que pasiva, la explicación implica un desajuste del sujeto con respecto a su

---

1. E. Goblot.—*Traité de Logique*, Librairie Armand Colin, París, 1918, Introducción.

mundo, que sólo puede ser eliminado mediante la respuesta a la interrogación subyacente en la explicación (el *por qué*). Y esto último es lo que varía desde el hombre vulgar y a través del científico hasta el filósofo. En la explicación los elementos descriptivos se agrupan e interpretan según el *por qué* al cual han de responder.

Pero, finalmente, en el fondo de este *por qué* alienta algo que, según la intensidad con que se manifieste en el hombre, da lugar a la respuesta propia del hombre vulgar, del científico o del filósofo. Ese algo es el grado de desconfianza con la que el ser humano toma posición frente al mundo. En su grado máximo la encontramos en el filósofo, en su manifestación intermedia en el científico y en su expresión más atenuada en el hombre vulgar. De esta manera, se advierte externamente en la "seguridad dogmática" del hombre vulgar, como asimismo en la "ignorancia consciente" del científico y el filósofo.

Pero no se debe perder de vista que, en cualquiera de estos casos, estamos teorizando, o sea que establecemos una tipología a base de conceptos límites, que, por lo mismo, sólo debe ser aceptada con la reserva que la misma implica.

2. **El hombre ante la realidad: su "explicación".**—Al comienzo de su Metafísica nos dice Aristóteles que *el hombre es el ser que tiende por naturaleza a saber*. Sin embargo, esta afirmación implica la siguiente pregunta: ¿saber qué? Pues, en rigor de verdad, al hombre, como lo ha señalado agudamente Ortega y Gasset, le interesa antes que nada "saber a qué atenerse". Puesto que la realidad radical es para el hombre la vida, la necesidad de vivir engendra el saber, sin el cual no es posible conservar aquélla. El saber es, por consiguiente, en un principio el expediente mediante el cual el ser humano se orienta en el mundo y actúa con vistas a la conservación de su vida y a su desarrollo. De aquí que a la base de todo saber haya siempre una *concepción del mundo*, es decir, una figuración por parte del hombre de lo que para él constituye el mundo.

Ahora bien, el mundo, o sea la realidad que le envuelve y que se da conjuntamente con el propio hombre, es para éste, en el comienzo, la *presencia* y la *ausencia* de las cosas. Tal es la concepción ingenua y la más primitiva de todas las que son dables al hombre. El mundo es un ir y venir de imágenes y experiencias advertibles sólo como *hechos*. El mundo, pues, como las *realidades* (las *res* o cosas) que lo integran, es la totalidad de las apariciones y desapariciones que el llamado *hombre vulgar* considera como tal mundo.

Pero el mundo no es para el hombre sólo y simplemente la suma de presencias y ausencias, de *hechos o cosas* que lo constituyen, sino que para que tales cosas o hechos sean advertibles es menester que, de algún modo, se manifiesten interrogativamente al hombre. Ya el poder referirse a algo, localizado en el tiempo y el espacio, y decir para qué sirve, es, sin dudas, un conato de explicación. De suerte que una actitud del todo *ingenua* es inconcebible en el ser humano. De aquí que la *ciencia* —en su implicación semántica más remota— esté implícita en el hombre más vulgar e ingenuo posible. Así pues, la presencia y la ausencia de las infinitas manifestaciones del mundo es lo que apareja la actitud crítica —infaltable, según se ha dicho, en ningún caso—, pero que al establecerse sobre algo más que la localización espacio-temporal, la finalidad de las cosas y el mentarlas, da lugar a las actitudes respectivas del científico y el filósofo. A ambos les preocupan primordialmente los cambios o las transformaciones de las cosas. Y esto les lleva, en principio, a plantearse dos cuestiones de las cuales surge tanto la ciencia como la filosofía, a saber: la *sustancia* y la *verdad* de las cosas.

El problema de la sustancia tiene que ver con el problema de la contextura última de las cosas. Ahora bien, para el científico —se entiende el científico de la Edad Moderna y hasta el presente— la sustancia no va más allá de la real contextura de las cosas. Y como el científico reemplaza la estructura sustancial por un conjunto de leyes capaces de explicar inmediatamente esa estructura real que le interesa conocer, éste dice que él explica la realidad (o sea la sustancia real de las cosas) por medio de sus *causas inmediatas*. Por otra parte, jamás un científico se pregunta, porque no podría hacerlo, por la sustancia real de *todas* las cosas, sino de un grupo de éstas, con el cual constituye una ciencia particular. Tal es el caso de la física, que aspira al conocimiento de las manifestaciones reales bajo las formas del calor, la luz, la electricidad, el sonido, etc. De donde resulta que el saber del científico es un saber *parcial*

El filósofo, en cambio, va más allá de donde se detiene el científico, o sea de la real sustancia de las cosas. Y va más allá a causa de que él no pregunta por tal o cual aspecto de la realidad, sino que aspira al saber de la *totalidad* de la realidad, en lo que se refiere a la sustancia de ésta. Así, la sustancia que busca el filósofo no puede ser real, sino que ha de ser más que real, puesto que implica toda la realidad. Y como, además, el filósofo pretende establecer un conocimiento total de la realidad, su conocimiento ha de ser por esto *universal*.

En definitiva, ya se trate del hombre vulgar, o del científico o el filósofo, el modo peculiar de cada uno para interpretar la realidad está basado en una previa *concepción del mundo* que implica, con relación a éste, por lo menos los dos aspectos siguientes: 1) su *sentido* y su *fin*, 2) su modo de ser último o *sustancia originaria*.

3. El asombro y la curiosidad.—Los dos estímulos que parecen determinar en el hombre la disposición al saber, en cualquiera de sus manifestaciones (vulgar, científico o filosófico), son el *asombro* y la *curiosidad*. El primero es la capacidad psicológica por la cual el ser humano experimenta un sentimiento de extrañeza respecto de lo que le rodea, de cuanto no es su propio ser. Intimamente ligado con el asombro se encuentra la curiosidad, o sea el impulso que el asombro produce en el hombre y le hace preguntar por la naturaleza y las causas de lo que motiva su asombro.

Platón relaciona el origen de la filosofía y la capacidad para hacerla con la facultad psicológica del asombro. En el diálogo *Teetetes* (2) hay un pasaje en el cual Sócrates repone de este modo a su interlocutor: —Mi querido amigo, me parece que Teodoro no ha formado un juicio falso sobre el carácter de tu espíritu. *La turbación es un sentimiento propio del filósofo*, y el primero que ha dicho que Iris era hija de Thaumas, no explicó mal la genealogía. Y Aristóteles, en la *Metafísica* (3), nos dice: —Lo que en un principio movió a los hombres a hacer las primeras indagaciones filosóficas, fué, como lo es hoy, la *admiración*... Ir en busca de una explicación y admirarse, es reconocer que se ignora... Pero, como señala con toda precisión Ferrater Mora (4), si bien la filosofía es en parte el resultado de la admiración, no sólo porque son capaces de admirarse pueden los hombres filosofar.

Cuando se dice que el filosofar surge del admirarse se olvida que hay diversos grados de admiración y que, aun cuando todos ellos pertenecen a la misma realidad afectiva, no pueden ni mucho menos confundirse. En primer lugar, la admiración significa simplemente el pasmo, por el cual hay que entender una primera abertura del alma a lo externo, la salida de un estado de obsesión que no debe equipararse con la intimidad o con el sentido, por así decirlo noble, del ensimismamiento. Como primer grado de admiración en el pleno sentido de este vocablo, el pasmo se halla más próximo al deseo que al amor y corre siempre el peligro de perderse en la actitud utilitaria frente a las cosas. El pasmo es como el punto de confluencia de dos direcciones opuestas: por un lado, puede tender a la consideración de las cosas como bienes útiles; por otro, a su consideración como objetos. En el primer caso, desemboca en el aprovechamiento; en el segundo, en la comprensión. Así mientras la admiración propiamente dicha es una voluntad de comprender las cosas tal como son, el pasmo es simplemente un embobarse frente a ellas.

---
2. Platón.—*Teetetes*.
3. Aristóteles.—*Metafísica*, Libro I, Parte II.
4. J. Ferrater Mora.—*Diccionario de Filosofía*, tercera edición, páginas 30-31.

4. El mito.—Se dice que la filosofía proviene directamente de la religión. Es una afirmación bastante exacta en la generalidad de los casos y también en el caso de la filosofía griega. Y como la forma religiosa primitiva en Grecia es el *mito*, a él hemos de referirnos con algún detalle.

El mito es la referencia a personajes y hechos fabulosos, que se producen en un tiempo indiscernible. Ahora bien, en el mito los personajes encarnan siempre algún hecho, alguna cosa, un suceso de la naturaleza. Tal es el caso de la mitología griega, donde Neptuno personifica el dios de las aguas, Ceres la diosa de las cosechas, Minerva la sabiduría, Venus la belleza y el amor, etc. Hay, pues, un antropomorfismo de toda posible manifestación del ser.

Pero en la mitología griega hay ciertas características que es preciso destacar con el mayor cuidado posible. En primer lugar, se advierte una casi perfecta correlación entre la composición del Olimpo griego y las realidades y necesidades humanas, de tal modo, que las deidades constituyen algo así como una *humanidad trascendente* y el mundo es el campo de acción propio de ellas. Sin embargo, la madurez que sobreviene en la historia del pueblo griego va transformando esas volubles y caprichosas deidades del comienzo en otros dioses más justos y sabios, como es posible encontrarlos en Esquilo, Píndaro y Sófocles. El gradual y persistente desarrollo de la conciencia y la razón va conduciendo a un monismo constituído por la armonía (como la unidad en lo diverso) y que se expresa en la idea del *bien* como el fin supremo a alcanzar. Esta unidad que se manifiesta en el *monismo* conduce poco a poco a la pregunta con la que aparece inicialmente la filosofía y que reemplaza de manera gradual a la mitología.

Ahora bien, este monismo que implica una unidad en la diversidad, supone que la armonía que lo preside y lo dota de significado ha de apoyarse en otra explicación que la caprichosa e imprevisible voluntad de los dioses. Además, si éstos son justos y sabios, debe haber algo superior a ellos mismos que predetermine sus respectivas conductas: una voluntad que les es superior (ἀνάγχη, μοῖρα, ἀδράστεια, τύχη), una justicia inmutable (δίκη εἱμαρμενη), una ley divina (θεῖος νόμος), una suprema inteligencia (θεῖος λόγος, θεῖος νοῦς). Así se observa cómo los primeros filósofos, que son naturalistas, matemáticos y astrónomos, reemplazan las explicaciones míticas por principios y causas (ἀρχαὶ καὶ αἰτίαι) que expliquen la realidad. Tal es, en apretada síntesis, el contraste advertible entre los respectivos modos de operar el mito y la filosofía, sobre todo en los comienzos de esta última.

El mito persiste, sin embargo, considerablemente en la filosofía griega, como es el caso de Platón, y hasta se pudiera decir que, en cierto sentido, toda filosofía tiene algo de mitológico. Es nada menos que Aristóteles quien se expresa del modo siguiente en su *Metafísica* (5): "Y así, puede decirse que el amigo de la ciencia lo es en cierta manera de los mitos, porque el asunto de los mitos es lo maravilloso. Pues el mito rebasa decisivamente la razón como la experiencia". A este respecto, resulta interesante lo que expone Víctor Brochard acerca del mito en la filosofía de Platón (6):

> Entre las cuestiones prejudiciales que debe necesariamente resolver el que quiera penetrar un poco adelante en la filosofía de Platón, se halla, en primera línea, la del valor de los mitos. Es cierto que Platón presentó a menudo sus doctrinas bajo forma poética o alegórica. Se complugo en la ficción y casi no hay diálogo en el que no se pueda, buscando bien, descubrir mitos más o menos desarrollados. Parece que era, especialmente, sobre las cuestiones esenciales, Dios, alma, vida futura, donde el filósofo se complacía en presentar su pensamiento bajo la forma más opuesta a su método ordinario que es la dialéctica. Algunos diálogos, como el *Timeo*, el más considerable a la vez por la extensión

---
5. ARISTÓTELES.—*Metafísica*, Libro I, Parte II.
6. V. BROCHARD.—*Estudios sobre Sócrates y Platón* (trad. de León Ostrov), ed. Losada, B. A., 1940, pp. 26 y 34-35.

y la importancia de las cuestiones que examina, puesto que se trata en él de la formación del mundo, del origen de los dioses y de las almas, parecen míticos de un cabo al otro. ¿Qué se debe pensar de esta intervención perpetua de la imaginación en la exposición de las doctrinas platónicas? ¿Se debe rechazar implacablemente y considerar como extraño a la filosofía de Platón lo que es presentado bajo forma poética o parece envuelto en mitología? ¿Se puede, al contrario, admitir que los mitos encierran al menos una parte de verdad y que, en ciertos respectos y en una medida a determinar, forman parte integrante de la filosofía platónica?...

El mito es la expresión de la probabilidad. Habría que guardarse, por otra parte, de creer que el mito es siempre, en Platón, un simple juego de la imaginación. Nadie discutirá que el mito de Poro y de Penia, en *El Banquete*, expresa de una manera alegórica la doctrina desarrollada más lejos por Sócrates, y que considera el amor como un demonio intermediario entre los dioses y los hombres. En el *Timeo*, Platón une conjuntamente las ficciones poéticas y los razonamientos matemáticos. Asimila lo que llama el razonamiento verdadero y el aparente cuando, por ejemplo, explicando desde el punto de vista de la verosimilitud, la formación de los elementos, la relaciona con la formación de los triángulos indivisibles y con toda esa geometría singular que, sin ninguna duda, se alía estrechamente con sus especulaciones más altas.

5. La religión.—La pregunta casi obligada en un comienzo sería aquí la siguiente: ¿Qué diferencia es posible establecer entre el mito y la religión? Una radical y terminante distinción es imposible de encontrar porque el mito es indudable expresión de religiosidad. Pero, ¿qué es lo *religioso?* Se define como la unión o la vinculación de algo con algo, de un ser con otro u otros. Ahora bien, en el caso de distintas personas entre sí, es con la finalidad de cumplir con determinados ritos, que son formas de dependencia de cada una de esas personas con una entidad superior a todas ellas y a la cual prestan acatamiento y hacen objeto de un culto. Se podría, pues, decir que en tanto que manifestación de una forma de conducta religiosa, el mito es religión, o sea que cae en la esfera de ésta; mientras que no toda manifestación de religiosidad tiene que ser mitológica.

Según Ferrater Mora [7], la vinculación o *religatio*, que es el nervio de la religiosidad, se puede manifestar de diversas maneras: 1) como sentimiento de dependencia, de terror y a la vez de admiración y fascinación; 2) como intuición de valores supremos (los valores de la santidad); 3) como el reconocimiento racional de la vinculación de la persona con la divinidad. Estas formas no se excluyen mutuamente, pero el prevalecimiento de una de ellas implica la atenuación de las demás.

6. La filosofía y la religión.—¿Cuál puede ser, entonces, la diferencia esencial entre la filosofía y la religión? Mal podría contestarse esta pregunta mientras no sepamos en qué consisten, en última instancia, ambas manifestaciones del espíritu humano. Para encontrar una diferencia razonablemente admisible es preciso tener en cuenta la relación de la filosofía con la religión, la cual se produce de diversas maneras: 1) como acercamiento de la religión a la filosofía, un reemplazo de aquélla por ésta y un progresivo aumento de la religiosidad en la filosofía; 2) como una reflexión filosófica sobre la religión; 3) como un intento de investigar el fenómeno religioso como tal fenómeno. En el primer caso, se funden filosofía y religión; en el segundo, se pretende aclarar filosóficamente lo racional del misterio; en el último, se opera directamente sobre el hecho religioso (esta forma última constituye la *filosofía de la religión*). Y si bien de todo lo anterior no se puede extraer la conclusión que se busca, o sea la diferencia esencial entre filosofía y religión, permite ver con claridad la dificultad insuperable de establecer dicha diferencia [8].

---

7. J. FERRATER MORA.—*op. cit.*, p. 805.
8. *Ibíd.*, p. 806.

El problema de la religión desde el punto de vista de la filosofía es tan difícil justamente porque en el curso de la historia no ha habido apenas una rigurosa distinción entre ambas, sino que se ha pretendido casi siempre, o bien fundamentar por la razón filosófica una religión positiva o, como en la llamada religión natural, una supuesta religión existente en todos los hombres, o bien aproximar la religión y la filosofía de modo que se absorbieran mutuamente. Las posibles actitudes ante Dios han determinado también en gran parte las actitudes frente a la religión. No es sorprendente que, según ello, haya habido casi siempre, dentro de la confusión, cierta tensión entre lo que podría llamarse el vivir filosófico y el vivir religioso. Ambos pretenden, desde luego, no ser un mero producto de la historia, sino algo que contiene la historia. El vivir filosófico y el vivir religioso son, por esencia, transhistóricos, trascienden de la historia dentro de la cual se manifiestan; buscan, más allá de la historia, de lo temporal y condicionado, la absoluta verdad. La tensión puede disminuir cuando la religión está, como fenómeno histórico, firmemente establecida en las creencias, cuando el vivir religioso satisface y cubre toda la existencia humana. Pero cuando la religión vacila o cuando una forma religiosa agoniza, la tensión aumenta y llega a hacerse, finalmente, insostenible. Nace entonces, en primer lugar, toda suerte de subterfugios para evitar la lucha de la religión con la filosofía —la distinción entre las verdades de razón y las verdades de fe, la expulsión de la filosofía como incapaz de decir nada sobre el misterio religioso, el apartamiento de lo racional, la teología negativa—. Mas, en segundo lugar, la filosofía misma busca, de una o de otra manera, sustituir a la religión, hacerse cargo de ella. Es lo que aconteció, por ejemplo, al final del Mundo Antiguo con esas religiones que se llamaron neoplatonismo y estoicismo y lo que ha estado a punto de irrumpir en varias ocasiones, sin alcanzarlo nunca plenamente, en la Edad Moderna (spinozismo, religión natural, panteísmo, materialismo) (9).

---

9. *Ibid.*

7. El origen de la palabra filosofía.—La palabra *filosofía* tiene un origen a la vez remoto e indiscernible en lo que se refiere a su aparición inicial. Las palabras φιλόσοφος, φιλοσοφία φιλοσοφεῖν no se encuentran ni en Homero ni en Hesíodo. Sí es cierto que Homero (10) emplea la voz σοφίη al referirse al arte de los carpinteros. El mismo significado posee en Hesíodo (11) la expresión ναυτιλίης σεσοφισμένος. Posteriormente va a ser utilizada la palabra σοφία que designa la aptitud para la música y la poesía. En Herodoto se llama σοφός a todo aquel que sobresale entre los demás por un arte, capacidad espiritual o destreza. Las llamadas *siete artes liberales* son designadas por él como σοφισταί. En cuanto a Pitágoras, se llama a sí mismo σοφιστής. Respecto de la palabra φιλοσοφεῖν se puede referirla inicialmente a Herodoto (12), quien dice que Creso, el rey de Sardes, hubo de expresarse así ante Solón, al visitar éste la corte: "Huésped ateniense, hasta nosotros han llegado muchos dichos acerca de ti, a causa de tu sabiduría (σοφία) y de tu andar de un lado para otro, ya que afanándote por sal (φιλοσοφέων) has recorrido tantas tierras por ver cosas (θεωρίης εἵνεκεν). Y Tucídides (13), en su *Oración fúnebre por la muerte de Pericles*, se expresa de esta manera: φιλοκαλοῦμεν μετ᾽, εὐτελείας καί φιλοσοφοῦμεν ἄνευ, μαλακίας, donde φιλοσοφεῖν denota el esfuerzo de formación espiritual y hasta para la cultura científica. También es confirmación de lo anterior la sentencia de Cicerón (14) referente a la filosofía: *omnis rerum optimarum cognitio atque in iis exercitatio philosophia nominata est.*

---

10. HOMERO.—*Ilíada*, Canto XV, verso 412.
11. HESIODO.—*Los trabajos y los días*, verso 651.
12. HERÓDOTO.—Libro I, caps. 26 al 30.
13. *Oración fúnebre por la muerte de Pericles* (Obras, II, 40).
14. CICERÓN.—*Cuestiones tusculanas*, Libro V, caps. 7 al 11. Las restantes citas de Cicerón corresponden a esta obra.

Por otra parte, la palabra *filosofía* empleada como el nominativo para designar una ciencia debe haber sido utilizada por primera vez por Pitágoras. Esto es lo que se desprende de lo que respectivamente nos dicen Cicerón y Diógenes Laercio. El primero expresa que Pitágoras, en un diálogo con León, el tirano de Fliunte, dijo: *raros esse quosdam, qui ceteris omnibus pro nihilo habitis rerum naturam studiose intuerentur: hos se appellare sapientiae studiosus (id est enim philosophos)*. En cuanto a Diógenes Laercio (15), dice que según refiere Heraclides del Ponto en su libro *De la intercepción de la respiración*, Pitágoras se había expresado de la manera siguiente: "Ninguno de los hombres es sabio; lo es sólo Dios". Y agrega Diógenes Laercio: "Antes la filosofía se llamaba *sabiduría*, y sabio el que la profesaba, habiendo llegado a lo sumo de su perfección; pero el que se dedicaba a ella se llamaba *filósofo;* aunque los sabios se llamaban también *sofistas*, y aun los poetas".

8. **La filosofía y la ciencia.**—Una distinción precisa entre la *ciencia* y la *filosofía* requiere que ante todo se haga presente que dicha distinción se refiere a la filosofía y la ciencia en la actualidad. La palabra *ciencia* (del latín *scire*) significa el *saber* en general, de modo que incluye otros saberes que no el propiamente científico. En la antigüedad la ciencia ($\dot{\epsilon}\pi\iota\sigma\tau\acute{\eta}\mu\eta$) comprendía todos los saberes (ya fuese filosofía, arte o técnica). Así, en Platón, la ciencia incluye tanto el saber teórico de la técnica como la filosofía, y Aristóteles, si bien distingue entre la investigación de las primeras causas (metafísica) y de las segundas causas (física), sigue manteniendo la unión entre filosofía y ciencia en cuanto que el estagirita entiende, como su maestro Platón, que la filosofía y la ciencia son *teorías,* o sea la contemplación de lo que las cosas son verdaderamente.

El concepto de la ciencia tal como aparece ya entre nosotros comienza a formarse en la Edad Moderna, como consecuencia de

---

15. DIÓGENES LAERCIO.—*Vidas, opiniones y sentencias de los filósofos más ilustres*, Libro I, Sec. 8.

la constitución de las ciencias naturales (física, química, biología, principalmente) y de la independencia que cada una de estas disciplinas va conquistando con respecto a las otras y a la filosofía. Estas ciencias se caracterizan al menos por tres notas primordiales: 1) por la posible delimitación del ámbito que a cada una corresponde; 2) por la necesidad de *supuestos;* 3) porque la ciencia es indefectiblemente "ciencia de lo que es", mientras que la filosofía está, en primer lugar, por su naturaleza más allá de toda limitación óntica, es decir, que no se subordina a tales o cuales seres particulares; en segundo lugar, no se puede apoyar en ningún supuesto, ya que se propone la investigación de todo posible supuesto; tiene por meta la determinación de *aquello que hace que lo que es sea.* Finalmente, mientras que se puede hacer ciencia con abstracción de su historia, la filosofía es esencialmente *histórica,* de manera que *no es posible hacer filosofía sin historia de la filosofía.*

9. La universalidad del saber filosófico.—Con las consiguientes reservas cabe decir que el saber filosófico aspira a un conocimiento de la totalidad de cuanto es, no porque le interese primordialmente la aprehensión de esa totalidad en un sentido cuantitativo, lo cual, por otra parte, carecería de justificación, sino porque como la filosofía se propone determinar *aquello que hace que lo que es sea,* ha de buscarlo en todo y no parcialmente, como es el caso de las ciencias. En consecuencia, la filosofía implica inevitablemente la aspiración a un *saber de totalidad.* Pero como ese saber de totalidad requiere a su vez una justificación, la filosofía debe proponerse asimismo la comprobación del saber de totalidad a que aspira, algo así como un *saber de saberes.* De este modo hay como dos grandes sectores en el ámbito de la filosofía: el *saber de totalidad* y la *totalidad del saber.* Al primero se le llama *Ontología* y al segundo *Gnoscología.*

10. La cultura.—El mundo en el cual vive y actúa el hombre está constituido por dos grandes sectores que son el de la *naturaleza* y el de la *cultura*, de los cuales el primero no depende del ser humano, mientras que éste crea el segundo. La naturaleza, ha dicho el filósofo alemán Rickert [16], es "el conjunto de lo nacido por sí, oriundo de sí y entregado a su propio crecimiento", mientras que la cultura la hace el hombre y supone en cada caso un valor al cual se subordina en última instancia la finalidad del quehacer cultural. Así, un trozo de granito es naturaleza en tanto que no se convierte en estatua, pues entonces pasa a ser objeto de cultura. Vemos, de este modo, que la naturaleza es susceptible de trocarse en cultura, pero también puede haber múltiples casos en los cuales la cultura no provenga de la transformación de la naturaleza, como sucede con las ideas científicas y filosóficas, los mitos, las creaciones literarias, etcétera. Además, la cultura está constituída por los procesos mediante los cuales se crean los objetos de ella, como la actividad científica del investigador, la inspiración del artista, la *vis* cómica o dramática del actor, etc. O sea que la cultura puede ser *subjetiva* (dinámica) y *objetiva* (estática).

La cultura no es el único "medio" del hombre, aunque es el medio humano por excelencia. El hombre crea, va creando de continuo, y la cultura lo crea a él, lo sostiene y espiritualmente lo alimenta. La convivencia humana se realiza en el mundo de la cultura y por medio de los instrumentos culturales. La relación cultural es, pues, por una parte, la acción y reacción continua entre el hombre y la cultura misma, y por otra, la relación interhumana. Los otros "medios" del hombre son la naturaleza y los valores. El hombre habita en el mundo natural, pero su trato más común con la naturaleza es convertirla en cultura, al extraer de ella utilidad, goce o conocimiento. En cuanto a los valores, constituyen otro "horizonte" del hombre (valores religiosos, éticos, estéticos, de conocimiento, utilitarios, etc.). En la cultura, el hombre humaniza la naturaleza — y realiza más o menos imperfectamente los valores [17].

---
16. H: RICKERT.—*Ciencia cultural y ciencia natural*.
17.—F. ROMERO y E. PUCCIARELLI.—*Lógica y Nociones de Teoría del Conocimiento*, ed. Espasa-Calpe Argentina, B. A., 1943, p. 205.

11. La persistencia de la filosofía a través de la cultura.—
En la cultura occidental, a la que pertenecemos, la filosofía constituye un modo primordial de esa cultura, lo cual explica su persistencia. Lo extraño sería que no se hubiese manifestado así en toda la historia de occidente, porque entonces ésta hubiera sido muy distinta de lo que ha sido. La filosofía, dentro de la cultura occidental, constituye el modo *sui-generis* de máxima inspiración de que ha sido capaz el hombre de esta cultura. Y esto no se ofrece exactamente igual en otras culturas, como vbg. la china, la hindú, la mahometana, etc. Lo cual no quiere decir que haya faltado totalmente la filosofía en dichas culturas, pero sí que no alcanza ni a la distancia el rango que muestra en la cultura occidental.

Basta, para ello, hacer referencia a la condición *teorética* que caracteriza la cultura occidental y que no encontramos en igual medida en otras culturas. Esto sólo bastaría para poder decir que la cultura occidental ha dependido en gran amplitud de lo que ha sido su filosofía. Pero, por otra parte, los hechos prueban que a su vez la filosofía ha dependido de múltiples y complejas causas, responsables de la concepción del mundo prevaleciente en una época dada. Así, cuando Descartes funda la filosofía de la Edad Moderna en la *duda metódica*, responde a una exigencia de esa época que viene abonada por casi dos siglos de rampante escepticismo. Lo mismo ocurre con la filosofía romántica, que constituye una respuesta a un estado de cosas del cual es ella su expresión más elevada. Podría, en fin de cuentas, decirse que la filosofía ha influído tanto en el destino de la cultura occidental como ésta a su vez en aquélla.

CAPITULO II

1. La actitud filosófica.—Si todo saber supone una especial *actitud* con respecto al conocimiento que se pretende obtener, entonces la filosofía, que es una determinada manifestación de la posibilidad del saber, implica cierta actitud específica y por consiguiente característica del que filosofa. Vamos a ver si es posible una descripción adecuada de esa actitud propia del filósofo.

a) *La disposición problemática.*

Lo que primero caracteriza al filósofo en su actitud frente a la realidad que promueve el empeño de saber, es la persistente *problematización* de todo cuanto puede caer bajo el ámbito de su indagación. El problematismo de la filosofía es de tal naturaleza, que incluye todo posible supuesto, de manera que, a diferencia de la ciencia (la cual ha de apoyarse en supuestos), la filosofía tiene que empezar por la revisión y el análisis de cualquier supuesto. De donde se concluye que la filosofía es por esencia la *problematización de los problemas.* Surge de una actitud *crítica* en grado eminente y que, por esto mismo, jamás puede faltar. Cuando la filosofía abandona su esencial problematismo, es que ha dejado de ser filosofía.

b) *La disposición teorética.*

Ahora bien, ese problematismo, que obliga a la filosofía a la revisión de todo supuesto, halla una salida, relativamente eficaz y por consiguiente efectiva, en la *teorización.* Así pues, la disposición problemática desemboca y se completa en la disposición teorética. Pues esta última es la que permite al filósofo organizar las diversas consecuencias extraídas de su problematización en una estructura de ideas o conceptos que aspira a constituirse en posible "explicación" de la contextura última de toda la realidad. La palabra *teoría* (del griego: θεωρια = desfile) quiere decir precisamente la contemplación que al filósofo le es posible hacer de esa constelación de ideas o conceptos con los cuales *mutatis mutandis* reemplaza la realidad problemática.

c) *La voluntad de abstracción.*

Ahora bien, si se observa con cuidado el papel que respectivamente desempeñan la disposición problemática y la disposición teórica, se verá que ambas están fundadas en la *voluntad de abstracción.* Esta última posibilita las dos disposiciones mencionadas, porque la problemática consiste en prescindir de toda efectiva realidad, tal como ésta se presenta de inmediato a nuestros ojos, es decir, que el filósofo, al problematizar el mundo en el cual vive, lo hace como si dudara de su modo de ser aun cuando no dude que es. Y al teorizar, por otra parte, sobre ese mundo, sobre esa realidad que él problematiza, regresa a la realidad por la vía de las ideas o los conc tos, o sea abstrayéndose de la realidad concreta espacio-temporal. De modo que, bien vista la cuestión, se abstrae al problematizar y también al teorizar.

2. **El vocabulario filosófico.**—Como sucede con toda actividad cognoscitiva, la filosofía posee su propio vocabulario, el cual está integrado por el conjunto de palabras que sirven para expresar las cuestiones por las que se interesa la filosofía. Expresiones como *sustancia, accidente, categorías, abstracción, hipóstasis, tríada, mónada,* etc., constituyen una ínfima parte del vocabulario filosófico. Y a tal punto este vocabulario es parte esencial de la actividad filosófica, que su conocimiento implica necesariamente el de las cuestiones propias de la filosofía. Sin su empleo, no es posible, en modo alguno, la especulación filosófica.

Entre los diccionarios filosóficos de mayor importancia se pueden citar: 1) el *Lexicon philosophicum* de R. Goeclenius (1613); 2) el *Dicctionaire historique et critique* de Pierre Bayle, que se publicó por primera vez en 1695; 3) el *Vocabulario filosófico* de Edmond Goblot; 4) el *Vocabulaire technique et critique de la philosophie*, dirigido por André Lalande; 5) el *Wörterbuch der philosophischen Begriffen* de Rudolf Eisler, que se completa con el *Handwörterbuch der Philosophie* y el *Philosophen Lexicon;* 6) el *Dicctionnary of philosophy and psychology* editado por J. Baldwin; 7) el *Diccionario manual de filosofía* de M. Arnaiz y B. Alcalde; y sobre todo el *Diccionario de Filosofía* de José Ferrater Mora, cuya tercera edición supera decisivamente a todos los anteriormente mencionados, por su contenido temático, su tratamiento de la multiplicidad de cuestiones que lo informan y la extensa y rigurosa bibliografía que lo completa.

En la redacción de los diccionarios de filosofía se han seguido por lo general dos principales procedimientos: el *sistemático* y el *histórico*. El primero consiste en seleccionar y agrupar los términos que deberán formar parte del diccionario, según cierto plan que el autor o los autores diseñan previamente. Tal es el caso del diccionario dirigido por Lalande. El segundo, en cambio, tal como sucede con la obra de Eisler, expone cada concepto según se ha ido interpretando a través del tiempo. Pero Ferrater Mora ha acertado notablemente al combinar en su diccionario ambos procedimientos, con lo cual supera decisivamente las limitaciones propias de los susodichos procedimientos.

3. **El método científico.**—La palabra *método* (del griego $\mu\acute{\epsilon}\theta o\delta o\varsigma$) significa literalmente *el camino hacia un fin*, o sea la posible vía de acceso a la obtención de un conocimiento. Ahora bien, el método, en cualquier caso, supone lo siguiente: un *objeto* más o menos determinable, sobre el cual habrá de operar el método; un *conjunto de especificaciones* que permiten llegar al conocimiento eficaz de ese objeto.

Veamos, primero, el caso del objeto al cual se aplica el método. Se dice, con razón, que el método depende del objeto al cual se aplica para obtener el conocimiento que se espera derivar del objeto en cuestión. Tal afirmación es incuestionable por cuanto el objeto condiciona el camino que constituye el método. Pero ello implica que a su vez el método ha de conocer con alguna precisión, por lo menos con cierto discernimiento, aquello que constituye el objeto que lo origina como método. Y este es el caso de la ciencia en general, sobre todo de la ciencia tal como se le concibe a partir de la Edad Moderna. El conocimiento científico se organiza, desde los albores de la Modernidad, sobre las premisas a que se aludió líneas atrás, es decir el *objeto* y las *especificaciones* que éste impone al método. Así, cada una de las ciencias particulares, sea de la naturaleza o del espíritu, posee un objeto propio y peculiar y su método se configura según las especificaciones que su objeto impone. Pero no basta con lo dicho hasta aquí, sino que el método científico, en cada caso, requiere otra exigencia, cual es la de la *comprobabilidad* por vía experimental de las hipótesis que constituyen el punto de arranque de la investigación. La hipótesis, o el supuesto, exige, en el caso de la ciencia, una verificación por medio del experimento, sin la cual resulta inadmisible como aserto dotado de validez científica.

Sin embargo, la certeza de las afirmaciones científicas que componen la masa de su saber, dista mucho de ser indiscutible. Como lo establece Francisco Romero, la mole de los conocimientos probables en el campo científico es enorme si se le compara con el reducido conjunto de los ciertos. Por otra parte, hay ciencias como la geología y la biología donde más de una teoría intenta dar explicación de un mismo hecho que, por otra parte, constituye un conocimiento probable. La ciencia, por consiguiente, se funda siempre en el máximo de posibilidad de certeza de los conocimientos que forman parte de su objeto, pero jamás en la totalidad de la certeza. De manera que cuando se contrapone la *comprobabilidad* de la ciencia a la *incomprobabilidad* de la filosofía, debe hacerse con las consiguientes reservas, porque, bien vista la cuestión, la filosofía opera con mayor rigor, ya que no admite como válido ningún supuesto, mientras que la ciencia ha de fundarse en algunos en cada caso.

Si examinamos una ley particular cualquiera —dice Poincaré [1]—, podemos estar seguros de antemano que no puede ser sino aproximada. En efecto, es deducida de verificaciones experimentales y esas verificaciones no eran y no podían ser sino aproximadas. Siempre se debe esperar que medidas más precisas nos obliguen a agregar nuevos términos a nuestras fórmulas; es lo que ha ocurrido, por ejemplo, con la ley de Mariotte.

Además, el enunciado de una ley cualquiera es forzosamente incompleto. Este enunciado debería comprender la enumeración de *todos* los antecedentes en virtud de los cuales un consecuente dado podrá producirse. Debería describir primero *todas* las condiciones de la experiencia por hacer y la ley se enunciaría así: "si todas las condiciones son cumplidas, tal fenómeno se producirá".

4. **Los métodos de la ciencia.**—Aunque los orígenes de la ciencia y por consiguiente de sus métodos remontan a la antigüedad griega y egipcia, se puede decir que es con Aristóteles cuando aparece por primera vez un conjunto de conocimientos sistematizados conforme a ciertos requisitos que constituyen algo así como esbozos de lo que luego serán los métodos científicos.

Si revisamos la bibliografía científica de Aristóteles, observaremos que en su *Discurso de Física* expone su filosofía de la naturaleza, los principios de la existencia, la materia y la forma, el tiempo y el espacio, el movimiento esférico perpetuo del cielo y el principio motor fijo que permite la conservación de ese movimiento. En el libro *Sobre los cielos* trata acerca de la generación y la destrucción, donde la acción mutua de *calor* y *frío* y de *humedad* y *sequedad* engendran los cuatro elementos (agua, aire, tierra y fuego) y los cuales se completan con el éter. En la *Meteorología* trata de la región comprendida entre el cielo y la tierra. En

---

1. H. POINCARÉ.—*El valor de la ciencia*, cap. XI.

la biología nos habla de la vida como "la facultad de nutrición propia y de independiente crecimiento y decadencia" y divide la Zoología en tres partes. Finalmente, ofrece una relación de quinientos animales, de los cuales describe cincuenta con asombrosa precisión obtenida por medio de la disección. Y del mismo modo hallamos su huella en la embriología, en la fisiología, donde al estudiar la respiración dice que "los errores de sus predecesores son debidos a su desconocimiento de los órganos internos y por su repulsa a la doctrina de que existe una causa final para todo cuanto la naturaleza hace". Y en la física, donde estudia la caída de los cuerpos, la teoría del vacío y la de la estructura atómica de la materia, que combate con ardor. Pero lo más importante de todo lo expuesto es que Aristóteles, como vemos, ya procede *científicamente*, es decir, observa, forja hipótesis y acude a la comprobación experimental en las ocasiones en que los contados medios a su alcance se lo permitían.

Los métodos científicos, sin embargo, nacen propiamente con la Edad Moderna, en la cual aparece en forma expresa la formulación de la necesidad imprescindible del método para la investigación científica. Así, el filósofo francés Descartes nos dice [2]: "Valdría más no soñar nunca con buscar la verdad sobre ninguna materia, antes que hacerlo sin método; ya que es muy cierto que los estudios realizados sin orden y las meditaciones confusas perturban las luces naturales y ciegan el espíritu: la vista de todo aquel que se acostumbra a moverse entre tinieblas, se debilita de tal manera que no puede resistir la luz del día".

Tres grandes obras de los comienzos mismos de la Edad Moderna constituyen la más concluyente prueba de la importancia asignada a la cuestión del método, a saber: el *Novum Organon* (1620) del inglés Francis Bacon, el *Discurso del Método* (1637) del francés Renato Descartes y el *Diálogo acerca de dos nuevas ciencias* (1638) del italiano Galileo Galilei. Las tres persiguen la misma finalidad: alcanzar la forma eficaz de investigación de la realidad exterior con vistas al conocimiento verdadero.

No se puede hablar de *un* método científico utilizable para todas las actividades investigativas que constituyen el campo de la Ciencia en general, sino que, por el contrario, cada ciencia posee *su* método apropiado, que, en consecuencia, le resulta insustituible. Vamos a presentar en forma esquemática el *modus operandi* de las diferentes ciencias, bien entendido que no pretendemos ir más allá de una información capaz de orientar discretamente en este asunto.

a) *Las ciencias matemáticas.*

Las *matemáticas* son las ciencias de la *cantidad* y la *magnitud*. Ahora bien, toda cantidad implica una magnitud, o sea la posibilidad de aumento o disminución. Así, el número 5 y el triángulo rectángulo son igualmente magnitudes. En cuanto a las partes de que consta el estudio de las matemáticas, es posible reducirlas a las siguientes: 1) la teoría de las funciones y el álgebra, 2) la aritmética, 3) la geometría.

El método matemático parece ser, en general [3], la *deducción*, que es el razonamiento por el cual se pasa de definiciones generales a proposiciones menos generales. Así, el estudio de las propiedades inherentes al triángulo rectángulo supone un conjunto de proposiciones *menos* generales que la proposición acerca del triángulo en general, pues esta última sirve de punto de partida a las restantes aplicables a los triángulos.

b) *Las ciencias de la naturaleza.*

En este epígrafe quedan comprendidas la física y la química, por una parte, y la biología por otra.

I) *Las ciencias físicas y químicas.*

Estas ciencias estudian la *materia* o sea todos aquellos objetos que se presentan a nuestros sentidos. Pudiera decirse que

---

2. R. DESCARTES.—*Discurso del método.*
3. Aunque, en general, el método *deductivo* ha sido el empleado en las matemáticas, también el método *inductivo* tiene sus defensores; por ejemplo, Poincaré.

ellas estudian principalmente las *alteraciones* transitorias (como la dilatación de un cuerpo por efecto del calor) o permanentes (como la transformación del hidrógeno y el oxígeno en agua) de que es susceptible la materia en general.

El método común a estas ciencias se compone de dos partes: 1) *descripción,* y 2) *explicación.* Ahora bien, la primera consiste en la *observación* de un fenómeno, para lo cual es preciso aislarlo del conjunto de las manifestaciones naturales de las que forma parte. Con esto se consigue, en la medida de lo posible, aislarlo de todos aquellos datos que no tienen por qué ver con el fenómeno en cuestión. La descripción científica es, además, el obligado antecedente de la explicación.

Pero la *explicación,* a su vez, constituye el acto por el cual referimos el fenómeno observado y descrito a una *ley experimental,* que es la manera como el científico expresa la relación constante entre los fenómenos. La ley de la caída de los cuerpos establece *que todos los cuerpos caen dirigiéndose hacia el centro de la tierra.* La explicación consiste, en este caso, en la relación que existe entre todos los cuerpos y el hecho constante para todos de caer, ya sea en el aire, ya sea en el vacío.

El proceso en que consiste el método de las ciencias físicas y químicas se apoya en los procedimientos lógicos de la inducción y la deducción. Pues, en efecto, la observación de la caída de los cuerpos ha de incluir el mayor número posible de casos particulares *(inducción),* para derivar de la comunidad de la caída que en todos se produce, la ley general experimental aplicable a cada uno de ellos *(deducción)* (4).

En resumen, se puede decir que el método de las ciencias físicas y químicas consta de los siguientes procesos:

1. descripción (observación).
2. hipótesis (probable explicación).

---

4. Las leyes de la física y la química rigen deductivamente las aplicaciones posteriores en que consiste el progreso en dichas ciencias.

3. inducción (determinación del fenómeno común a varios casos).
4. verificación experimental.
5. deducción (aplicación a todos los casos en los cuales se observe el mismo fenómeno).

II) *Las ciencias biológicas.*

Las ciencias llamadas *biológicas* estudian la vida, los seres animados y las especies en que es posible agrupar a los seres animados. El hecho de que el biólogo considere preferentemente la *especie* es porque ésta lleva en sí la capacidad de interfecundidad.

Las ciencias biológicas se subdividen en *biología general* (el estudio de la vida en general) y *biología especial* (el estudio de las especies vivientes.

Ofrecemos a continuación un cuadro sinóptico de estas subdivisiones.

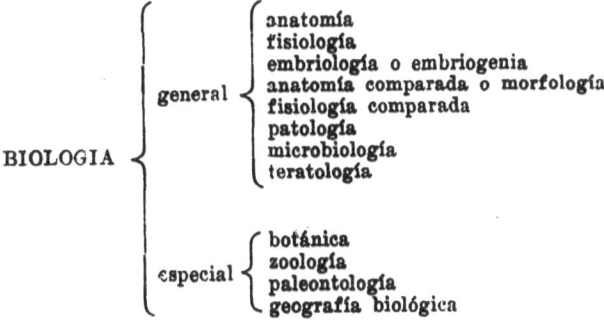

El método de las ciencias biológicas es, en términos generales, el mismo de las ciencias físicas y químicas, pero con las variaciones que el objeto de la biología necesariamente impone. Por ejemplo, en la experimentación, el objeto de la investigación biológica no se comporta pasivamente, sino que, por el contrario, reacciona en cada caso según su salud, su edad, su fuerza vital, el medio ambiente, etc. Por otra parte, en el método de las ciencias biológicas juega un papel decisivo el proceso de la *clasificación* y la *definición*.

c) *Las ciencias del espíritu.*

En este apartado caben las ciencias como la psicología, la sociología, la ética y la historia. Se llaman *ciencias del espíritu* porque en ellas se estudian aspectos relacionados con las actividades del hombre que no corresponden a la naturaleza.

La psicología reconoce dos formas diferentes de método: el *subjetivo*, que tiene como fundamento la *introspección* o sea la vuelta de la atención del sujeto hacia su propia vida interior. El *objetivo*, que incluye los siguientes procedimientos: las encuestas orales y los cuestionarios escritos, las pruebas o *tests*, la psicología histórica, la sociológica, la intermental o interpsicología, la comparada, la fisiológica, la patológica y la experimental.

En cuanto a la sociología, puede ser psicológica, filosófica, concreta, independiente, etc. Cada una supone un procedimiento de investigación peculiar y por consiguiente total o parcialmente diferente de los demás.

La historia, por su parte, posee un método *sui-generis*, y al decir esto se quiere dar a entender que difiere radicalmente de los que emplean las demás ciencias. Como ella es, no importa cómo se le mire, el *estudio del pasado* y éste sólo es reconocible y estudiable mediante las huellas que nos ha dejado, son éstas las que hay que estudiar bajo la especie genérica de los *documentos*.

La crítica histórica, o sea el estudio del valor y la verdad de los documentos, puede ser: crítica de documentos *materiales* (monumentos, monedas, obras de arte, etc.) y crítica de documentos *psicológicos* (la producción escrita en general). A ambas formas de crítica se unen, para complementar la labor del método histórico, la *crítica del testimonio* y la *reconstrucción del hecho histórico*.

Como se puede apreciar ahora, tras la sumaria descripción de los métodos de las ciencias que se ha llevado a cabo, éstos varían de acuerdo con el objeto de cada una de ellas, por lo que no es posible, en forma alguna, hablar de *un* método científico, sino de *los* métodos científicos.

5. Los métodos de la filosofía.—Los métodos empleados en la filosofía difieren rigurosamente de los que utiliza la ciencia, porque el objeto de la filosofía difiere total y absolutamente del objeto de las ciencias y, por consiguiente, las características de los métodos filosóficos han de provenir de las exigencias que plantea el objeto al cual deben ser aplicados dichos métodos.

Pero el objeto de la filosofía se diferencia tanto de todo otro objeto posible —real, ideal, metafísico o valor—, que a causa de esa radical diferencia se produce una inversión en cuanto al proceder metódico de las ciencias. Pues mientras en éstas los supuestos que se desprenden de la naturaleza del objeto determinan el método que se puede aplicar, en la filosofía es el método el que determina los supuestos. Porque en tanto que los supuestos científicos se aceptan para operar sobre ellos (para convalidarlos o invalidarlos), la filosofía crea sus propios supuestos, los *inventa*, pero sólo con la finalidad de que le sirvan de materia prima para una operación de *crítica*. De aquí que mientras la ciencia elabora hipótesis sobre lo que *percibe* en el *mundo real*, la filosofía, en rigor de verdad, especula sobre lo que intuye o lo que piensa acerca de lo que *no se percibe*, pero es probable que sea de algún modo. A causa de esto último ha podido decir Javier Zubiri [5] con admirable precisión, al referirse al objeto de la filosofía: 1) que "este objeto latente no es en manera alguna comparable a ningún otro objeto" pues "el objeto de la filosofía no es ni real, ni ficticio, ni ideal: es otra

---

5. J. ZUBIRI.—Prólogo a la *Historia de la Filosofía* de Julián Marías, ed. Revista de Occidente, Madrid, 1941, pp. 15-16.

cosa, tan otra que no es cosa". 2) "Se comprende entonces que este peculiar objeto no puede hallarse separado de ningún otro objeto real, ficticio o ideal, sino incluído en todos ellos, sin identificarse con ninguno. Esto es lo que queremos decir al afirmar que es constitutivamente latente: latente bajo todo otro objeto." 3) "El acto con que se hace patente el objeto de la filosofía, no es una aprehensión, ni una intuición, sino una *reflexión*. Una reflexión que no descubre, por tanto, un nuevo objeto entre los demás, sino una nueva dimensión de todo objeto, cualquiera que sea. No es un acto que enriquezca nuestro conocimiento de *lo que* las cosas son."

La filosofía, por consiguiente, estrictamente considerada en lo que ella es, no puede ser una *elaboración de hipótesis* que deben ser convalidadas o invalidadas por la verificación experimental, como es el caso del conocimiento científico. El método propio de la filosofía es, entonces, como apunta Zubiri, la *reflexión*, o como decimos nosotros, guardando la distancia que impone la figura del gran filósofo español, la *meditación* (6).

6. Posible clasificación de los métodos de la filosofía.—Un recorrido de la historia de la filosofía desde sus comienzos en el siglo VII a. de C. hasta el presente permite ir determinando cuáles han sido las principales formas metódicas de que se han valido los filósofos para llevar a cabo su labor. Y de este modo cabe establecer dos actitudes metódicas, que es posible denominar respectivamente con el nombre de *discurso* o *dialéctica* una de ellas y la otra con el de *intuición*.

Ahora bien, a su vez, cada una de estas dos grandes formas metódicas se subdivide en diversas manifestaciones subsidiarias, tal como se ofrece en el siguiente cuadro distributivo.

---

6. *Vid.* mi trabajo: *La filosofía y la cultura* (en el volumen *Filosofía y Sociedad*, editado por la Comisión Nacional Cubana de la Unesco, Habana, 1953, pp. 66 a 78).

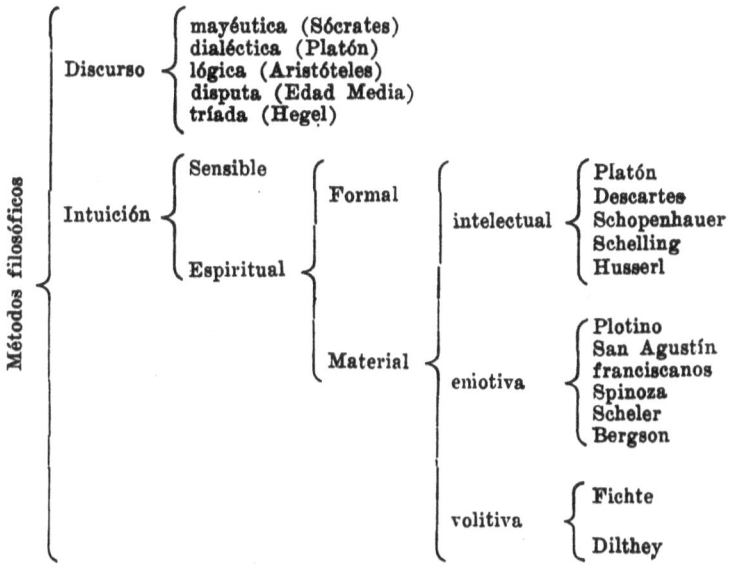

7. Los métodos discursivos.—Se denominan métodos *discursivos* a aquellos en los cuales el objeto del conocimiento aparece al final de un proceso de razonamiento y no de manera inmediata, sino mediata. Sin embargo, como lo expresa Francisco Romero [7]: "no debe confundirse lo discursivo con lo racional, pues... la razón realiza actos de intuición ideal, como los que aprehenden los axiomas de la matemática".

Pues el proceso discursivo es una cadena de intuiciones que, al actuar cada una de ellas como un eslabón de la cadena que es el razonamiento, concluyen en la captación del objeto a cuya aprehensión se encaminan. El propio Descartes, en sus *Reglas para la dirección del espíritu* [8] establece lo siguiente: "De aquí puede surgir la duda de por qué además de la *intuición* hemos añadido aquí otro modo de conocer que tiene lugar por *deducción;* por lo cual entendemos todo aquello que se sigue necesariamente de otras cosas conocidas con certeza. Mas hube de

---
7. F. ROMERO y E. PUCCIARELLI.—*Lógica y Nociones de Teoría del Conocimiento*, ed. Espasa-Calpe Argentina, B. A., 1943, p. 111.
8. R. DESCARTES.—*Reglas para la dirección del espíritu*, III.

proceder así porque muchas cosas se conocen con certeza, aunque ellas mismas no sean evidentes, con tal que sean deducidas de principios verdaderos y conocidos por un movimiento continuo y no interrumpido del pensamiento que tiene una intuición clara de cada cosa. No de otro modo conocemos que el último eslabón de una cadena está en conexión con el primero, aunque no podamos contemplar con un mismo golpe de vista todos los eslabones intermedios, de los que depende aquella conexión, con tal que los hayamos recorrido sucesivamente y nos acordemos que, desde el primero hasta el último, cada uno está unido a su inmediato''.

a) *La mayéutica.*

La mayéutica es la forma del razonamiento discursivo puesta en práctica por primera vez por Sócrates, quien designa así su método de trabajo por entender que del mismo modo que la *mayeusis* (μαιευομαι), o arte de hacer parir a las mujeres, tiene por finalidad facilitar la salida del feto al mundo, en el reino del pensamiento también es posible hacer surgir, mediante cierta adecuada dirección, la noción más adecuada de cualquier cosa. Para lograr esto último piensa Sócrates que es preciso proceder en la forma de un contraste lo más continuado posible de las diversas nociones —todas, sin duda, imperfectas— que en el conocimiento vulgar prevalecen acerca de las cosas. Esta contraposición, que permite ir desechando las nociones más alejadas de lo que debe ser la más probable *realidad* de lo que está en disputa, consigue depurar bastante la noción de aquello cuyo verdadero conocimiento se aspira a poseer.

Sin embargo, Sócrates no aspiró nunca a dar una definición *exacta* de ninguna cosa de las que solía poner en cuestión. Pero es indudable que su método señala el comienzo de un rigor especulativo [9] que irá capacitando a la mente humana para el logro de un conocimiento distinto del vulgar. Por lo que cabe

---

9. La filosofía socrática representa, en efecto, el inicio de la actividad cognoscitiva rigurosamente teórica, es decir, el saber por el saber mismo.

decir que, en el método socrático, lo más importante no es tanto el resultado a que se llega como la cautelosa posición que se adopta.

El modo típico de proceder en la mayéutica socrática es como sigue. Sócrates le pregunta en una ocasión a un famoso general ateniense qué es lo que entiende por la valentía y éste le responde que la valentía consiste en hacer frente al enemigo y no retroceder jamás ante él. Mas Sócrates, con la aparente ingenuidad que adoptaba ante sus interlocutores, le repone que en ocasiones los generales ordenan la retirada con el fin de reagrupar sus fuerzas y atraer al enemigo al sitio donde pueda ser vencido. Y el general responde que sí, que, en efecto, eso forma parte de la estrategia militar. Entonces, como vemos, hay por lo menos dos nociones diferentes de la valentía, la cual puede ser entendida o como avance continuo frente al enemigo o como ocasional retirada. De esta manera, a fuerza de sucesivas rectificaciones, logra Sócrates, no tanto una definición precisa y estable de lo que discute, como sí la certeza de que, de primera intención, no es posible dar con la noción abstracta que corresponde a una cosa.

Pero como todas esas rectificaciones ofrecen algo que sí pertenece realmente a la cosa cuestionada, todas esas notas que deben figurar en la noción acaban por integrar algo que hoy conocemos con el nombre de *concepto*, obtenido, en el caso de la mayéutica socrática, a través de lo que, con ciertas reservas, se puede denominar la *inducción*.

Mi arte de mayéutica, tal como yo lo desempeño, se parece todo lo demás al de las matronas, pero difiere en que yo lo ejerzo sobre los hombres y no sobre las mujeres, y en que asisten al alumbramiento, no los cuerpos, sino las almas. La gran ventaja es que me pone en estado de discernir con seguridad, si lo que el alma de un joven siente es un fantasma, una quimera o un fruto real. Por otra parte, yo tengo de común con las parteras [10] que soy estéril en pun-

---

10. Parece que en la época de Sócrates las mujeres dedicadas a las labores de partera eran estériles.

to a sabiduría, y en cuanto a lo que muchos me han echado en cara diciendo que interrogo a los demás y que no respondo a ninguna de las cuestiones que se me proponen, porque yo nada sé, este cargo no carece de fundamento. Pero he aquí por qué obro de esta manera. El Dios me impone el deber de ayudar a los demás a parir, y al mismo tiempo no permite que yo mismo no produzca nada. Esta es la causa de que no esté versado en la sabiduría y de que no pueda alabarme de ningún descubrimiento, que sea una producción de mi alma. En compensación, los que conversan conmigo, si bien algunos de ellos se muestran muy ignorantes al principio, hacen maravillosos progresos a medida que me tratan, y todos se sorprenden de este resultado, y es porque el Dios quiere fecundarlos. Y se ve claramente que ellos nada han aprendido de mí, y que han encontrado en sí mismos los numerosos y bellos conocimientos que han adquirido, no habiendo yo hecho otra cosa que contribuir con el Dios a hacerles concebir (11).

b) *La dialéctica.*

El método utilizado por Platón es en cierto modo una continuación de la mayéutica socrática, pero con las siguientes distinciones. En primer lugar, Platón entiende que las distintas opiniones o nociones acerca de una cosa provienen de la imperfecta *intuición* de algo que en un comienzo se da a todos del mismo modo: la *idea*. Como dice Julián Marías (12), si veo en la oscuridad y a lo lejos, primero un bulto, luego un hombre y finalmente a mi amigo Pedro, la posibilidad de que yo transite de un conocimiento al segundo y luego al tercero proviene de que tengo previamente la *idea* de hombre, a cuya despejada posesión me aproximo a través de las rectificaciones implicadas en el tránsito de bulto a hombre. Este ejemplo sirve para comprender el mecanismo de la dialéctica de Platón. En efecto, la primera fase del método dialéctico va a consistir en la *intuición* de la idea, o tal vez mejor —como lo señala García Moren-

---

11. PLATÓN.—*Teetetes.*
12. J. MARÍAS.—*op. cit.*, 61-62.

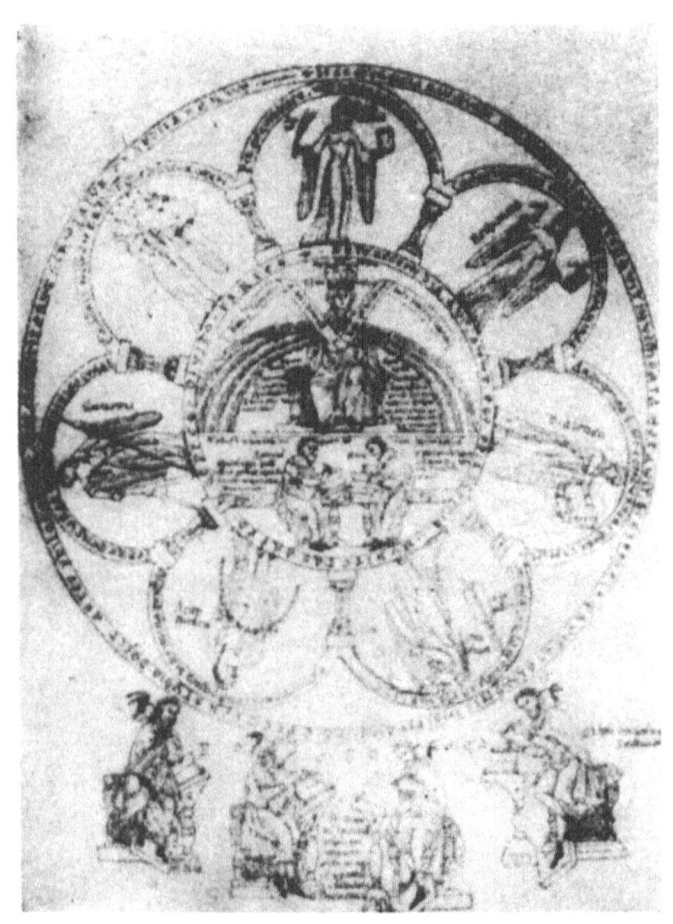

ALEGORIA DE LAS CIENCIAS
en un manuscrito medieval

te (13)—, tal vez más que una intuición la designación del camino por donde habrá de transitar la intuición. La segunda fase es la que tiene lugar cuando se depura esa intuición primaria mediante sucesivos esfuerzos del espíritu, que así consigue llegar a la mayor claridad posible en la contemplación de las ideas, nunca, por supuesto, a su total aprehensión, ya que esto es imposible a causa de lo que expondremos de inmediato.

Esas *ideas* que el hombre puede intuir grosera e imperfectamente en un comienzo constituyen la verdadera realidad, comparada con la cual el mundo en que vivimos es sólo una imperfecta aproximación de aquélla. Las ideas son los arquetipos de donde la realidad de las cosas toma su origen y su existencia. Las ideas, en el sentir de Platón, moran en lo que él llama el *lugar celeste* (τόπος ουρανος) y allí está, por consiguiente, la verdadera *redondez*, o la auténtica *belleza*, o la genuina *justicia*. De modo que la redondez de las cosas redondas es aproximada, nunca perfecta; como la belleza o la justicia de este mundo real es siempre relativa, jamás absoluta. Ahora bien, el alma humana, antes de venir a la tierra y alojarse en lo que llama Platón la *cárcel del cuerpo*, ha morado en el reino de las ideas. Al constituirse en el cuerpo del hombre y darle vida, el alma recuerda, con ocasión de su contacto frecuente con las cosas, las ideas en cuya compañía hubo de morar. Y este recuerdo (ἀνάμνεσις) o *reminiscencia* de las ideas que las cosas provocan en el alma, determina el conocimiento de las cosas, en principio turbio, grosero e impreciso; más tarde, por consecuencia del ejercicio dialéctico, mucho más claro y preciso, aunque jamás exacto.

...Que no hay ciencia distinta de la *dialéctica* capaz, en toda materia, de apoderarse metódicamente de la esencia de las cosas. En general, las artes no se ocupan sino de las opiniones y de los gustos de los hombres, y únicamente se han desarrollado teniendo en cuenta la producción, fabri-

---
13. M. GARCÍA MORENTE.—*Lecciones preliminares de filosofía*, ed. Losada, B. A., 1941, p. 22.

cación o conservación de los productos naturales y artificiales. En cuanto a aquellas que, cual hemos dicho, llegan a coger una pequeña parte de la esencia, tal la geometría y demás ciencias relacionadas con ella, vemos que su conocimiento del ser seméjase a un sueño; que son incapaces de verla a plena luz mientras no se apoyen sino en hipótesis a las que no se atreven a tocar por miedo a no poder luego dar razón de ellas. Y si se toma por principio una cosa que no se conoce, tejiendo, por consiguiente, las proposiciones y conclusiones intermedias en el campo de lo desconocido, jamás, por bien que se coordinen todas estas cosas, se podrá construir una verdadera ciencia...

Por consiguiente... el *método dialéctico* es el único que, rechazando sucesivamente las hipótesis, se eleva hasta el propio principio con el objeto de asegurar sólidamente sus conclusiones; el único en el que es enteramente cierto decir que saca poco a poco al ojo del alma del grosero cenagal en que está hundido, elevándolo hacia lo verdaderamente alto y tomando a su servicio y utilizando para esta conversión las artes que hemos enumerado. Pues aunque les hemos dado varias veces el nombre de ciencia por seguir la costumbre, en realidad deberían llevar otro nombre que entrañase más claridad que el de simple opinión, bien que más oscuridad que el de ciencia... (14).

...Pues date cuenta ahora de lo que yo entiendo por la segunda sección de las cosas inteligibles. Son éstas aquéllas que la razón coge por sí misma *en virtud de su potencia dialéctica*, tomando sus hipótesis, no por principios, sino por simples hipótesis, es decir, como grados y puntos de apoyo para elevarse hasta el principio de todo principio que ya no admite hipótesis. Una vez alcanzado este principio, desciende la razón a través de todas las consecuencias que dependen de él hasta llegar a la conclusión final, pero sin hacer uso de ningún dato sensible, *sino pasando de idea en idea hasta concluir en una idea* (15).

c) *La lógica.*

El método empleado por Aristóteles se conoce con el nombre de *lógica* debido a que este modo de denominar a una parte al-

---
14. PLATÓN.—*La República*, Libro VII.
15. *Ibid.*, Libro VI.

tamente significativa (el Οργανον) de la obra del estagirita ha sido consagrada por el uso y la tradición. La lógica es, pues, la disciplina que en la obra aristotélica pone de manifiesto la relación que existe entre el ser y la verdad, de una parte, y el *logos* de la otra.

Pero, ¿por qué esta relación? Recordemos que para Platón las cosas adquieren significado a través de las ideas, o sea por la *participación* que es posible discernir entre unas y otras. Pero Aristóteles entiende que la significación por la cual *las cosas adquieren su ser*, o sea que llegan a ser algo, no hay que buscarla en la participación (μετεχις) propuesta por su maestro, ya que, por otra parte, esa participación resulta tan difícil que llega a ser imposible de comprobar. Pero las cosas tienen, efectivamente, un ser que puede discernirse en el discurso, en la predicación que el hombre hace de esas cosas cuando se refiere a ellas. Por esto dice Aristóteles que *el juicio es el lugar natural de la verdad*. Si digo: "Juan es bueno", enuncio una *verdad* o una *falsedad*, y éste es el *decir enunciativo*. Pues la verdad hace patente el ser de una cosa, mientras que la falsedad lo reemplaza con otro ser. El juicio es, pues, la manifestación de la posibilidad ontológica de las cosas. En la predicación del juicio, mediante la afirmación o la negación que hay en todo juicio, aparece el ser de las cosas, se manifiesta como una especie de fosforecencia interna de ese ser (el λόγος αποφαντικὸς).

Y en el silogismo, que es para Aristóteles la forma estructural lógica por excelencia —o sea donde el *logos* se muestra en toda su fuerza de expresión—, el ser de las cosas va apareciendo mediante el despliegue o escalonamiento de los juicios que integran el silogismo.

d) *La disputa.*

El renacimiento cultural que se opera en Europa desde comienzos del siglo XIX, principalmente por el influjo del emperador Carlomagno, trae, entre otras consecuencias, la aparición de las escuelas *(scholas)*, que son un género de establecimiento en el cual encuentra acogida, prosecución y mayor desarrollo el sistema pedagógico proveniente de la cultura grecolatina y que se conoce con el nombre de *Trivium* (gramática, retórica y dialéctica) y el *Quadrivium* (aritmética, geometría, astronomía y música) y que se completa en la Edad Media con el estudio de la medicina y la filosofía, a la cual dominará decisivamente la teología.

Las escuelas organizadas por Carlomagno contaron con hombres de la talla de Alcuino de York, Pedro de Pisa y Bangulf, obispo de Fulda. Estos y otros colaboradores suyos fundaron escuelas en Tours, Fulda, Corbie, Lyon, Orléans y otros lugares. De todas, la más célebre fué la Escuela Palatina de los reyes francos, surgida en la corte le Carlomagno y a la cual asistía el propio emperador con su familia.

La actividad docente de la *escolástica* (o sea el saber impartido en las escuelas) constaba de dos partes principales: las *lectiones*, que era la lectura y el comentario de textos como los de la Sagrada Escritura, de los Padres de la Iglesia, o de teólogos y filósofos de la Antigüedad y la Edad Media. Y las *disputationes*, o sea las *disputas* provocadas por aquellos asuntos que se consideraban vitales para la época y que daba oportunidad a los que discutían para ejercitarse en la *argumentación* y la *demostración*.

La actividad docente de la escolástica hizo surgir los *géneros literarios* propios de esta Edad, a saber: *Commentaria* (que eran comentarios de los libros estudiados), *Quaestiones* (los grandes problemas que se discutían), *Opuscula* (las cuestiones breves que se trataban por separado) y *Sumas* (o sea las grandes síntesis doctrinales, como la *Summa Theologica* de Santo Tomás de Aquino).

La actividad docente de las *disputas* fué decayendo según decursaba la Edad Media y llegó a degenerar en muchas ocasiones en estériles controversias sobre asuntos baladíes. Pero es preciso reconocer que también el método de la disputa fué en

LA FILOSOFIA
*(fragmento de una pintura de Rafael,
en las Estancias del Vaticano)*

ocasiones la oportunidad para que hombres de la talla de Abelardo y Guillermo de Ockam se mostraran en toda la excelsa plenitud de su genio filosófico.

e) *La tríada hegeliana.*

El método empleado por el filósofo alemán Hegel y conocido con el nombre de *tríada* es una forma algo modificada de la dialéctica en general. Según Hegel, su método es el único instrumento capaz de proporcionarnos el conocimiento de la realidad, porque si el universo es un todo en el cual se sumen íntegramente la realidad y la verdad, y si no hay teoría que pueda contener toda la verdad, ninguna teoría puede ser enteramente verdadera. Todavía más: no sólo ninguna teoría encierra *toda* la verdad, sino que ninguna teoría es *completamente verdadera* en relación con la verdad que establece.

Ahora bien, el conocimiento de la realidad, o sea la verdad que de ella es posible tener, sólo puede serlo en *teoría*, es decir, como *lo pensable.*

Si aplicamos todo lo anteriormente dicho a un caso concreto, vendría a ocurrir, más o menos, lo siguiente. Si alguien defiende una teoría errónea, es posible, según Hegel, demostrar, por el contraste con otra teoría opuesta —la cual niega y refuta la primera—, que la teoría inicial es errónea. Pero no es posible sustituir la primera por la segunda, porque ésta es igualmente errónea. ¿Cómo encontrar, entonces, la verdad? Pues en una tercera teoría que resume en sí los caracteres esenciales de las dos anteriores. A su vez, esta tercera teoría será también errónea y requerirá de otra que la contradiga y obligue a superarse, y así sucesivamente.

En la dialéctica hegeliana la teoría inicial se llama *tesis;* su contradictoria, *antítesis,* y el resultado de la contraposición de ambas recibe el nombre de *síntesis.* La combinación de las tres teorías se denomina *tríada.*

8. Los métodos intuitivos.—En contraste con el conocimiento discursivo, que es siempre una forma indirecta de aproximación a su objeto, el conocimiento *intuitivo* es una forma directa e inmediata de aproximación al objeto. "El conocimiento intuitivo —señala Hessen (16)— consiste, como dice su nombre, en conocer viendo. Su peculiar índole consiste en que en él se aprehende inmediatamente el objeto, como ocurre sobre todo en la visión." Y, en efecto, intuir equivale, siempre de algún modo, a una visión del objeto, como se concluye de la propia palabra *intuición* (del latín *intueor*: mirar, fijarse, contemplar). Se puede, por consiguiente, decir que la intuición consiste en una *aprehensión directa e inmediata* del objeto, exactamente al contrario de lo que sucede con el discurso.

La intuición puede ser, ante todo, *sensible y espiritual*. La primera es la que permite aprehender inmediatamente todo lo que se da en forma de percepción, como, por ejemplo, el rojo o el verde, la nota *la* o la nota *do*, el olor de una flor, etc. La segunda es la que permite aprehender inmediatamente contenidos como el que proviene de la distinción entre el rojo y el verde. Así, el juicio que establece que "el rojo y el verde son distintos", se funda en una intuición espiritual.

Pero la intuición espiritual implica, a su vez, una distinción. Cuando nos hallamos en presencia de la aprehensión inmediata de *relaciones* como "el rojo y el verde son distintos", "dos cosas iguales a una tercera son iguales entre sí", "de dos longitudes diferentes, una es mayor que la otra", etc., se trata siempre, en estos casos, de una intuición *espiritual formal*, la cual capta la *forma* de la relación entre dos o más objetos. Pero cuando se trata de la aprehensión de un objeto o un hecho suprasensible, estamos en presencia de una intuición *espiritual material*. Tal cosa ocurre cuando captamos instantáneamente que un cuadro es bello, o que una acción es justa, etc. Y esta es realmente la *intuición* y la que ha sido empleada con frecuencia por la filosofía.

---

16. J. HESSEN.—*Teoría del conocimiento*, ed. Losada, B. A., 1938, páginas 104-5.

Ahora bien, la diversidad de la intuición material proviene de la correspondencia entre las tres capacidades advertibles en el espíritu humano: el *pensamiento*, el *sentimiento* y la *voluntad*, y los tres aspectos o elementos discernibles en todo objeto, a saber: la *esencia*, la *existencia* y el *valor*.

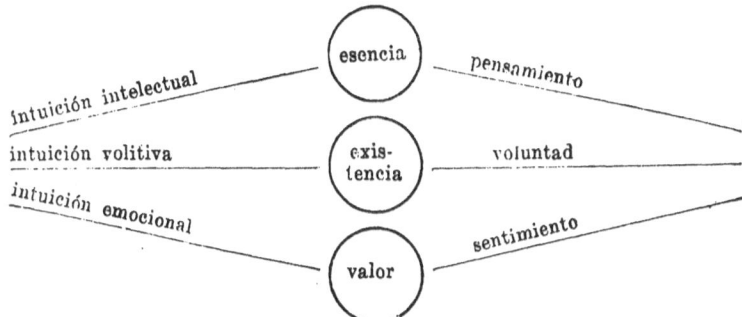

a) *La intuición intelectual.*

Se denomina *esencia* de un objeto al conjunto de las manifestaciones sin las cuales éste no puede ser lo que realmente es. Así, por ejemplo, un triángulo puede ser equilátero, otro acutángulo, otro mixtilíneo, etc., pero en todos ha de estar presente la *esencia*, idéntica para todos, o sea la *triangularidad*. Y la intuición *intelectual* es la que permite aprehender la *esencia* de un objeto por medio de la *razón*. Esto es lo que lleva a cabo Platón en la antigüedad, para quien existe un reino de ideas o arquetipos que pueden ser intuídos por medio de la razón. En los comienzos del cristianismo, vuelve a aparecer esta forma de intuición en San Agustín, quien entiende que es posible contemplar lo inteligible en la verdad inmutable y llegar a tener una visión de la verdad misma. Luego, en el comienzo de los Tiempos Modernos, es Descartes quien postula de nuevo la intuición intelectual al oponerla al discurso y afirmar que por medio de ella es posible llegar al conocimiento esencial de la realidad. Finalmente, en nuestros días, la intuición intelectual aparece señaladamente en la fenomenología del alemán Husserl, quien pretende que haciendo abstracción provisional de la existencia de las cosas (poniéndola *entre paréntesis*), se puede llegar a la aprehensión de las esencias de esas cosas.

b) *La intuición emocional.*

El segundo aspecto que es posible discernir en el objeto es, según hemos dicho ya, el *valor*. Pues, en efecto, todo objeto se nos presenta como algo que, en cierto modo, determina en nosotros una adhesión o un rechazo, una preferencia o una repugnancia. Los objetos, pues, *valen* siempre y de alguna manera para el que los hace objeto de su conocimiento. Y la intuición *emocional* es la que aprehende, por medio del *sentimiento*, el *valor* implicado en el objeto.

El representante más destacado de esta intuición en la antigüedad fué el filósofo Plotino, quien nos muestra su contemplación racional de lo Divino fuertemente saturada de elementos emocionales, tal como es posible comprobarlo en la sección de sus *Enéadas* denominada "De la contemplación". Lo mismo sucede con San Agustín, quien entiende que en la fase suprema de la experiencia religiosa, en la suprema visión de Dios, llegamos a su contemplación inmediata, en forma mística. Esta actitud emocional agustiniana pasa luego a la Edad Media, donde a lo largo de ella veremos que se opone constantemente al intelectualismo escolástico. Los partidarios del agustinismo, que reconocen como jefe a San Buenaventura, se oponen a los partidarios del aristotelismo, del cual es cabeza visible Santo Tomás de Aquino.

En la Edad Moderna encontramos atisbos de esta intuición en Pascal y su frase: *le coeur à ses raisons, que la raison ne connaît pas.* Y en Spinoza, pese a su ostensible racionalismo, hay momentos en los cuales predomina la más tensa emocionalidad, como cuando expresa: *Sentimos experimur que nos esse aeternos.* Y lo mismo Hume, de quien son estas palabras: "La fe es mucho más propiamente un acto de la parte afectiva de nuestra naturaleza que de su parte pensante". Finalmente, en nuestra época son partidarios de la intuición emocional el francés Bergson y el alemán Scheler.

c) *La intuición volitiva.*

El tercer aspecto o elemento apreciable en el objeto, como también se ha dicho ya, es la *existencia*. Ahora bien, si quisiéramos explicar en qué consiste la existencia, nos encontraríamos con que esto es imposible, porque definir algo equivale a decir en qué consiste ese algo, y la existencia no consiste en nada. La existencia es algo que cada quien intuye directamente. Intuimos que hay algo que no somos nosotros mismos, sino otras cosas u objetos que se nos oponen y nos hacen resistencia. De aquí que la intuición *volitiva* intente la *determinación* de la *existencia* de lo que no somos nosotros mismos por medio de la *voluntad*. Pues como lo formula el filósofo alemán Dilthey, quien puede ser considerado como el que mejor ha expuesto esta forma de la intuición material, antes que pensar, los seres humanos quieren, apetecen, desean. Pero ese querer, ese deseo tropieza con dificultades, con las resistencias que le opone el resto de la realidad, y al luchar contra dichas resistencias las convierte en *existencias*.

Otros representantes de la intuición volitiva lo han sido el francés Maine de Biran, quien sostuvo en su filosofía una interesante tesis sobre lo que él denomina agudamente el *sentido íntimo (le sens intime)*, y el alemán Fichte, para quien el yo (el hombre) comienza por ponerse a sí mismo y luego pone o crea el resto de la realidad.

9. El problema de la incomprobabilidad de la investigación filosófica.—Considerado con todo rigor, este ''problema'' es mucho más aparente que real, puesto que la actividad filosófica no es una *investigación*, como sí lo es la ciencia. Cuando el físico intenta explicar el movimiento de los cuerpos o la dilatación de los metales por efecto del calor, se encuentra en presencia de un *hecho* o un *suceso*, al cual pretende hallarle una adecuada explicación. Lo mismo sucede con el historiador o con el psicólogo, cuando tratan respectivamente de explicar cómo tuvo lugar la caída del imperio romano de occidente o por qué el hombre es capaz de recordar. Se trata siempre de hechos o sucesos que, por consiguiente, ofrecen una *realidad* que debe ser examinada y que lo puede ser en todos los casos. Pero la filosofía carece, en rigor de verdad, de *hechos* o *sucesos*. Así, por ejemplo, mientras el médico estudia el dolor *orgánico* y el moralista trata de explicar por qué *moralmente* es posible el dolor, el filósofo sólo puede y en consecuencia debe preguntarse por qué hay más bien dolor en el mundo, sea orgánico o moral.

La filosofía, entonces, no puede preguntar por la particularidad de los hechos, no ya individuales, sino tampoco genéricamente. O sea que no puede preguntar por el dolor de *este* o *aquel* hombre, ni por el dolor de tal o cual *género* o *clase*, que acontezca en los hombres, ya sea individual o colectivamente. Esto lo harán el médico, el sociólogo, el moralista, etc. El filósofo se pregunta por el dolor en general, que es a la vez todos los dolores y ningún dolor en particular. Pero no se trata de que haya un *dolor universal*, del cual provengan todos los dolores particulares y concretos, sino que la universalidad buscada por el filósofo es una *dimensión* peculiarísima de todo objeto, esa *nueva luz* (según Zubiri) que es posible proyectar en todo objeto. No es, pues, en rigor, la consideración de los objetos, de cada objeto, desde un punto de vista universal y total; ni tampoco se trata de la consideración del *Objeto* del cual derivan los objetos particulares, sino de una *universalidad y totalidad* que, diríamos, está y no está en cada objeto.

Por este motivo, el problema del *criterio de la verdad filosófica* no consiste en que difiera más o menos del *criterio de la verdad científica*, sino que la cuestión, examinada con todo rigor, no puede ser planteada. Pues también la ciencia funda la verdad de su saber en la *ausencia de contradicción*, mientras no se demuestre lo contrario (y la historia de la ciencia prueba cuántas veces la contradicción ha demostrado la *no validez* de lo que hasta ese momento se daba como válido). En cuanto a la *evidencia racional*, se sabe desde hace ya muchísimo tiempo que dicha evidencia es siempre provisional y provisoria, pues la ciencia admite como *racionalmente verdadero* lo que, en el experimento, no contradiga a la elaboración teórica de la cual surge la pretensa *explicación* del hecho. Así, la evidencia racional de la teoría newtoniana de la gravitación universal ha sido indiscutible hasta que la aparición de teorías como la de la *relatividad* de Einstein y otras subsidiarias han hecho declinar la primera. En lo que, finalmente, atañe a la filosofía como un *saber inconcluyente,* sólo hay que decir que ningún saber concluye jamás. Lo que ocurre es que la ciencia avanza a cortos trechos y se afianza, temporalmente, en tales o cuales verdades aparentemente definitivas, mientras la filosofía no puede acogerse a esas temporales estaciones de la ciencia.

10. La verdad, la realidad y el juicio que las implica a ambas.—El conocimiento es siempre la aprehensión espiritual de un objeto. El conocimiento implica, pues, en todos los casos, una peculiar actitud o disposición del hombre con respecto a lo que intenta conocer. Como se ha hecho ver en las páginas precedentes, es posible conocer o por medio de la razón o intuitivamente. Y estas dos formas generales de conocer han operado a través de la historia de la humanidad y, por supuesto, en el proceso de la cultura occidental, al que pertenece la actividad filosófica que venimos estudiando.

Conocimiento *discursivo* y conocimiento *intuitivo,* como ya se ha dicho, pertenecen a la actividad filosófica desde sus comienzos. Vemos funcionar la intuición y el discurso en Platón, Plotino, San Agustín, etc. Pero, por múltiples y complejas circunstancias, que sería muy difícil explicar ahora, la fase discursiva de la dialéctica platónica se sobrepone a la intuición y logra adueñarse del campo de la filosofía durante las etapas de la Antigüedad y la Edad Media. Esta segunda fase se impone quizá a causa de que ella sigue el movimiento natural y espontáneo de la mente que consiste en considerar a las cosas como *independientes* del que las conoce. El realismo, en efecto, que es como se denomina a la actitud espontánea de considerar las cosas como independientes del sujeto que las conoce, lleva a tal grado su creencia al respecto, que en su fase más primitiva (realismo *ingenuo*) admite que las cosas son exactamente tal como se perciben, o sea que no establece diferencia alguna entre el objeto percibido y la percepción que de él lleva a cabo el sujeto. Luego, al afinarse un poco más esta percepción, o sea al aparecer cierta reflexión crítica, el realismo se hace *natural*, pues ya establece una distinción entre la percepción y el objeto percibido, aunque sigue dando como idénticos el objeto percibido y el objeto real. Y en su fase más elaborada el realismo se hace *crítico*, o sea que admite la existencia de propiedades en la percepción que no corresponden al objeto, sino que las pone el sujeto.

Pero, en los tres casos mencionados, el realismo admite y afirma la concordancia de la mente que conoce con el objeto conocido, o sea que las ideas con las cuales conocemos las cosas, concuerdan con éstas. A esto es a lo que se llama la *concordancia de lo ideal con lo real*. Santo Tomás, el realista por excelencia en la Edad Media, designa a esta concordancia *adaequatio intellectus et rei* (o sea la conformidad de las cosas con la mente que las conoce o las piensa). Y cuando esta concordancia se produce, estamos en presencia de la *verdad*.

Sin embargo, de esta manera de considerar la verdad, o sea como la concordancia entre lo real y lo ideal, que dura, como se ha dicho, hasta las postrimerías de la Edad Media, se pasa a la manera que consiste en considerar que la verdad es *concordancia del pensamiento consigo mismo*. Esto sucede a partir del filósofo francés Descartes, quien puesto a dudar *metódicamente* de toda la realidad, se encuentra con que lo único *indudable* es el propio *pensar*. Yo puedo dudar, dice Descartes, de la verdad o la falsedad de mis pensamientos, pero ¿de que los pienso? ¡Jamás! Luego la única certeza absolutamente válida es la que ofrece el propio pensamiento, de manera que la verdad no puede ser ya la concordancia de las ideas con las cosas, sino sólo de las ideas consigo mismas. Y en esto va a consistir el idealismo.

CAPITULO III

1. Los modos fundamentales de concebir la verdad.—El filósofo aspira siempre a la determinación de la *verdad*. Pero ya hemos visto que la verdad a que aspira, o a que debe aspirar, difiere considerablemente de la verdad que persigue el hombre de ciencia. Para este último, la verdad, en primer término, se refiere a ciertos objetos —los que caen bajo la esfera de una determinada ciencia—, y en segundo lugar la verdad que le interesa descubrir al científico es una verdad que consiste, siempre, en la concordancia de un objeto real con la explicación que de dicho objeto hace el científico. Así, por ejemplo, la "verdad" sobre la naturaleza de la luz ha sido postulada varias veces en el curso de la historia [1] y siempre de manera diferente en cada caso. Mientras que el filósofo busca la *Verdad*, o sea en sentido general, tal vez mejor, universal. Y por eso jamás llega a encontrarla, jamás puede postular que tal o cual verdad sea la que corresponde a un determinado objeto.

Esto que se acaba de decir es lo que ha conducido a la filosofía a dos modos fundamentales y antagónicos de considerar el problema de la verdad. Modos que la ciencia no puede utilizar, porque no tendrían la menor posibilidad de éxito en la actividad científica. Los susodichos modos se conocen con los respectivos nombres de *trascendencia* e *inmanencia*.

La *tracendencia* designa la actitud del filósofo en el problema del conocimiento por la cual aquél empieza por admitir que los objetos que él conoce son independientes del sujeto cognos-

---

1. La historia de la ciencia física muestra cómo la *luz* ha sido concebida como la trasmisión de la energía en forma de ondas, como el resultado de un campo electromagnético, o bien en forma de corpúsculos (los *cuantos*).

cente. Cree, pues, en la existencia de un reino de realidades o de cosas y que la verdad acerca de éstas reside en la concordancia entre cualquiera de esas realidades y lo que el sujeto piensa de ellas. Los medievales decían *adaequatio intellectus et rei* (concordancia o conformidad del objeto con la mente que lo conoce). Y se llama *trascendencia* porque esa *relación* donde se alberga la verdad sobre el objeto trasciende tanto el objeto como el sujeto, o sea que está *más allá* de ambos.

La *inmanencia*, en cambio, consiste en la actitud por la cual el filósofo comienza por no admitir que haya un reino de realidades o cosas independientes del sujeto cognoscente. Por el contrario, el filósofo sólo cree en la capacidad de la propia mente para *engendrar* los objetos. No quiere esto decir que el filósofo niegue la existencia de un mundo real. No. Pero lejos de admitir (como el filósofo realista) que los objetos reales son conocidos inmediatamente en sí y por sí, postula que no hay más objetos que los *objetos del conocimiento*, los cuales sólo son posibles siempre que la mente del sujeto los convierta en tales objetos. De manera que la verdad no puede ser ahora la concordancia del objeto exterior con lo que de él se piensa, sino, por el contrario, la concordancia de la mente consigo misma. Y a este respecto podrían suscribir los modernos *adaequatio mente ipsia* (conformidad o concordancia de la mente consigo misma).

2. El conocimiento en la relación sujeto-objeto.—De acuerdo con lo que se acaba de expresar, el objeto puede ser primordialmente o *real* o *pensado*. Y en cada uno de esos casos hay distintas manifestaciones objetivas, que es posible resumir del modo siguiente:

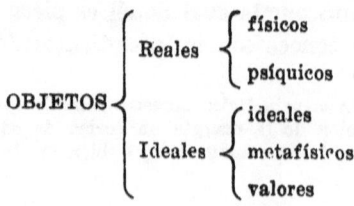

Si entendemos por *realidad*, en términos muy generales, la que se manifiesta en el espacio y el tiempo, los únicos objetos verdaderamente reales son los físicos y los psíquicos. Aquéllos se dan en el espacio y el tiempo, mientras que éstos sólo se manifiestan en el tiempo. Los irreales carecen de espacio y tiempo (2).

De todos esos objetos el sujeto puede llegar a tener algún conocimiento y precisamente por esto último es que son ob- jetos (del latín: *objectum*), o sea lo que se opone a algo a lo cual le hace resistencia, o sea al *sujeto*. Pues todo objeto, sea real o irreal, se manifiesta opositivamente al sujeto, ya sea orgánica o mental dicha oposición.

3. El sujeto y el yo.—El sujeto cognoscente conoce siempre el objeto (cualquiera que éste sea) como algo *distinto* de él en cada caso. O sea que es capaz de constatar que el objeto no forma parte de su individualidad de sujeto cognoscente, sino que el objeto es una entidad y el sujeto otra. Pero, ¿cómo puede saber el sujeto que es distinto del objeto? La posibilidad de saberlo reside en el hecho de que el sujeto es además un *yo*. Ahora bien, ¿qué es el *yo*? Todo ser humano piensa, siente y quiere; además tiene *conciencia* de estas actividades y, en tercer lugar, advierte que tanto esas actividades como su conciencia se dan *unitariamente* en cada sujeto. En cada ocasión en que ejercita sus actividades psíquicas, el sujeto constata que es siempre *uno* consigo mismo y *distinto* de los demás.

Esta experiencia que me es posible realizar constantemente, por la cual advierto que soy siempre el mismo y distinto de los otros, es la que me permite hablar de *mi* yo.

4. El objeto y el yo.—Si el yo es, pues, idéntico a sí mismo y distinto de los demás seres, todo lo que no sea el yo, o sea el resto de lo existente, estará constituído por lo que puede lla-

---

2. Para una clasificación más pormenorizada de los objetos, remito al lector a mi *Lógica*, ed. "Cultural, S. A.", la Habana, 1952, p. 30.

marse el *no- yo*. Este, a diferencia del yo, es múltiple, diverso y variable.

Vemos ahora fácilmente las relaciones entre el sujeto y el yo de una parte y el no- yo de la otra. El sujeto actúa siempre a través de su yo, mientras que el objeto aparece siempre como el no- yo, que se enfrenta al yo. El no- yo es, pues, para cada quién, todo lo que no es él mismo, es decir, su yo.

5. Objetivismo y subjetivismo.—La relación que venimos estudiando entre el sujeto y el objeto, o entre el yo y el no- yo corresponde al problema general del conocimiento y dentro de éste al aspecto más importante, es decir, al que se refiere a la *esencia* del conocimiento. La cuestión central en la esencia del conocimiento se puede formular así: ¿Cuál es el factor determinante en el conocimiento humano? ¿Es el objeto o es el sujeto?

El *objetivismo* es la posición que pretende que el objeto es decisivo en el problema del conocimiento, pues afirma que el objeto se da al sujeto como algo completo, acabado, en la forma de una estructura que la conciencia cognoscente sólo tiene que reproducir. Mientras que el *subjetivismo* entiende que el sujeto es el determinante en el problema del conocimiento, pues en él se alojan las ideas o los principios que posibilitan el conocimiento del objeto. Ahora bien, es muy importante tener presente que al hablar del *sujeto* no se quiere hacer referencia al sujeto individual, al de cada quien, sino a un sujeto universal y trascendente, idéntico para todos los sujetos individuales y concretos.

6. Las tres cuestiones fundamentales inherentes al yo.—A partir de la consideración del yo como el centro de referencias del sujeto en sus relaciones con el no- yo, es posible plantear tres cuestiones fundamentales para el propio yo y que son las siguientes: el conocimiento del no- yo, el conocimiento del yo y el conocimiento del conocimiento.

7. El conocimiento del no-yo.—En la constatación de lo que no es el yo advierte éste que hay algo además de sí mismo, o sea el no-yo, el mundo de los objetos en general. Esa constatación nos ofrece, por lo pronto, dos detalles interesantes, a saber: que hay otros seres además del yo *(existencias)* y que están constituídos por algo *(consistencia)*.

Pero el primero de esos detalles, o sea el de la *existencia*, carece de toda posible explicación, o sea que es indefinible. Que las cosas *sean*, por lo pronto, sin más y en general, como lo que está ahí, a la mano, no explica en forma alguna lo que sea esa presencia de ellas, su *existencia*. El segundo detalle, en cambio, el de la *consistencia*, sí puede ser explicado, definido, como lo que una cosa es, como aquello de que dicha cosa está constituída. De donde se puede definir la consistencia como *el ser esto o aquello*.

Como vemos, con respecto al *ser* de las cosas, se puede hablar de un *ser en sí* y de un *ser en otro*. El primero, o sea el ser en sí, es propio de toda existencia, porque las cosas comienzan por *ser*. Pero como además las cosas son o esto o aquello, resulta que son *en otro* (o sea que consisten). El agua, por ejemplo, *es* (agua), pero, además, consiste en otros seres (hidrógeno y oxígeno), por lo cual resulta que es *en otro*.

8. Ser general y ser particular.—El problema del ser en sí y el ser en otro plantea cuatro cuestiones subsidiarias, a saber: a) ¿qué es *existir*?, b) ¿qué es *consistir*?, c) ¿quién *existe*? y d) ¿quién *consiste*? Vamos a tratar de explicarlas sumariamente.

La primera cuestión, o sea ¿qué es existir?, carece de posible respuesta, ya que, como se ha visto más arriba, la existencia sólo puede ser intuída, experimentada por cada quién. En cambio, cuando preguntamos ¿qué es consistir?, vemos que se puede contestar diciendo que es *ser esto o aquello*. En cuanto a la tercera pregunta, ¿quién existe?, depende sólo de lo que reputemos como existente: Dios, el mundo, solamente yo, etc. Y con respecto a la cuarta pregunta, ¿quién consiste?, es posible contestarla sólo cuando ya sepamos quién existe (3).

Como vemos, de las cuatro preguntas sólo la segunda (¿qué es consistir?) y la tercera (¿quién existe?) tienen posible respuesta. Ambas quedan, entonces, como las dos grandes ramas de una disciplina que es el punto de partida de la filosofía, es decir, la *Ontología*.

9. La Ontología y sus derivaciones.—La *Ontología* (del griego: τὸ ὄν = lo que es, lo existente) es, pues, la disciplina que tiene por objeto el estudio del ser en su más pura generalidad (ya se trate del ser en sí o del ser en otro). La palabra *Ontología* aparece por primera vez en el *Lexicon philosophicum* de Rodolfo Goeclenius (1613).

Pero ya hemos dicho que el problema del ser en sí es insoluble si intentamos definir este ser. Pero si bien es imposible saber *qué* es este ser en sí, en cambio, podemos preguntar *quién* es el ser en sí. Y la rama de la Ontología que intenta dar respuesta a la pregunta ¿quién existe?, recibe el nombre de *Metafísica*.

Pero, como hemos visto, también es posible contestar a la pregunta *¿qué es consistir?*, o sea la pregunta acerca del ser en otro. Y la rama de la Ontología que ensaya responder a esta cuestión se denomina *Teoría del objeto*.

10. El conocimiento del yo.—¿Qué es el *yo*? En rigor de verdad, esta pregunta carece de una respuesta unívoca, pues, por el contrario, la historia de la filosofía y de la psicología muestran una asombrosa pluralidad de interpretaciones de la realidad del yo. Espigando entre esas interpretaciones y tra-

---

3. Apenas hay que advertir que seguimos en todo esto el criterio de don Manuel García Morente en sus *Lecciones preliminares de filosofía*, ed. Losada, B. A., 1940, cap. IV.

tando de agruparlas conforme a sus mayores semejanzas, cabe una triple subdivisión, en la forma siguiente:

$$YO \begin{cases} \text{psicológico o empírico} \\ \text{gnoseológico} \\ \text{metafísico} \end{cases}$$

El yo considerado *psicológicamente* o *empíricamente* aparece como la síntesis de los hechos o las vivencias del individuo humano, ya se trate de fenómenos intelectivos, emocionales o volitivos. Mientras que cuando el yo se interpreta en sentido *gnoseológico* aparece como el punto de referencia del conocimiento, que a su vez queda entendido como la vía inicial para llegar al no-yo. Esta es la posición de Kant [4], quien afirma que el sujeto es, ante todo, *sujeto de conocimiento*. Y en tercer lugar, hemos dicho, tenemos el yo entendido como algo *metafísico*, o sea como una *realidad en sí y por sí*, o sea como *sustancia*, de la cual dimanan sus diferentes actividades.

Ahora bien, de la interpretación que se haga del yo, o sea de su naturaleza, depende en buena parte la psicología con la cual haya de acometerse su estudio. Aun cuando quizás no haya sido establecida con toda deliberación la correlación entre el yo y la clase de psicología que se aplique a su estudio, no cabe duda que, en cada caso, ha habido cierta concordancia entre ambos. Así tenemos que cuando el yo ha sido interpretado como *sustancia*, como entidad provista de ciertas actividades, la Psicología *filosófica* o *racional* (la ciencia del alma) ha sido la aplicada. Mientras que al interpretar el yo como algo empírico o gnoseológico, la psicología utilizada ha sido o bien la que se aproxima a la ciencia natural o bien la que lo hace a las ciencias del espíritu (en cuanto ambas trabajan con objetos reales). Y en conformidad con lo que se acaba de expresar,

---

4. La conciencia que tiene el yo de su identidad a través de sus distintas representaciones la llama Kant la *apercepción trascendental*, o sea "la conciencia de sí mismo que, produciendo la representación *Yo pienso*, debe acompañar a todas las demás representaciones".

cabe, entonces, hacer la siguiente clasificación de las mencionadas interpretaciones de la psicología.

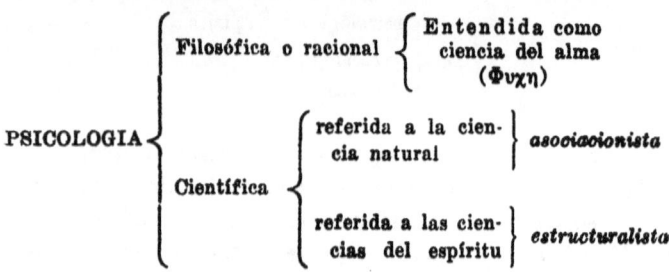

Sin embargo, como apunta acertadamente Ferrater Mora (5): "La distinción entre una Psicología filosófica o Metafísica y una Psicología científica, no corresponde... a la realidad de los hechos, sino única y exclusivamente a la inevitable mencionada referencia de cada ciencia a la Filosofía general".

11. La filosofía de la religión.—En cierta relación con el problema del yo, de su naturaleza y sus funciones, se encuentra la *Filosofía de la Religión*, ya que entre los diversos hechos que constituyen la vida humana, ocupa un lugar prominente el de la religiosidad. La indagación del fenómeno religioso, o sea la descripción de lo que le ocurre al hombre en su vida religiosa, es la tarea propia de la Filosofía de la Religión, la cual se apoya en la psicología de la religión, las ciencias de la religión, las religiones comparadas, la sociología de la religión y otras disciplinas. Pero debe advertirse que la relación que es posible hallar entre el yo y la Filosofía de la Religión depende siempre de la interpretación que se haga del yo.

La filosofía de la religión tiene así como objeto principal la fenomenología del hecho religioso, en la cual ha de llegarse hasta la determinación de la esencia de la religión en cuanto fenómeno de la vinculación o religación de la exis-

---

5. J. FERRATER MORA.—*Diccionario de Filosofía*, tercera edición, p. 775.

tencia humana. La filosofía de la religión es, pues, un pensamiento sobre la religión, pero no en tanto que fundamentación de la misma, sino como simple descripción de lo dado en el vivir religioso. Por eso debe establecerse una separación entre la filosofía de la religión y la metafísica, la cual, por pretender alcanzar lo absoluto, se aproxima más a la posibilidad de una fusión entre la religión y la filosofía. La filosofía de la religión debe atenerse al hecho religioso tal como se da en la vida humana, a la experiencia religiosa, a la dilucidación de los valores religiosos que la existencia intuye y de las formas en que se presentan estas intuiciones en el curso de la historia. Así, la filosofía de la religión puede ser definida, simplemente, como lo hace A. Müller, como "la investigación de la religión en su contenido total", como contenido del fenómeno y no como contenido de la religión misma [6].

12. **La Axiología.**—También, en otro respecto, vemos al yo relacionado con esa manifestación discernible en todo objeto y la cual se denomina su *valor*. Todo objeto posee una connotación axiológica (del griego: $\overset{\text{r}}{\alpha}\zeta\iota\omega\varsigma$ = valioso), que lo hace ser más o menos preferido por el sujeto. Y como estas connotaciones a las cuales se denomina el *valor del objeto* tienen que ver con la utilidad, la vida, la belleza, la moral y la religión, tenemos, entonces, que puede haber valores útiles, vitales, estéticos, éticos y religiosos. Debe, sin embargo, tenerse presente que ciencias como la Estética, la Etica y la Religión pueden no estar fundadas en sus respectivos valores. Así, una Etica puede ser o no ser axiológica. Además, la Axiología o Teoría general de los valores puede estudiar éstos sin hacer particular referencia a su condición de vitales, o éticos, etc.

13. **El conocimiento del conocimiento.**—Así como el conocimiento del yo y del no- yo son cuestiones de las que se ocupa la filosofía, a ésta compete igualmente investigar en qué consiste

---

6. *Ibid.*, p. 807.

el fenómeno del *conocimiento* en general, o sea que ha de preguntar: ¿Qué es el conocimiento?

La investigación filosófica de la posibilidad, el origen, la esencia, los límites, la validez y las especies del conocimiento, en cuanto conocimiento, corresponde a la disciplina que se llama *Gnoseología* (del griego: γνῶσις = conocimiento).

Es preciso aclarar que en los países de lengua española las expresiones *Gnoseología* y *Teoría del Conocimiento* son equivalentes. En los de lengua inglesa, en cambio, apenas tiene aceptación la palabra Gnoseología, por lo que se le sustituye por las expresiones *Theory of Knowledge* (teoría del conocimiento) y *Epistemology* (epistemología), las cuales sirven para designar una "teoría del saber de las ciencias", debido a que en dichos países la filosofía está fuertemente dominada por las concepciones científicas. En cuanto a Alemania, la teoría del conocimiento *(Erkenntnistheorie)* a veces se llama *Crítica del conocimiento (Erkenntniskritik)* y en ocasiones se confunde con la Gnoseología y hasta con la Epistemología.

CAPITULO IV

1. El conocimiento.—Hemos visto ya que el conocimiento puede llegar a constituir una disciplina que prescinde del contenido específico de las diferentes ciencias y se constituye, como dice Hessen [1], "en una explicación e interpretación filosófica del conocimiento humano". En tal sentido, la *Gnoseología* o *Teoría del Conocimiento*, aun cuando mantiene relaciones con otras disciplinas, en especial con la Psicología, la Lógica y la Metafísica, se diferencia de ellas porque a la primera sólo le interesa el sujeto cognoscente (en lo que tiene de ser psicofísico), a la segunda los principios formales del conocer (los pensamientos y sus relaciones) y a la tercera la ontología de los objetos y las relaciones más generales que éstos mantienen entre sí.

Como el fenómeno del conocimiento requiere indefectiblemente del concurso del sujeto y el objeto, resulta de esto que ni la Psicología, ni la Lógica, ni la Ontología pueden intervenir en su interpretación filosófica, como sí lo puede hacer la Teoría del Conocimiento. Pues no se olvide que a la Psicología le interesa sólo *el sujeto*, a la Lógica la concordancia, no del pensamiento con el objeto, sino *del pensamiento consigo mismo;* y a la Ontología exclusivamente *el objeto*. Vamos, sin embargo, a establecer en forma sinóptica los principales puntos de vista desde los cuales es posible una investigación del problema del conocimiento.

---

1. JUAN HESSEN.—*Teoría del conocimiento*, ed. Losada, B. A., 1938, p 27.

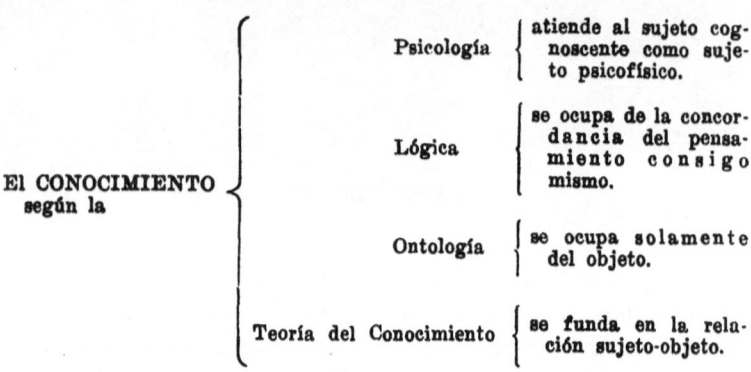

2. **La prioridad de la Teoría del Conocimiento en relación con las restantes investigaciones filosóficas.**—No obstante que la reflexión sobre el conocimiento ha sido una de las cuestiones que ha ocupado a la filosofía desde sus mismos orígenes, solamente desde los comienzos de la Edad Moderna es que aparece como una disciplina autónoma. Aunque las investigaciones sobre el mundo exterior o no- yo, lo mismo que las relativas al yo, se muestran con cierta prioridad sobre las que tienen que ver con el problema filosófico del conocimiento, estas últimas, como se acaba de expresar, han estado siempre implicadas en la temática general de la filosofía desde sus inicios. Por eso encontramos reflexiones epistemológicas en Jenófanes, Heráclito, Demócrito, los sofistas, Platón, Aristóteles, Plotino, San Agustín, Santo Tomás y otros. Pero la Teoría del Conocimiento surge, con propia y peculiar configuración, en el siglo XVII al publicar el filósofo inglés John Locke, en 1690, su obra titulada *An essay concerning human understanding* ("Ensayo sobre el entendimiento humano"), destinada fundamentalmente a las cuestiones del origen, la esencia y la certeza del conocimiento humano. En relación con esta obra se encuentran los *Nouveaux essais sur l'entendement humain* (1765) del alemán Leibniz y en el cual refuta el punto de vista de Locke. También por estas fechas ven la luz *A treatise concerning the principles of human knowledge* (1710) ("Tratado de los principios del conocimiento

humano") del inglés George Berkeley, y *A treatise on human nature* (1739-40) ("Tratado de la naturaleza humana") y *Enquiry concerning human understanding* (1748) ("Investigación sobre el entendimiento humano"), ambas del también inglés David Hume. Sin embargo, no es sino hasta 1781 que la Teoría del Conocimiento aparece en sus verdaderos límites y contenido, en la obra fundamental del gran filósofo alemán Emmanuel Kant, titulada *Crítica de la Razón Pura*. Kant pregunta en esta obra cómo es posible que tenga lugar el conocimiento y sobre qué fundamentos se apoya.

Es inútil —dice Kant [2]— aparentar *indiferencia* por ciertas investigaciones cuyo objeto nunca podrá mirar así la naturaleza humana. Esos pretendidos *indiferentes* que tanto cuidan de disfrazarse cambiando el lenguaje escolástico por el popular, desde el momento en que discurren sobre algo, caen asimismo inevitablemente en afirmaciones metafísicas, no obstante el desprecio con que aparentan mirarla. Pero esta indiferencia que se abre paso en el terreno de todas las ciencias y que también alcanza a la que si fuera posible que el hombre poseyera, sería de la que con más dificultad habría de desprenderse, es un fenómeno que merece mucha atención y un detenido examen.

El hecho no es ciertamente efecto de la ligereza, antes bien del maduro *juicio* de la época que no quiere seguir contentándose con un saber aparente y exige de la razón la más difícil de sus funciones, a saber: que de nuevo emprenda su propio conocimiento y establezca un tribunal que al mismo tiempo que asegure sus legítimas aspiraciones, rechace todas las que sean infundadas, y no haciendo esto mediante arbitrariedades, sino según sus leyes inmutables y eternas. Y este tribunal no es otro que la *Crítica de la Razón Pura*.

3. Los problemas fundamentales de una Teoría del Conocimiento.—Dos cuestiones primordiales constituyen el contenido de la Teoría del Conocimiento [3], a saber: a) la *descripción*

---

2. E. KANT.—*Crítica de la razón pura*, Prefacio de la primera edición.
3. En este capítulo hemos seguido en buena parte la interpretación que hace Hessen de los problemas del conocimiento.

fenomenológica del fenómeno del conocimiento, b) la *interpretación y descripción* filosófica de dicho fenómeno. Esta subdivisión proviene de que la descripción del fenómeno del conocimiento no resuelve el problema de éste, sino que solamente descubre, por lo menos, *cinco problemas principales*, a saber: I) la *posibilidad* del conocimiento, II) el *origen* del conocimiento, III) la *esencia* del conocimiento, IV) las *formas* del conocimiento y V) el *criterio de la verdad* del conocimiento.

4. La descripción fenomenológica del conocimiento.—La *descripción. fenomenológica* del conocimiento (4) aspira a aprehender la *esencia general* en el fenómeno concreto, es decir, a presentarnos lo que tiene lugar siempre que se establece una relación (de conocimiento) entre un sujeto y un objeto. La susodicha descripción permite advertir lo siguiente:

I) El conocimiento es una *relación* de un sujeto y un objeto, que se mantienen perennemente separados.

II) Dicha relación es una *correlación*, o sea que el sujeto sólo es sujeto para un objeto y el objeto es objeto para un sujeto.

III) La mencionada correlación es *irreversible*, es decir, que el sujeto y el objeto no pueden trocar sus funciones.

IV) El sujeto *aprehende* el objeto, mientras éste es *aprehendido* por el sujeto. La aprehensión consiste en una salida del sujeto más allá de su propia esfera, para captar las propiedades del objeto. Pero éste no es absorbido en la esfera del sujeto, sino que permanece más allá de éste (o sea que es *trascendente* a él).

V) En el sujeto, al producirse la aprehensión del objeto, cambia algo, y este cambio que se opera en el sujeto es la *imagen* del objeto.

---

4. Esta descripción corresponde a la obra de Nicolás Hartmann: *Rasgos fundamentales de una metafísica del conocimiento*.

VI) El conocimiento es una *determinación* del sujeto por el objeto. Ahora bien, lo determinado no es el sujeto mismo, sino la imagen del objeto en él.

VII) La imagen se halla siempre entre el sujeto y el objeto y por medio de ella el sujeto aprehende su objeto.

VIII) El sujeto, como ya se ha dicho, se comporta *receptivamente* con respecto al objeto. Pero no se confunda aquí receptividad con *pasividad,* pues en la producción de la imagen puede tener su parte la conciencia.

IX) La correlación sujeto- objeto es indestructible en el conocimiento como tal, pero se puede romper si se interrumpe el proceso del conocimiento. Pues tanto el sujeto como el objeto poseen un *ser en sí,* como se puede advertir en el hecho de que el objeto es *mucho más* que lo aprehendido por el sujeto en el acto del conocimiento. Y el sujeto, además de ser sujeto cognoscente, posee sentimientos y voluntad.

X) Hay un caso en el cual el sujeto es el que determina al objeto: esto ocurre en la *acción,* en la cual el sujeto modifica el objeto. De donde resulta que *conocimiento* y *acción* tienen modos de ser polarmente opuestos.

5. La posibilidad del conocimiento.—Si el conocimiento es una relación entre un sujeto y un objeto, cabe preguntar si, en efecto, la conciencia puede de veras aprehender el objeto. Este es, pues, el primer problema con que se enfrenta la Teoría del Conocimiento y al mismo se le han dado varias respuestas. Vamos a describirlas muy brevemente.

Las respuestas, que vamos a presentar en un cuadro sinóptico, se caracterizan, sobre todo, por agruparse en tres apartados, en la forma siguiente: dos de éstos contienen las respuestas que constituyen las posiciones extremas y el otro incluye las posiciones conciliadoras.

a) *El dogmatismo*.

El *dogmatismo* (del griego: δόγμα = doctrina) es la posición epistemológica que desconoce el problema del conocimiento, porque, como dice Hessen [5], "no ve que el conocimiento representa una relación". Y en lo que se refiere a la función intermediaria del conocimiento, el dogmatismo la desconoce al creer que tanto los objetos de la percepción como los del pensamiento son dados *directamente* al sujeto en su corporeidad. De esta manera, el dogmatismo ignora la *percepción* y la *función del pensamiento*. Y si a esto se une que el dogmático cree también en la previa existencia de los valores, con prescindencia de la conciencia valorante, tenemos, entonces, que se puede hablar de un triple dogmatismo, a saber: *teórico, ético y religioso*.

Corresponde a los *sofistas* el inicio de la actitud crítica en el problema del conocimiento, pues hasta entonces, en los filósofos llamados *presocráticos*, "rige una confianza ingenua en la capacidad de la razón humana. Vueltos por entero hacia el ser,

---

5. J. Hessen.—*op. cit.*, p. 37.

hacia la naturaleza, no sienten que el conocimiento mismo es un problema" (6). Y a partir de los sofistas no faltará, de un modo o de otro, la reflexión epistemológica en la filosofía.

b) *El escepticismo.*

El *escepticismo* (del griego: σκεπτεσαι = cavilar, examinar) es la posición filosófica que se puede considerar totalmente opuesta a la anterior, pues mientras el dogmatismo cree posible el contacto entre sujeto y objeto, el escepticismo lo niega. O sea que rechaza la posibilidad de que el sujeto aprehenda el objeto.

La posición escéptica proviene de la exclusiva atención puesta en el sujeto, con notorio desconocimiento del objeto. De esta manera, el escéptico cree que el sujeto y el medio exterior influyen tan decisivamente en el conocimiento, que hacen a éste totalmente imposible.

El escepticismo se puede considerar desde el punto de vista del *contenido* del conocimiento o de la *actitud* que se adopte frente a lo que debe ser conocido. En el primer caso, el escepticismo puede ser *absoluto, lógico* o *radical,* que es cuando predica una total imposibilidad de conocer. La tesis que de modo más concluyente expresa esta posición se debe al sofista Gorgias de Leontini (380 a. de C.), quien, en su escrito *Sobre el no ser o de la naturaleza,* establece lo siguiente: "1) Nada existe, pues si algo existiese debería proceder de algo o ser eterno. No puede proceder de algo, pues en este caso debería proceder del ser —entendido, como los eleáticos, en sentido inmutable— o del no ser; no puede ser eterno, pues debería ser infinito. Mas lo infinito no está en parte alguna, pues no está en sí ni en ningún otro ser. 2) Aunque hubiera un ser sería desconocido, pues si hubiera conocimiento del ser, debería ser pensado. Pero lo pensado es distinto de lo que es. 3) Aunque hubiera un conocimiento del ser, sería incomunicable, a causa de la diferencia existente entre lo que se mienta y lo mentado, pues no pueden entrar por los oídos las cualidades que corresponden a los ojos".

---
6. *Ibid.,* p. 38.

Restringido a la negación de una parte de la realidad, el escepticismo puede ser *metafísico* y *axiológico*. En este último caso, incluye dos variantes, a saber: el escepticismo *ético* y el escepticismo *religioso*.

Hemos dicho ya que el escepticismo, en cuanto tiene que ver con su actitud, puede ser o *sistemático* o *metódico*. El primero es el que aparece siempre como una posición que consiste en negar la posibilidad del conocimiento, no importa el conocimiento de que se trate o la vía para llegar a él. Y en cuanto al *metódico* comienza por poner en duda todo conocimiento, con la finalidad (metódica) de eliminar lo falso y llegar a un conocimiento verdadero.

El escepticismo sistemático ha florecido en dos señaladas ocasiones en la historia de la cultura occidental, la primera de las cuales tuvo lugar en el período comprendido entre el siglo IV a. de C. y el siglo II d. C. Este escepticismo antiguo se subdivide frecuentemente en tres momentos diferentes entre sí, a saber: el *antiguo*, el *académico* y el *moderno* o *sensualista*. Figuras destacadas del escepticismo antiguo son el filósofo Pirrón de Elis (360-270) y el médico Timón. Al primero se debe la conocida afirmación de que al sabio, puesto que nada puede llegar a saber de cierto, no le queda otro recurso que la suspensión del juicio (ἐποχή). En cuanto al escepticismo académico, tiene como sus figuras más destacadas a Arcesilao (quien corrige la sentencia socrática: *Sólo sé que no sé nada*, añadiendo: *Y aun esto no lo sé a ciencia cierta*) y Carnéades, de quien se cuenta que habiendo ido a Roma en misión política, pronunció un discurso a favor de la justicia y al día siguiente otro en contra de ella. El escepticismo moderno o sensualista cuenta con Agripa, Enesidemo y el médico Sexto Empírico.

El escepticismo sistemático vuelve a florecer en el Renacimiento, como consecuencia de la crisis total por que atraviesa el mundo de occidente al culminar la Edad Media. Las figuras que personifican este nuevo brote de escepticismo son Nicolás Maquiavelo, Erasmo de Rotterdam,

Enrique Cornelio Agrippa de Nettesheim, Luis Vives, Francisco Sánchez y Miguel de Montaigne [7].

El escepticismo metódico reconoce como su principal figura al francés Renato Descartes, quien, como es sabido, busca en la *duda metódica,* o sea en la reflexión crítica de todo conocimiento, un asidero firme para un saber válido. Y es de esta manera que conduce su pensamiento por medio de dubitaciones hasta la certeza que él cree encontrar en el *cogito, ergo sum* (pienso, luego existo).

c) *El subjetivismo y el relativismo.*

Para el subjetivismo y el relativismo, si bien hay una verdad, esta es de limitada validez, pues mientras el subjetivismo condiciona la validez de la verdad al sujeto (ya sea éste el *individuo* o el *género humano*), el relativismo hace depender la susodicha validez de factores extrasubjetivos, como son el medio ambiente, el espíritu de la época, etc.

El subjetivismo surge en la antigüedad con los sofistas, los que postulan la imposibilidad de un conocimiento absoluto. Entre los sofistas más destacados en relación con el problema del subjetivismo, hay que señalar, en primer término, a Protágoras, cuya sentencia "el hombre es la medida de todas las cosas, de las que son en cuanto que son, y de las que no son en cuanto que no son (πάντων χρημάτων μέτρον ἄνθρωπος, τῶν μὲν ὄντων ὡς ἔστι, τῶ δὲ οὐκ ὄντων ὡς οὐκ ἐστιν) se ha hecho famosa. Y también a Gorgias de Leontini, del cual se ha citado su famosa tesis sobre la imposibilidad del conocimiento [8].

El relativismo tiene un connotado representante en nuestra época en la figura del filósofo alemán Osvaldo Spengler, quien en su conocida obra *La Decadencia de Occidente* se expresa de este modo: "Sólo hay verdades en relación a una humanidad determinada" [9].

---

7. Véase mi trabajo: *El escepticismo en el Renacimiento,* Revista Cubana, vol. XXVI.
8. Véase en este mismo capítulo, *supra.*
9. O. SPENGLER.—*La decadencia de Occidente,* Introducción.

d) *El pragmatismo.*

El *pragmatismo* (del griego: πρᾶγμα = *acción*) es la posición que puede ser considerada como rectificadora del escepticismo en el sentido de que abandona el concepto de *verdad* como concordancia entre el pensamiento y el ser y lo reemplaza por un nuevo concepto según el cual *la verdad se identifica con la utilidad.* Verdadero es, pues, lo útil, lo valioso, lo que ayuda a resolver los problemas que la lucha por la vida plantea.

Para realizar su cometido el pragmatismo abandona la secular creencia de que el hombre es, ante todo, un ser pensante o teórico, para reemplazarla por la creencia de que el hombre es, primariamente, un ser de voluntad y de acción. La verdad en el conocimiento reside, pues, en la conformidad del pensamiento con los fines prácticos que el hombre persigue.

El pragmatismo surge como una doctrina explícita y formulada expresamente en los Estados Unidos a fines del siglo pasado, en un círculo filosófico de Cambridge al cual pertenecían Charles Sanders Peirce, William James, John Fiske, Oliver Wendell Holmes y otros filósofos. El punto de partida puede ser considerado el artículo titulado *How to make our ideas clear,* escrito por Peirce y que apareció en el número de enero de 1878 en la revista *The Popular Sciently Monthly.* En dicho trabajo expresa su autor que "toda la función del pensamiento es producir hábitos de acción" y que "lo que significa una cosa es simplemente los hábitos que envuelve, la conocida máxima pragmática y considerada como norma para alcanzar *el tercer grado de claridad de la aprehensión".* Y añade: "Concebimos el objeto de nuestras concepciones considerando los efectos que pueden ser concebidos como susceptibles de alcance práctico." En cuanto al pragmatismo de William James puede ser considerado como una transposición al campo ético del pragmatismo original de Peirce.

Entre los representantes del pragmatismo en Europa tenemos al inglés Ferdinand C. S. Schiller, que entiende dicha doctrina como un *humanismo.* En Alemania a Federico Nietzsche, cuyo pragmatismo está asentado en su naturalismo y voluntarismo: "La verdad no es un valor teórico, sino tan sólo una expresión para designar aquella función del juicio que conserva la vida y sirve a la voluntad de poderío". Y también: "La falsedad de un juicio no es una objeción contra este juicio. La cuestión es hasta qué punto estimula la vida, conserva la vida, conserva la especie, incluso quizá educa la especie". Y Hans Vaihinger, para quien el intelecto humano trabaja comúnmente con supuestos falsos —conscientemente falsos—, o sea con ficciones. Pero desde el momento en que éstas resultan útiles y adecuadas, constituyen la *verdad*, que es, para Vaihinger, "el error más adecuado". Y finalmente George Simmel, para quien son "verdaderas aquellas representaciones que han resultado ser motivos de acción adecuada y vital".

e) *El criticismo*.

El *criticismo* (del griego: κρίνειν = examinar) es la posición conciliadora entre el dogmatismo y el escepticismo. Como dice Hessen: "Es un término medio entre la temeridad dogmática y la desesperación escéptica" (10).

La característica primordial del criticismo viene dada por su actitud crítica, que le lleva a someter a examen todas las afirmaciones de la razón humana. Según Hessen, el criticismo general —que no es, por supuesto, solamente el de Kant— "no significa otra cosa, en conclusión, que reconocer la teoría del conocimiento como una disciplina filosófica independiente y fundamental" (11).

6. El origen del conocimiento.—El segundo problema que nos plantea la descripción fenomenológica del conocimiento hemos dicho que es el de su *origen*, con respecto al cual dice Hessen (12) que hay dos cuestiones estrechamente ligadas, por lo común, en la historia de la filosofía, y que son las siguientes: *¿cómo tiene lugar psicológicamente el conocimiento en el sujeto pensante?* y *¿en qué se funda la validez del conocimiento?* Y como la solución de la cuestión de la validez implica la adopción

---
10. JUAN HESSEN.—*op. cit.*, p. 51.
11. *Ibid.*, pp. 52-53.
12. *Ibid*, p. 55.

de una determinada posición psicológica, resulta que esto ha de aparecer manifiesto en las dos posiciones fundamentales que exhibe el problema del origen del conocimiento. Dichas posiciones son el *racionalismo* y el *empirismo*, que son antagónicas entre sí, y como posiciones mediadoras el *intelectualismo* y el *apriorismo*.

Origen del conocimiento
- posiciones extremas
  - racionalismo
  - empirismo
- posiciones mediadoras
  - intelectualismo
  - apriorismo

a) *El racionalismo.*

El *racionalismo* (del latín: *ratio* = razón) considera la razón como la fuente principal del conocimiento, de modo que solamente de ella puede surgir un conocimiento *lógicamente necesario* y *universalmente válido*, tal como el que exhibe el juicio "el todo es mayor que la parte".

El racionalismo adopta como modelo insustituible el conocimiento *matemático*, que es primordialmente un conocimiento conceptual y deductivo, o sea independiente de la experiencia.

Las principales formas históricas adoptadas por el racionalismo son las siguientes: I) El racionalismo *trascendente*, que se funda en la existencia de un reino de ideas independiente del mundo sensible y a las cuales es posible llegar por medio de la *contemplación*. No hay que decir que esta forma de racionalismo surge con Platón. II) El racionalismo *teológico*, que es una variante del anterior, y consiste en que, ahora, las ideas están o en el Espíritu del Universo (Plotino) o en Dios (San Agustín). En ambos casos se trata de una *iluminación* del espíritu a los efectos del conocimiento, en lugar de la disposición contemplativa, como encontramos en Platón. En la Edad Moderna reaparece esta forma de racionalismo con el filósofo francés Nicolás de Malebranche (siglo XVII), quien se expresa así: *Nous voyons toutes choses en Dieu* (vemos todas las cosas en

Dios). También comparte esta posición, en el siglo pasado, el filósofo italiano Vincenzo Gioberti. III) El racionalismo *inmanente*, según el cual el ser humano lleva consigo cierto número de conceptos básicos para el conocimiento (las *ideas innatas*), que no proceden de la experiencia, sino de la razón. Esta posición es sustentada principalmente por Descartes y Leibniz. IV) El racionalismo *lógico*, para el cual, a diferencia del racionalismo anterior, hay una "conciencia en general", especie de suprema entidad que se distingue rigurosamente de la conciencia individual y concreta de cada ser humano: en esta *conciencia en general* se hallan depositados los supuestos o los principios supremos del conocimiento.

b) *El empirismo.*

El *empirismo* (del griego: ἐμπειρία = experiencia) afirma, por su parte, que la única fuente del conocimiento humano es *la experiencia*. El espíritu humano —como predicaban los estoicos— es una *tabula rasa* (una superficie lisa), en la cual la experiencia va dejando grabadas sus huellas. Los conceptos, con los cuales se conoce, proceden de una percepción y abstracción que el hombre realiza constantemente.

Así como el racionalismo se apoya en las matemáticas, el empirismo procede casi siempre de las *ciencias naturales*, donde la experiencia juega un papel decisivo.

Aunque en la antigüedad encontramos manifestaciones del empirismo en los estoicos, epicúreos y escépticos, se puede afirmar que su desarrollo sistemático comienza en la Edad Moderna, especialmente con John Locke, quien se opone a la teoría de las ideas innatas y establece dos formas de la experiencia: la *externa* (sensorial) y la *interna* (reflexiva). Le sigue Hume, quien divide las percepciones de Locke en *impresiones* (las sensaciones) e *ideas* (la memoria y la fantasía). Por otra parte, el filósofo francés Etienne Bonnot de Condillac (siglo XVIII) postula que no hay más que una sola fuente del conocimiento: la *sensación*, y a esto se debe que se conozca esta posición epistemológica con el nombre de *sensualismo* (13). Finalmente, en el siglo XIX, el filósofo inglés John Stuart Mill llega incluso a reducir el conocimiento matemático a la experiencia y afirma que las leyes lógicas del pensamiento son *generalizaciones de la experiencia*.

c) *El intelectualismo*.

Entre el racionalismo y el empirismo intenta mediar el *intelectualismo* (del latín *intellectus*, que a su vez deriva de *intus* = dentro y *legere* = leer), afirmando que en el fenómeno del conocimiento toman parte la razón y la experiencia.

El intelectualismo parte del supuesto de que los conceptos, aunque distintos de la experiencia, proceden, sin embargo, de los contenidos de ésta. El fundador del intelectualismo es Aristóteles, quien entiende que las ideas se encuentran en las cosas (no fuera de ellas, como quería Platón), por lo cual constituyen el núcleo racional e inteligible de aquéllas. Una vez que los sentidos nos dan las imágenes perceptivas de las cosas, el *entendimiento real* o *agente* (νοῦς ποιητικός) capta en el fondo de esas imágenes la idea de la cosa, que luego es recibida por el *entendimiento pasible* (νοῦς παθητικός) Más tarde, en la Edad Media, Santo Tomás de Aquino desarrolla esta posición aristotélica, pero que se mantiene casi idéntica a sí misma en sus trazos fundamentales.

d) *El apriorismo*.

Es el otro intento de mediación entre el racionalismo y el empirismo. Lo interesante a este respecto es que el apriorismo interpreta la relación entre la razón y la experiencia exactamente al revés del intelectualismo. En efecto, para el intelectualis-

---

13. La tesis fundamental de Condillac es la siguiente: de la *sensación* brotan todas las demás nociones. Por lo mismo, si a una estatua —que carece de la facultad de pensar y de toda comunicación con el mundo exterior— le concedemos una sola sensación, por ejemplo, la olfativa, ésta se convierte en *atención*, después en *memoria*, luego en *juicio* de aquello en que consistió el hecho olfativo.

mo los conceptos derivan de la experiencia, mientras que para el apriorismo (del latín: *a priori* = independiente) son *formas* que reciben su contenido del material que suministra la experiencia. Por consiguiente, en lugar de proceder de la experiencia al pensamiento (intelectualismo), se va del pensamiento a la experiencia (apriorismo).

El fundador del apriorismo así concebido es Kant, quien postula que las formas vacías o conceptos formales (que proceden del pensamiento) se cargan del contenido concreto que procede del mundo sensible (las sensaciones). Las formas *a priori* ordenan y relacionan entre sí los contenidos de las sensaciones y es así como tiene lugar el conocimiento.

7. La esencia del conocimiento.—El tercer problema (14) suscitado por la descripción fenomenológica del conocimiento es el que se refiere a su *esencia* y que se puede reducir formulativamente a esta cuestión: ¿*es el sujeto o es el objeto el factor determinante en el conocimiento?*

Como lo establece Hessen, la respuesta que se dé a esta cuestión puede ser *premetafísica* (si se prescinde del carácter ontológico del sujeto y el objeto), o *metafísica* (si se le tiene en cuenta), o *teológica* (cuando se intenta definir la relación sujeto- objeto desde un último principio absoluto.

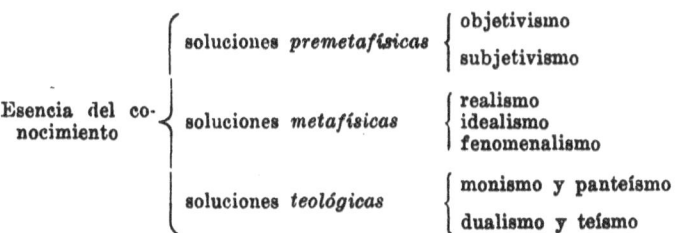

8. Las soluciones metafísicas.—Vamos a ocuparnos solamente —habida cuenta de la naturaleza y finalidad de estas lec-

---

14. El último de los que trataremos en esta obra, pues así lo establece el **programa** oficial al que se ajusta este trabajo.

ciones— de los intentos de solución metafísicos, o sea del realismo y el idealismo.

a) *El realismo.*

Ya hemos tenido oportunidad de hacer ver que el realismo es la posición epistemológica para la cual existen cosas reales, independientes de la conciencia [15]. Y también se han señalado las diversas variantes que adopta el realismo.

El realismo *ingenuo,* la más primitiva forma del realismo, es el que carece de toda reflexión crítica acerca del conocimiento, por lo que no establece ninguna distinción entre la percepción (contenido de conciencia) y el objeto percibido. En consecuencia, las cosas son exactamente tales como se perciben. En cuanto al realismo *natural* presenta ya cierta reflexión crítica sobre el conocimiento, por lo que sí distingue entre el contenido de la percepción y el objeto, pero sigue creyendo que el contenido de la percepción reproduce íntegramente las propiedades objetivas. Finalmente, el realismo *crítico* se apoya en una reflexión crítica del conocimiento según la cual no todas las propiedades que aparecen en el contenido de la percepción corresponden al objeto, sino que aquellas percibibles por un sentido (colores, olores, sabores, dureza, etc.) existen solamente en la conciencia.

El realismo ingenuo es propio de la filosofía en sus comienzos, aunque ya Demócrito de Abdera, contemporáneo de Sócrates, postula un realismo crítico al decir que la materia está constituída por átomos con propiedades cuantitativas, que son las que determinan en nosotros las propiedades cualitativas. Sin embargo, mucho después Aristóteles defenderá el realismo natural, cuando establece que las propiedades percibidas pertenecen a las cosas. Y desde entonces hasta la Edad Moderna prevalece esta posición epistemológica, que es desplazada por la que defiende Galileo en el sentido de que la materia presenta dos clases diferentes de propiedades, las que más tarde Locke llamará respectivamente *primarias* (percibibles por varios senti-

---

15. *Vid.* el cap. II.

dos, como el tamaño, la forma, el número, el movimiento, etc.) y las *secundarias* (perceptibles por un solo sentido, vbg. el olor, el color, el sonido, la dureza, etc.).

Otra forma de realismo, que corresponde exclusivamente a la Edad Moderna, es el realismo *volitivo*. Se funda en la afirmación de que la realidad, para ser conocida, tiene primero que ser *experimentada y vivida*. Las cosas nos hacen resistencia y a través de esta resistencia, que es preciso vencer por el concurso de la voluntad, es que el sujeto *vive* la realidad de las cosas. Como fundador de este realismo se puede considerar al filósofo francés Maine de Biran (1766-1824), quien postula un *sentido íntimo (le sens intime)* o el hecho en que consiste el esfuerzo humano para vencer la oposición del mundo exterior. Luego prosigue esta dirección el notable filósofo alemán Guillermo Dilthey, lo mismo que sus compatriotas Max Frischeisen-Köhler y Max Scheler.

b) *El idealismo*.

Desde el punto de vista epistemológico [16] el *idealismo* es la posición que establece la *no existencia* de cosas reales, independientes de la conciencia. Según que admita como objetos los *objetos de conciencia* (representaciones, sentimientos, etc.) o los *objetos ideales* (los objetos de la lógica y la matemática), el idealismo puede ser: subjetivo o psicológico y objetivo o lógico.

Para el idealismo *subjetivo* o *psicológico* las cosas no son más que contenidos de conciencia, de manera que su ser consiste en ser percibidas por el sujeto. En este sentido se produce el filósofo inglés Berkeley, quien puede ser considerado como el representante por excelencia de esta posición. Berkeley ha acuñado la frase que resume el idealismo subjetivo o psicológico: *esse est percipi* (el ser de las cosas es ser percibidas). Sin embargo, él reconocía a las almas y a Dios una existencia independiente.

---

16. Pues el idealismo también puede ser concebido desde el punto de vista metafísico, ético, religioso, etc.

En cuanto al idealismo *objetivo* o *lógico,* en lugar de partir de una conciencia individual, lo hace de una *conciencia objetiva de la ciencia,* que para el idealismo lógico es un conjunto de pensamientos y juicios. De esta manera, el ser de un objeto no consiste en la percepción que de ese objeto es posible tener (ocomo postularía un idealista psicológico), sino en la *estructura lógica* que el pensamiento es capaz de hacer surgir. Como se ve, la realidad íntegra queda reducida a algo lógico, por lo cual a esta forma de idealismo se le ha llamado también *panlogismo.*

El idealismo lógico, que proviene principalmente del filósofo alemán Juan Teófilo Fichte (siglo XIX), y se continúa en Schelling y Hegel, encuentra su culminación en la escuela neokantiana de Marburgo, cuyo fundador, Hermann Cohen, ha dejado esta frase que resume dicha posición: "El ser no descansa en sí mismo; el pensamiento es quien lo hace surgir"

c) *El fenomenalismo.*

El *fenomenalismo* (del griego: φαινόμενον = fenómeno) es la posición epistemológica para la cual las cosas no son conocidas en sí, sino como aparecen al sujeto. Hay, pues, cosas (realismo), pero son conocidas en lo que de ellas advierte la conciencia (idealismo).

El fundador de esta posición, Kant, establece que tanto las propiedades primarias de las cosas (espacio, tiempo, movimiento, forma, etc.) como las *secundarias* (colores, olores, sabores, dureza, etc.) e incluso las *conceptuales* (sustancia, causalidad, realidad, probabilidad, etc.) se encuentran en la conciencia y con ellas el sujeto organiza la realidad que conoce.

Hessen resume admirablemente el fenomenalismo de la manera siguiente: 1) La cosa en sí es incognoscible. 2) Nuestro conocimiento permanece limitado al mundo fenoménico. 3) Este surge en nuestra conciencia porque ordenamos y elaboramos el material sensible con arreglo a las formas *a priori* de la intuición y el entendimiento [17].

---

17. J. HESSEN.—*op. cit.,* p. 96.

CAPITULO V

1. **La Ontología.**—Aun cuando la palabra *Ontología* significa "teoría del ser", tal significación dista de ser exacta, pues está formada por el participio presente del verbo ser (τὸ ὄν) y que se convierte en τὸ ὄντος = "el ente". Y la diferencia entre *ser* y *ente* debe ser anotada con sumo cuidado, pues mientras el *ser general* es lo que todos los entes tienen de común, el *ente* es aquel que es, aquel que tiene el ser.

Sin embargo, la Ontología es también, aunque parezca contradictorio, la teoría del ser en general, o sea de lo que todos los entes tienen en común y que por eso mismo los hace ser entes.

La Ontología comprende, además, la *Teoría de los objetos*, la cual tiene por finalidad investigar el *tipo* de los objetos. También forma parte de la Ontología el trabajo de investigación de las relaciones típicas generales que existen en las diferentes regiones de objetos y entre ellos.

Vemos pues, que la definición de lo que realmente debe ser el contenido específico de la Ontología resulta difícil en extremo. Pues ella puede ser, por lo menos: *a)* teoría del ser en general, *b)* teoría del ente, *c)* teoría de los objetos.

Por un lado, la Ontología es concebida como ciencia del ser en sí, del ser último o irreductible, de un *primo ens* en que todos los demás consisten, es decir, del cual dependen todos los entes. En este caso, la Ontología es verdaderamente Metafísica, esto es, ciencia de la realidad o de la existencia, en el sentido más propio del vocablo. Por otro lado, la Ontología parece tener como misión la determinación de aquello en lo cual los entes consisten y aun de aquello en que consiste el ser en sí. Entonces es una ciencia de las esencias y no de las existencias; es, como se ha precisado últimamente, teoría de los objetos. En todo caso, la variedad de definiciones de la Ontología y de las ontologías parece depender esencialmente de la variedad de concepciones del ser mismo. Y sólo cuando se ha precisado el sentido que tiene la interrogación por el ser y por los entes podrá, sin duda, la Ontología precisar su propio sentido [1].

Como *teoría del ser general*, la ontología habrá de ocuparse con el estudio de las conexiones del ser en general con los entes y de éstos entre sí. Como *teoría del ente* deberá investigar lo que significa el ente en cuanto tal. Como *teoría de los objetos* la Ontología se interesa por la determinación de las estructuras que corresponden a las diferentes formas de la objetividad.

2. Objetividad y entidad.—La investigación de las diversas estructuras que componen la realidad nos permite concluir que ésta, en su totalidad, puede ser subdividida en cuatro grandes esferas de objetos, a saber: reales, ideales, metafísicos y valores.

El hecho de que el ser humano puede advertir que la realidad le hace frente, se le opone u *objeta* (de donde el *ob- jeto*), constituye la característica o categoría general de la *objetividad*. La realidad, pues, se ofrece al hombre bajo la configuración general de la objetividad, o sea en la forma de *objetos*.

Ahora bien, los objetos reales, los ideales y los metafísicos, además de ser objetos, son *entes*, es decir, *que son o esto o aquello*. Pero los valores, si bien son objetos, puesto que se nos oponen y es así como reparamos en ellos, carecen de entidad, o sea que *no son, sino que valen*. De donde resulta que si bien todo *ente* es un objeto, no todo *objeto*, en cambio, es un ente.

3. Las estructuras ónticas y ontológicas.—Los objetos que corresponden a una determinada *región* o *esfera* poseen ciertas determinaciones primarias y elementales, las cuales reciben el

---

1. J. Ferrater Mora.—*Diccionario de Filosofía*, tercera edición, páginas 684-5.

nombre de categorías *ónticas*. Quiere decir esto que dichas determinaciones, estructuras o peculiaridades son las que sirven para la clasificación de los objetos y que no es posible encontrarlas más que en esa esfera objetiva. En consecuencia, las categorías ónticas forman parte de los *objetos en cuanto objetos*.

En cambio, las categorías *ontológicas* son las determinaciones, características o estructuras que conciernen a los objetos en cuanto éstos son estudiados dentro de una disciplina particular. Así, por ejemplo, el objeto *alma* corresponde a la esfera de los objetos metafísicos, pero puede ser, y en efecto es, estudiado como objeto filosófico, psicológico, religioso, etc.

4. Esferas y subesferas de la realidad.—Cada una de las cuatro esferas principales en que es posible agrupar la totalidad de los objetos, posee, a su vez, *subesferas* y *capas*. En lo que subsigue se hace una sucinta relación de esas subdivisiones posibles de cada esfera objetiva.

a) *La esfera de los objetos reales.*

Esta esfera se subdivide en dos subesferas, a saber: la de los objetos *físicos*, que son los que se perciben por medio de los sentidos o con el auxilio de aparatos capaces de aumentar el poder de captación sensorial. Y la de los objetos *psíquicos* (sensaciones, representaciones, sentimientos, etc.), los cuales son en principio inexperimentables.

La esfera de los objetos reales comprende además tres capas, las cuales son: el mundo *amanual*, el mundo *percibido* y el mundo *de la ciencia*. Veamos en qué consiste cada uno de estos mundos.

I) *El mundo amanual.*

Este es el mundo del hombre llamado *ingenuo*, o sea el tipo de ser humano para quien la realidad de las cosas es totalmente independiente del sujeto y con la cual puede mantener, y en efecto mantiene, una íntima conexión vital. Es el mundo *ateórico*, o sea aquel donde no hay reflexión sobre él por parte del hombre, que lo utiliza sin otras consideraciones. La expresión *amanual* (lo que está ahí, a la mano) ha sido acuñada por el filósofo alemán Martín Heidegger *(das zuhandene Welt)*, aunque él la emplea con una acepción algo diferente.

II) *El mundo percibido.*

Este es un mundo visto a través de la reflexión, por lo cual es un mundo *dado*, o sea que, por lo mismo, depende de la conciencia de la percepción. Ahora el hombre pregunta por las cosas que forman el mundo y advierte que el mundo le es dado como percibido. "Este segundo mundo —señala García Morente [2]— de preguntas y problemas, pudiéramos llamarlo el mundo teorético, empleando la palabra en el sentido contemplativo que tiene en griego; o bien podríamos llamarlo el mundo problemático, el mundo de los problemas, o bien, el mundo dado. Dado, mejor dicho, propuesto a la investigación, al pensamiento." Así, tras la realidad inmediata del mundo amanual, la reflexión descubre otra realidad que corresponde a las *esencias* o sea al *ser* de las cosas.

III) *El mundo de la ciencia.*

La reflexión por la cual el hombre puede llegar a tener la conciencia de la percepción de las cosas que componen el mundo amanual, admite una segunda fase en la cual el descubrimiento de que las cosas tienen un ser, una esencia, se completa al indagar en qué consiste cada una de esas esencias, es decir, lo que puede llamarse el respectivo ser particular de las cosas. De esta manera, el estudio de la esencia del *movimiento* corresponde a la ciencia física, como la investigación de la esencia de los *organismos* compete a la ciencia de la biología, etc.

---

2. M. G. MORENTE.—*Lecciones preliminares de filosofía*, ed. Losada, B. A., 1941, p. 362.

b) *La esfera de los objetos ideales.*

Esta esfera comprende tres subesferas, que son las siguientes: I) la de los objetos, *lógicos*, II) la de los objetos *matemáticos* y III) la de los objetos llamados *relaciones* (vbg. igualdad-desigualdad, equivalencia, etc.).

c) *La esfera de los objetos metafísicos.*

Esta esfera no posee, en realidad, ninguna subesfera, pero se podría decir que el objeto más amplio que la constituye, o sea la *Vida*, incluye a todos los demás objetos (reales, ideales y valores). Además, el ente que es la vida, se caracteriza por ser *absoluto*, o sea que mientras ella contiene todo lo demás, esto, en cambio, no puede contener a la vida.

d) *La esfera de los objetos valores.*

En esta esfera es posible encontrar cuatro subesferas, las cuales corresponden respectivamente a los valores *lógicos*, *estéticos*, *éticos* y *religiosos*.

5. Las estructuras ónticas de las esferas de la realidad.—

a) *Objetos reales.*

La forma de realidad propia de los objetos reales es el ser *temporales* y *reales* en sentido estricto. Pero en tanto que los *físicos* poseen las determinaciones de la *causalidad* y la *espacialidad*, los psíquicos se caracterizan por poseer la de la *secuencia*.

b) *Objetos ideales.*

Las categorías o estructuras ónticas que corresponden a los objetos ideales son las siguientes: el *ser* (o sea que son); la *idealidad*, es decir, siempre han de concebirse como ideas; la *intemporalidad*, pues no están sometidos a las limitaciones del tiempo, y finalmente la *implicación*, o sea que se contienen unos a otros, tal como se comprueba en el carácter gradativo de las matemáticas, donde lo complejo proviene de lo simple.

c) *Objetos metafísicos.*

Hemos dicho ya que la vida se puede considerar como el ente que engloba todos los demás, por lo que puede ser considerado como el máximo exponente de los objetos metafísicos. Puesto que todos los demás objetos están, de algún modo, implicados en la vida, resulta de esto que ella puede presentar las siguientes categorías ónticas: el *ser en sí*, el carácter de *ente absoluto y primario*, el ser *determinante* (ya que determina a los demás entes) y el ser in*determinado* (puesto que no lo determina ningún otro ente).

d) *Objetos valores.*

Las estructuras o categorías ónticas que corresponden a los objetos valores son las siguientes: en primer lugar, el *valer*, o sea que ellos no admiten la *indiferencia*, pues el valor es siempre (ya sea positiva o negativamente) el valor de algo. Es, además, *cualidad pura* (o sea que no es real, en cuanto que carece de ser; tampoco es ideal, porque no son pensables ni tampoco demostrables, sino que de ellos sólo cabe *mostrarlos*, es decir, señalar que *están ahí*). En tercer lugar, son *intemporales* e *inespaciales*. Finalmente, los valores resultan *absolutos*, o sea que les resulta inaplicables el concepto más abstracto de cantidad que hay, es decir, el de número. Así, resulta imposible preguntar cuántas veces es más bello un cuadro de Tiziano que otro de Rafael. También los valores llevan consigo la categoría de la *polaridad*, o sea que a todo valor corresponde un contravalor (a lo santo lo profano, a la belleza la fealdad, etc.). Y, en último término, los valores son susceptibles de una *jerarquía*, como se demuestra en el hecho de la subordinación de los valores principales en la escala axiológica siguiente: valores útiles, vitales, lógicos, estéticos, éticos y religiosos. De este modo, como lo ha expresado Max Scheler, si alguien ha de romper una pared en la cual se encuentra una famosa pintura, con el propósito de salvar la vida de un niño que está a punto de perecer en un incendio, la decisión a favor del valor ético (el que implica el salvamento de una vida humana) determina la subordinación del valor estético (el implicado en la pintura de la pared) al valor ético del mencionado salvamento.

6. El realismo y el idealismo metafísicos.—Exactamente como vimos que ocurre en el problema de la esencia del conocimiento, en el plano ontológico y metafísico cabe hablar de realismo e idealismo. El primero afirma que el ser en general (el que es común a todos los entes) posee existencia *real* e independiente, mientras que el segundo postula que el ser en general depende del pensamiento o de la conciencia.

La filosofía comenzó siendo realista, así es que todos los filósofos, desde los primeros presocráticos hasta Descartes, resultan realistas. Este es el caso de los milesianos, de Platón y Aristóteles, de la escolástica, etc. Todos postulan un ser en sí, independiente, como el punto de partida irreductible en el proceso de la realidad.

El idealismo, en cambio, como se acaba de expresar, defiende una forma de realidad dependiente del pensamiento o de la conciencia. El mundo, para el idealista, es pura representación y las cosas son contenidos de la conciencia. El idealismo comienza con la Edad Moderna, de modo expreso con Descartes, y se caracteriza por la preeminencia que concede a la teoría del conocimiento sobre la ontología y la metafísica.

7. La Metafísica como parte de la Ontología.—Ya se ha dicho que cuando la Ontología trata de establecer quién es el ser en sí, el ser en general, del cual todos los demás seres dependen, entonces se constituye en Metafísica. Como tal disciplina, ha de interesarse en las siguientes cuestiones: I) Averiguar cuáles pueden ser las categorías ónticas de la existencia. II) Determinar *quién* existe con existencia última y definitiva.

Ahora bien, ya hemos tenido oportunidad de ver que la pura existencia es indefinible, porque a la pregunta *¿qué es existir?*

no hay manera efectiva de responder. Por consiguiente, la pura existencia carece por completo de consistencia.

Contemporáneamente, el **problema metafísico** implicado en la pregunta por el ser de la pura existencia ha desembocado en un intento de solución que pretende responder a la mencionada pregunta diciendo que el ser de la pura existencia, de esa existencia que es indefinible, consiste en la vida. Para llegar a esta respuesta, la filosofía contemporánea se detiene previamente en la consideración de las respectivas tesis metafísicas del realismo y el idealismo y concluye que ambas posiciones son igualmente inadmisibles, puesto que la existencia incluye tanto lo óntico como lo ontológico, tanto el yo como los objetos reales, ideales y valores. No se puede admitir una preeminencia de la realidad exterior sobre el sujeto, ni viceversa. La existencia, que es en este caso la *existencia humana* o la *vida*, comprende tanto el sujeto como el objeto. La vida, por consiguiente, es el estrato más profundo de la realidad en su totalidad, o sea que tanto el yo como las cosas (el sujeto y el objeto) están *en* la vida.

8. Categorías ónticas de la existencia humana o vida.—En primer lugar, la vida o la existencia humana es el único ente *auténtico y absoluto*. Decimos que es auténtico porque su condición de ente no le viene de otro ente, sino que radica en sí mismo; y es absoluto, porque no es *en otro*, sino que es *en sí mismo*. En segundo lugar, la vida es *determinante*, o sea que es la raíz de todo ente, de manera que no puede ser condicionada por ningún otro ente, de donde, en tercer lugar, ella resulta *indeterminada*. En cuarto lugar, la *autocerteza* de la existencia (el hombre es el único ser que tiene conciencia de su existir). Y en quinto lugar tenemos que la vida se *interesa* por ser ente. "Una piedra —ha dicho García Morente [3]— es un ente, pero no sabe que lo es, ni se interesa por serlo; mientras que la vida es un ente y sabe que lo es; es capaz de reflexividad y además se interesa por ser ente."

---

3. *Ibid.*, p. 391.

9. La vida y el tiempo.—Otra característica de la vida, llamativa en sumo grado, consiste en que es, esencialmente, *tiempo*. Para entender debidamente esto precisa detenerse primero en la distinción entre el tiempo que hay "en" la vida y el tiempo que la vida "es". Tiempos como el astronómico y el físico se encuentran en la vida, que como los objetos reales, ideales y valores, es un ente más entre los que la vida alberga en su seno. Y este tiempo es aquel en el cual el pasado engendra el presente y éste a su vez el futuro. Pero el tiempo, que "es" la vida misma, opera exactamente al revés, o sea que el futuro genera el presente, pues la vida, como es anticipación, afán de querer ser, importa un futuro que es el germen del presente. "El pasado —expresa García Morente (4)— es el germen del presente en el tiempo astronómico, que está "en" la vida; pero el tiempo vital, el tiempo existencial en que la vida consiste, es un tiempo en donde lo que va a ser está antes de lo que es; lo que va a ser trae lo que es."

10. La angustia.—Esa anticipación del futuro, ese afán de querer ser, que caracteriza a la vida, implica dos maneras diferentes y, sin embargo, complementarias, de manifestarse el ímpetu vital: por una parte, el afán de querer ser, la ansiedad por llegar a ser; por otra parte, el temor de dejar de ser, el temor a la nada. Y esta doble ansiedad —el afán de ser y el temor de no ser— constituye la *angustia*.

Porque, en su último fondo, la vida muestra el sentimiento de la nada, es que en ella coexisten el ser y la nada. Y no la nada como negación, como privación del ser, sino que al negar la vida la nada y la negación, aparece entonces el ser.

11. El problema de la existencia de un ser trascendente.—La segunda de las dos cuestiones que plantea la metafísica, o sea la implicada en la pregunta *¿quién existe?*, suscita, a su vez, otra cuestión (la de si existe un *ser trascendente*), y que,

---
4. *Ibid.*, p. 398.

de ser resuelta satisfactoriamente, vendría a ser. también la solución de la pregunta acerca de ¿quién existe?

En primer lugar, debemos indagar qué se quiere significar con la expresión *ser trascendente*. Si admitimos que la vida o la existencia humana es el *primus ens* o el ente que engloba e implica a todos los demás entes, entonces el ser trascendente será la propia vida.

Pero a través de la historia de la filosofía, desde sus comienzos, la indagación acerca de *quién existe*, con existencia última e irreductible, se ha hecho o bien otorgando la primacía al mundo exterior, a las cosas o el no- yo (realismo); o bien otorgándosela al yo, a la conciencia o el sujeto (idealismo).

La distinción entre el yo, de una parte, y las cosas, de la otra, y, además, la preeminencia que siempre ha mantenido uno de ellos sobre el otro, a través de la historia de la filosofía, ha dado lugar al establecimiento de un *monismo* y un *dualismo*, por una parte; y por otra, de un *materialismo* y un *espiritualismo*. Con estos dos pares de conceptos se ha tratado de explicar la naturaleza del ser trascendente y postular quién es este ser trascendente, como principio de toda existencia. Ensayos de respuesta que sobrevienen como consecuencia de la distinción entre sujeto y objeto, entre el yo y las cosas.

a) *El monismo y el dualismo.*

El *monismo* (del griego: μονος = uno) pretende reducir toda la realidad a una *unidad fundamental*, con lo cual desconoce la existencia de toda oposición. Aunque el monismo se entendió primeramente como la reducción de la materia al espíritu o viceversa, ha venido a quedar, más bien, como la pretensión de eliminar la dualidad materia- espíritu, al subsumir a ambos en la síntesis de una identidad.

El monismo presenta una variante, que se conoce con el nombre de *panteísmo* (del griego: παν = todo y θεων = Dios), la cual identifica a Dios con el mundo, haciendo de ambos una sola realidad. Entre las grandes manifestaciones del panteísmo se puede citar la de Spinoza, que considera a Dios como la única realidad verdadera y el mundo como una realidad subordinada (emanación o proceso de Dios). Según Spinoza, Dios es la *natura naturans* (la naturaleza que engendra) y el mundo es la *natura naturata* (la naturaleza engendrada).

Otra forma señalada de panteísmo es la defendida por el filósofo alemán Schelling en su sistema de la *identidad*. Según este sistema, lo Absoluto consiste en una total indiferenciación de lo subjetivo y lo objetivo, que participa de diferente manera en lo Absoluto. Sujeto y objeto, naturaleza y espíritu, son cada uno de ellos, ambas cosas a la vez, y, por lo tanto, no hay preeminencia ni generación de uno respecto del otro.

El panteísmo puede ser también *acosmista* y *ateísta*, según que en él predomine la idea de Dios (acosmismo) o la idea del mundo (ateísmo). Max Scheler ha llamado a estas manifestaciones, respectivamente, panteísmo *noble* y panteísmo *vulgar*, ya que, en su concepto, estas distinciones no se basan sólo en juicios de existencia, sino también en juicios de valor.

En cuanto al *dualismo* (del latín *duo* = dos), mantiene la distinción entre dos realidades irreductibles la una a la otra (la naturaleza y el espíritu, el sujeto y el objeto. Entre las principales manifestaciones del dualismo cabe citar: la pitagórica (lo *perfecto* vs. lo *imperfecto*), la gnóstica y maniquea (el *Bien* vs. el *Mal*), la cartesiana (el *pensamiento* vs. la *extensión*).

Dentro del dualismo es posible referirse al *teísmo* y al *deísmo*, que son posiciones que defienden la realidad de Dios como causa productora de todo lo demás que existe. Pero en tanto que el teísmo afirma que, además de haber creado el mundo, Dios lo gobierna; el deísmo establece que, una vez que lo ha creado, lo ha dejado a su arbitrio. De este modo, mientras que para el teísmo existe la Providencia y la Gracia, no sucede así con el deísmo.

En cuanto al *pluralismo*, afirma que el mundo está constituído por diversas realidades independientes y que son irreductibles entre sí. Puede ser *monopluralismo* cuando afirma la existencia de varias realidades irreductibles entre sí, pero entre las cuales hay interacción; y *pluralismo armónico* cuando establece que, a pesar de la irreductibilidad de las diversas realidades entre sí y de su imposible interacción, hay, empero, un principio que articula esas varias realidades en una jerarquía.

b) *Materialismo y espiritualismo.*

Se conoce con el nombre de *materialismo* la concepción según la cual no hay más realidad que la *materia*, o sea los cuerpos determinados por el espacio y el tiempo. Para el materialismo, la materia no solamente es el sujeto de todos los cambios, sino que, además, lleva consigo la posibilidad de esos cambios, concebidos generalmente como la fuerza y la energía. En conclusión, que la *existencia absoluta* corresponde a la materia.

En la historia de la filosofía aparecen diferentes etapas de las manifestaciones del materialismo, más o menos en la forma siguiente: 1) Leucipo, Demócrito y en parte los estoicos. 2) El materialismo francés (siglo XVIII), en especial de La Mettrie y Holbach. 3) El materialismo alemán (siglo XIX), Buchner, Vogt, Moleschot y Wagner.

Según apunta Ferrater Mora [5], el materialismo de los siglos XIX y XX se puede clasificar así: 1) materialismo *mecanicista* (como el de Helmholtz), 2) materialismo *hilozoísta* (Haeckel), 3) materialismo *fenomenista* (Mach), 4) materialismo *dialéctico* (Marx).

El *espiritualismo*, dice Ferrater Mora [6], puede ser entendido: "1) En sentido psicológico como la afirmación decidida del espíritu en la explicación de los fenómenos psíquicos. 2) En sentido metafísico, como la afirmación de que el mundo se halla constituído, en su fondo último, por lo espiritual". En ocasiones, encontramos una fusión de ambos conceptos, la cual ocurre cuando se considera que la sustancia espiritual que constituye

---

5. J. FERRATER MORA.—*Diccionario de Filosofía*, tercera edición, p. 603.
6. *Ibid.*, p, 292.

el mundo es de carácter psíquico. Tal es la posición espiritualista adoptada, por ejemplo, por Leibniz y Lotze.

El espiritualismo culmina, por lo general, en el monismo, ya que la materia se concibe como manifestación de lo espiritual. Pero hay formas de *espiritualismo dualista* (Descartes) e *inmaterialista radical* (Berkeley y Collier).

c) *El mecanicismo y el teleologismo.*

Una consecuencia de la posición materialista es el *mecanicismo*, llamado también *mecanismo*, que reduce la sustancia de la realidad y sus manifestaciones a procesos puramente mecánicos. Al obrar así, niega consecuentemente toda dinámica proveniente de un ser y la finalidad propuesta en el desarrollo de esa dinámica. Como señala acertadamente Ferrater Mora [7]: "el mecanicismo es la tendencia inevitable de la ciencia cuando, siguiendo la norma que le impone la razón, pretende dar cuenta del cambio reduciéndolo a movimiento, del movimiento a espacio, del espacio reduciéndolo a identidad lógica. El puro mecanicismo acaba, de consiguiente, disolviendo toda realidad y reduciéndola a una nada".

En cuanto al *teleologismo* (del griego: τέλος = finalidad), es la posición filosófica consecuente con el espiritualismo y que aspira a explicar los procesos de la realidad por medio de causas *finales* en lugar de hacerlo por causas *eficientes* [8].

El nombre de *teleología* fué acuñado por el filósofo alemán Christian Wolff en el siglo XVII y en general se aplica a los sistemas opuestos al mecanicismo. Entre las filosofías teleológicas se pueden citar las de Anaxágoras, Aristóteles, Santo Tomás, Leibniz, el vitalismo de Hans Driesch, etc.

En el caso de la demostración de la existencia de Dios es cuando la teleología puede ser definida como explicación de la realidad mediante una causa final (Dios). Esta demostración puede ser *física* (cuando se hace en función del pasaje del movi-

---

7. *Ibid.*, p. 605.
8. Sobre las cuatro causas véase el capítulo IX, *Aristóteles*, vii.

miento a la causa, o de lo contingente a lo necesario), y *metafísica* (cuando se demuestra la existencia de Dios partiendo del supuesto de que la unidad armónica del cosmos se explica por una causa que ordena y rige el mundo.

12. Los problemas de Dios y del alma.—Dos capitales problemas filosóficos son respectivamente los de *Dios* y el *alma*. Veamos, primero, el problema de Dios.

a) **El problema de Dios.**

Este problema presenta tres aspectos, que se complementan entre sí, a saber: I) *quién* es Dios, II) *qué* es Dios, III) *cómo* se sabe si existe Dios. Trataremos de exponer sucintamente estos tres aspectos.

I) *Quién es Dios.*

Hay, por lo menos, tres posibles ideas de Dios: la del religioso, la del hombre vulgar y la del filósofo. El Dios del religioso es aquello de que depende el religioso, a lo cual se siente unido total e indisolublemente. El Dios del hombre vulgar es ese ser que se mezcla a lo cotidiano que constituye el repertorio de preocupaciones del hombre corriente; mientras que el Dios de los filósofos es concebido como la causa primera o la finalidad de toda existencia, como lo Absoluto. Este Dios —el de la Metafísica— puede ser considerado en forma *inmanente*, o sea como el ser del cual emerge el mundo, es decir, como *natura naturans* o causa engendradora del universo; o en forma *trascendente*, como el creador del mundo, que se encuentra más allá de él. Y en la filosofía de los cristianos este Dios metafísico, principio del universo, se contrapone al Dios paternal de dicha religión, aun cuando, en última instancia, ambos aludan a una misma entidad. Sin embargo, la historia de la filosofía cristiana muestra la pugna entre ambas concepciones: tal es el caso de San Agustín —quien defiende la tesis de un Dios paternal (como Persona espiritual)— frente a Santo Tomás, quien adscribe al Dios paternal todas las determinaciones metafísicas del primer motor inmóvil de Aristóteles.

II) *Qué es Dios.*

El conocimiento de lo que *sea* Dios, aunque puede ser intentado tanto por el religioso como por el hombre vulgar y el metafísico, su naturaleza, sin embargo, no admite otro examen que el filosófico, ya que se trata de saber, no lo que *en realidad* sea Dios, sino cómo es, según la inteligencia humana puede saberlo. Y en la historia de la filosofía hallamos respuestas como que Dios es la reunión *actual* de todas las perfecciones (nominalismo), o el grado máximo de intelectualidad, o la infinitud suprema, la voluntad absoluta (voluntarismo), o la bondad absoluta, etc.

III) *Cómo se sabe si existe Dios.*

El problema de si Dios *existe* reconoce, por lo menos, principalmente tres formas de *pruebas*, que reciben los respectivos nombres de *ontológica, a posteriori y a priori*.

La prueba *ontológica*, llamada también *argumento ontológico*, tiene su representante más destacado en el pensador escolástico del siglo XI, San Anselmo de Canterbury. Para demostrar la existencia de Dios y la imposibilidad de negar su existencia, San Anselmo elabora una demostración racional de la naturaleza y la existencia de Dios que aparece recogida en sus famosas obras tituladas *Monologion y Proslogion*. Partiendo del texto del Salmo XIII, 1: *dijo el necio en su corazón: no hay Dios*, argumenta San Anselmo de este modo: Pero este Dios es, desde el punto de vista de lo pensable, lo mayor que se puede pensar. El necio, por otra parte, al oír esta expresión, entiende lo que oye, y lo que él entiende se encuentra en su entendimiento, a pesar de que no entiende que ese algo, mayor que lo cual nada puede pensarse, exista. Ya que no es lo mismo la presencia de algo en el entendimiento, que el entenderlo. Además, lo que está en el entendimiento debe estar en la realidad. Pues si lo mayor que es posible pensar, sólo estuviera en el entendimiento, no sería lo mayor, pues le faltaría para ello ser real. En consecuencia, tanto en el entendimiento como en la realidad, debe haber algo mayor sin lo cual nada es pensable —este algo es *Dios*.

El argumento ontológico de San Anselmo ha tenido un destino singular en la historia del pensamiento cristiano hasta nuestros días. Santo Tomás, en el siglo XIII, comenta el argumento tanto en la *Suma Teológica* (Parte 1ª, Cuestión 2ª, art. 1º) como en la *Suma contra gentiles* (I, 11). Duns Scotus (*Cuestiones sobre las sentencias*, libro I, distinción 2ª, cuestión 2ª) se propuso y consiguió reforzar el argumento, pues creía que el entendimiento humano tiene muchas más posibilidades de las que le reconoce el Aquinate. También Descartes se vincula en cierto modo al argumento, como aparece en la tercera y quinta de sus *Meditaciones metafísicas* y en los *Principios de la filosofía* (1ª parte, art. 14). Lo mismo que Nicolás de Malebranche, quien defiende como ninguno el argumento (*Conversaciones sobre la metafísica*, I, v-vii). E igualmente Leibniz (*Meditaciones sobre el conocimiento*).

Combaten el argumento Pierre Gassendi (*Syntagma philosophicum: Physica*, I, libro 1º, Cap. II), John Locke (*Ensayo sobre el entendimiento humano*, IV, x, 7); David Hume (*Investigación sobre el entendimiento humano*, Sec. II, parte 3ª; *Tratado sobre la naturaleza humana*, libro 1º, parte III, Sec. XIV), Enmanuel Kant (*Crítica de la razón pura, Dialéctica trascendental*, libro II, cap. III, Sec. II) y Jorge G. F. Hegel (*Enciclopedia de las Ciencias Filosóficas, Lógica*, parág. 193).

La refutación más destacada del argumento ontológico se debe a Kant, quien con el rigor metódico que le caracteriza, comienza por agrupar las diferentes versiones del argumento —el que, dicho sea de paso, fué bautizado por Kant con el calificativo de *ontológico*— en tres tipos o géneros, a saber: argumento ontológico, argumento cosmológico y argumento físico-teológico.

La refutación kantiana del argumento ontológico consiste principalmente en decir que para afirmar que algo existe no basta con la idea de ese algo, sino que hay que tener la percepción sensible correspondiente. O sea que, para Kant, el concepto de existencia es sinónimo de conexión con la experiencia.

Para refutar el argumento *cosmológico*, Kant se detiene en la consideración de que el enumerar series de causas que rematen (sin posible explicación) en una causa incausada (Dios), es inadmisible, pues consiste en dejar de aplicar la categoría de *causalidad* sin motivo que lo justifique.

En cuanto al argumento *físico-teológico*, el cual se funda en que las estructuras, como el ojo humano y los organismos animales, si han de ser satisfactoriamente explicadas, suponen la intervención de una inteligencia creadora, expone Kant que el concepto de *fin* no es sino un concepto metódico que sólo puede servir para concluir que tal o cual forma es adecuada a un fin.

Pero, entonces, ¿cómo explica Kant la existencia de Dios? Para él, lo mismo que la libertad de la voluntad y la inmortalidad del alma, Dios es una *condición metafísica* de obligatorio cumplimiento, puesto que forma parte de la conciencia moral del hombre, y es mediante esa conciencia que el ser humano puede llegar a su plena realización, a culminar en lo que Kant llama la *persona moral* como un *fin en sí mismo*.

Ahora bien, Dios es el *ente metafísico* en el cual se realiza la síntesis de la realidad fenoménica total con la plena idealidad —el ente que resume en sí el acuerdo de lo que *es* (el mundo real) con lo que *debe ser* (el mundo ideal).

La prueba *a posteriori*, utilizada, entre otros, por Santo Tomás, es un argumento mediante el cual se quiere demostrar que la existencia de Dios es evidente *por sí misma*, pero no lo es *en cuanto a nosotros (qoad nos)*. Y con respecto a la prueba *a priori*, que defienden Duns Scotus y los nominalistas, consiste en afirmar que la proposición que enuncia la existencia de Dios es evidente por sí misma inmediatamente, puesto que dicha proposición se explica por sus términos.

b) *El problema del alma.*

Las ideas, o quizás las creencias, acerca de la existencia del alma parecen remontar al momento en que, entre los primitivos, ya se establece una distinción entre el ser viviente como tal y su posible desdoblamiento, cosa esta última que puede ocurrir hasta en el curso de la vida, como es el caso del alma que abandona temporalmente —durante el sueño— el cuerpo en que está alojada, según aparece en los griegos y romanos.

Ya se le haya considerado como el *doble* de los egipcios o como la ψυχή homérica, o como la exhalación o respiración, en todos los casos el alma ha sido concebida como algo indiferenciado. Pero, así y todo, no importa hasta qué punto se halle vinculada al impulso viviente, el alma se nos muestra con una naturaleza *espiritual,* como sucede, por ejemplo, en Demócrito, quien entiende el alma como compuesta de átomos de materia fina, alada y sutil. Mas, filosóficamente, el concepto del alma surge al concebírsele como una entidad que proviene de otro mundo y que ha sido confinada a lo que llama Platón el "sepulcro del cuerpo". Pero esta diferenciación terminante entre cuerpo y alma, que ahora se establece, no niega que el alma sea algo que no se encuentre totalmente separada del cuerpo. Por el contrario, para Platón, el alma debe ser concebida, por una parte, como el principio animador de la vida; y por otra parte, como lo que aspira a participar del ser verdadero. Además, el alma posee varios órdenes o estratos, a saber: el sensible, el irascible y el racional o inteligible. También Aristóteles reconoce tres órdenes en el alma, que son para él los siguientes: el alma vegetativa, el alma apetitiva y el alma racional.

Para los neoplatónicos el alma es a la vez divisible e indivisible, pues si, por su origen divino, el alma es una esencia incorporal, por su alojamiento en el cuerpo puede vivir, dentro de los límites y al nivel de éste, una vida inteligible.

Esta situación intermedia entre la esencia indivisible y la esencia divisible ha sido defendida por San Agustín y Santo

Tomás, aunque, como es natural, desde otros supuestos, pues el cristianismo concibe el alma como *persona*, que no mantiene sólo con la divinidad una relación intelectual —como propugna en general el paganismo—, sino una relación de hijo a padre con la Persona de Dios. El alma se entiende ahora como la síntesis de lo intelectual, lo volitivo y lo emotivo, que tiene como misión primordial salvar el cuerpo en la resurrección de la carne. Santo Tomás, sin abandonar, por supuesto, la idea cristiana del alma que hemos visto en San Agustín (la íntima subjetividad y el carácter eminentemente incorporal del alma), postula una *unidad sustancial* de lo humano, a partir del alma como *forma que unifica*. El alma va a ser, ahora, a la vez que el principio de lo viviente, el elemento fundamentante de la racionalidad humana. De donde resulta que, para Santo Tomás, el alma es una *entelequia*.

La idea del alma como *intimidad*, que renace con las direcciones nominalistas de la escolástica en las postrimerías de la Edad Media, va a aparecer nuevamente en el pensamiento filosófico de la Edad Moderna, el cual se encamina por la senda del agustinismo. Así, Descartes defiende una concepción del alma como *sustancia pensante* totalmente separada del cuerpo e irreductible a éste, mientras Leibniz postula que el alma es una *mónada*, o sea una entidad unitaria, dotada a la vez de espontaneidad e intimidad.

La tendencia predominante en la filosofía moderna ha sido la de separar el aspecto metafísico del aspecto psicológico en el problema del alma, como consecuencia principalmente de las críticas hechas al problema del alma por Hume y Kant. La crítica de este último, que le lleva a considerar el alma como un *postulado de la razón práctica*, ha determinado en considerable medida que el alma sea confinada al sector de la Metafísica. Así, en la filosofía moderna se ha ido desplazando cada vez más por la *conciencia*, que constituye, para esta filosofía, la manifestación por excelencia de la más pura subjetividad.

Contemporáneamente, se ha tratado de distinguir entre la vida, el alma y el espíritu. Y mientras aparece el alma como el asiento de la vida afectiva, el espíritu se manifiesta como objetividad, personalidad y trascendencia.

Un último aspecto es el que alude al *alma del mundo*. Por ésta se ha entendido generalmente el universo en su totalidad concebido como un *organismo*, con lo cual, en oposición al mecanicismo, se supone que el cosmos tiene un sentido y una finalidad. Platón, los estoicos, Giordano Bruno, Schelling, etc., han defendido esta concepción de un alma del mundo.

CAPITULO VI

1. La antropología filosófica.—La *antropología* (del griego: ἄνθρωπος = hombre) es una disciplina que puede ser considerada desde dos puntos de vista diferentes: uno *científico* y otro *filosófico*. Considerada científicamente, la antropología estudia al hombre como ser psicofísico y, en este caso, puede ser antropología *estrictamente científica,* por lo que constituye, entonces, un capítulo de la biología. Pero también puede suceder que admita el concurso de otras ciencias, tales como la psicología y la sociología, en cuyo caso se convierte en antropología *científico-cultural.* Mientras que la antropología *filosófica* tiene por misión estudiar al hombre y su puesto en el cosmos, considerando al ser humano en su ser natural y en su ser esencial, o sea como naturaleza y como espíritu. Para concluir, puede definirse la antropología filosófica diciendo que es el estudio *de la esencia del hombre, de su puesto en el cosmos y de su destino.*

2. La antropología, el hombre y el yo.—Si bien la antropología filosófica puede ser considerada en la forma en que se le define en el parágrafo anterior, hay que tener presente que ella no puede ocuparse más que de la *estructura fundamental* del ser humano, y ésta sólo es realmente un objeto de investigación cuando se le considera como el *yo* en el cual se funden todas las manifestaciones psíquicas y espirituales del hombre.

Por eso es preciso distinguir previamente entre el hombre y el yo. Y a este respecto cabe decir que así como el hombre no se agota en el yo, éste, por sí mismo, es susceptible de ser considerado desde dos puntos de vista diferentes, a saber: el yo *psicofísico* y el yo *espiritual.*

Tal es, exactamente, lo que ha llevado a cabo el filósofo alemán Max Scheler [1], quien distingue en el ser humano la parte psicofísica de la parte espiritual. Y en tanto que la psicología científica es la llamada a ocuparse del aspecto psicofísico del hombre, la antropología filosófica tiene a su cuidado el aspecto espiritual.

3. **La antropología científica y la antropología filosófica.** Si partimos de la admisión de que el hombre es el ser en el cual cabe discernir los dos aspectos ya mencionados, o sea el psicofísico y el espiritual, veremos, tan pronto nos adentremos en el estudio de ambos aspectos, que mientras el psicofísico atiende a las manifestaciones fenoménicas del yo, el aspecto espiritual (el que constituye la estructura fundamental del hombre y le separa radicalmente de los otros seres), ha de constituir la investigación de eso que se ha llamado la *esencia*, el *puesto* y el *destino* del hombre en la realidad total, o sea que deberá indagar cuáles son las conexiones que, en virtud de esa estructura fundamental, mantiene el hombre con el resto de los seres. En fin de cuentas, que la antropología filosófica se propone averiguar el *aspecto metafísico* del ser humano.

4. **La psicología y el problema del yo.**—El conjunto de investigaciones correspondientes al yo como centro de referencias de los fenómenos intelectivos, volitivos y afectivos constituye la psicología que podemos denominar *científica*, sólo para contraponerla a esa otra psicología que, con extraordinarias reservas, es posible denominar *filosófica*, y que preferimos llamar *antropología filosófica*.

La psicología científica encara, pues, el estudio de las manifestaciones fenoménicas del yo, tales como la percepción, la atención, la memoria, la inteligencia, la voluntad, los sentimientos y emociones, etc. Porque, en efecto, estos son *fenómenos*, o sea manifestaciones de los estados reaccionales entre el individuo

---

1. Vid. Max Scheler: *El puesto del hombre en el cosmos*, cap. II.

y el medio, entre el sujeto y el objeto. Además, se trata, en todos los casos, de un *objeto real*, que surge y desaparece en el tiempo y del cual siempre es posible tener una constatación. Finalmente, se trata de *hechos*, es decir, que tomado en la totalidad de sus manifestaciones psíquicas —en su conjunto— el ser psicofísico, es él mismo un *hecho*. No es preciso ni tiene sentido que nos preguntemos por la justificación de esas manifestaciones, pues el *porqué* de ellas se refiere implícitamente al *cómo se producen*.

5. La antropología filosófica y el problema del yo.—La antropología filosófica, en cambio, considera el problema del yo en lo que éste tiene que ver con la *esencia*, el *puesto* y el *destino* del hombre. Lo que ve en éste y, por implicación, en el problema del yo, es eso que hemos dado en llamar la *estructura fundamental* del ser humano, el sustrato *metafísico* por el cual el hombre se encuentra vinculado al ser en general y que nos hace preguntar por el *sentido* de esa vinculación.

Ese *sentido* sólo puede ser explicado si admitimos que el hombre, además de un ser psicofísico, es un ser espiritual, es decir, que en él se asienta eso que Max Scheler [2] ha llamado admirablemente "un principio que se opone a toda vida en general", que, en el criterio de este autor, "si ha de ser reducido a algo, sólo puede serlo al fundamento supremo de las cosas, o sea al mismo fundamento de que también la 'vida' es una manifestación parcial" [3].

Ese principio es para Scheler el *espíritu*, o sea el sustrato metafísico por el cual el ser humano se vincula al resto del Ser, de la realidad en su totalidad. Y las notas que caracterizan a este espíritu son las de *independencia, libertad* o *autonomía existencial, objetividad* y *conciencia de sí mismo*.

Por la *libertad* el espíritu se siente libre de los impulsos orgánicos y psíquicos, o sea que no está obligado a actuar ciega-

---
2. *Ibid.*
3. *Ibid.*

mente sólo bajo la presión de las circunstancias del mundo en torno. El hombre puede preferir, rechazar, abstenerse, etc., o sea situarse por encima de las imposiciones del medio ambiente y de su ser psicofísico.

Por la *objetividad* el espíritu puede convertir en *objetos* los datos que le ofrece el mundo exterior, como sucede cuando separamos del número *concreto* de tres cosas el número *abstracto* "tres" y operamos con éste con total prescindencia de las cosas que puede representar dicho número (tres manzanas, tres casas, etcétera).

Finalmente, el espíritu es *conciencia de sí mismo*, o sea la conciencia que tiene el yo de ser el centro de los actos espirituales. El yo "sabe" que él es el ser propio e íntimo de sí mismo, esa intimidad recóndita que le permite, como dice Ortega y Gasset, *ensimismarse*, volverse íntegramente sobre sí mismo, con total desligamiento del mundo exterior.

6. Las posibles categorías de la estructura fundamental o el yo espiritual.—Hemos dicho que el espíritu, o el yo espiritual, presenta como sus principales características las de la libertad, la objetividad y la conciencia de sí mismo. A estas notas, que podemos considerar básicas, es posible agregar algunas otras, como son las siguientes: la unidad, la identidad, la subjetividad y la historicidad. Veamos sucintamente en qué consiste cada una de ellas.

La *identidad* quiere decir que el yo espiritual se siente idéntico consigo mismo, no obstante las variaciones que aparentemente experimenta por consecuencia de sus reacciones frente al mundo exterior. Y la *subjetividad* consiste en que cada ser humano constituye una individualidad que puede convertir en *objetos* todo cuanto se le opone, ya se trate de seres humanos o de otros seres, vivientes o no. Para cada yo, para cada sujeto, todo cuanto no sea *él mismo*, constituye un objeto. Finalmente, la *historicidad* quiere decir, como lo ha expresado el filósofo alemán Guillermo Dilthey [4], que el hombre (y por consiguiente su yo espiritual) es una entidad histórica, por lo que ha de ser concebido como la acumulación en el presente de la herencia del pasado. El yo espiritual no puede, en consecuencia, concebirse ni como naturaleza ni como sustancia inmutable, sino como *el ser histórico que se integra a base de lo que en él determina el pasado*.

7. Las diversas interpretaciones de la libertad del yo espiritual.—La libertad que hemos visto líneas arriba como una de las notas constitutivas de la estructura fundamental del hombre —su yo espiritual—, no ha sido reconocida siempre, sino que, en muchas ocasiones, se ha afirmado lo contrario, o sea que el yo espiritual carece de toda libertad para la acción y, en consecuencia, está *determinado* por factores exteriores a él, que deciden lo que, en cada caso, constituyen cada una de las diferentes manifestaciones del yo. Hay, por consiguiente, dos posiciones que resultan antagónicas entre sí, a saber: el *determinismo* (que niega toda libertad al yo espiritual) y el *libre albedrío* o *librearbitrismo* (que se la concede plenamente). Haremos una somera descripción de ambas posiciones.

a) *El determinismo.*

Esta posición afirma que hay una absoluta interdependencia de la totalidad de los fenómenos, o sea que todo cuanto ocurre, no importa su índole, está perfecta y previamente predeterminado, de modo que su ocurrencia no puede ser, en forma alguna, obra del azar. De este modo, si se conocen todas las circunstancias que integran una situación dada, con toda seguridad se puede predecir lo que habrá de ocurrir exactamente. Es así como concibe el determinismo el astrónomo francés Laplace, quien en su *Essai philosophique sur les probabilités*, se expresa del siguiente modo: "Una inteligencia que conociera en un mo-

---

4. Sobre el concepto de *historicidad* en Dilthey, véase su obra *El mundo histórico* (trad. de Eugenio Imaz), tomo VII de la colección editada por el Fondo de Cultura Económica, México, 1944.

mento dado todas las fuerzas que actúan en la naturaleza y la situación de los seres de que se compone, que fuera suficientemente vasta para someter estos datos al análisis matemático, podría expresar en una sola fórmula los movimientos de los mayores astros y de los menores átomos. Nada sería incierto para ella, y tanto el futuro como el pasado estarían presentes ante su mirada (5).

Ahora bien, el determinismo no debe ser confundido con el fatalismo o con el destino, "los cuales —dice Ferrater Mora (6)— son expresiones de un azar ciego, de una necesidad inteligente o de un designio inescrutable que mueve teleológicamente todos los seres del universo".

Dos aspectos quedan por señalar en el problema que nos ocupa, los cuales son los siguientes: I) el determinismo puede ser considerado desde tres puntos de vista diferentes, a saber: el *físico* (en el cual se opone a la contingencia), el *psicológico* (en el cual se opone a la voluntad o al libre albedrío) y el *metafísico* (en el que se opone a la libertad en general). II) El determinismo sólo puede ser aplicable al caso de un universo inmóvil, donde los procesos son, siempre, el desarrollo de algo preexistente, con terminante supresión de la imprevisibilidad.

b) *El libre albedrío.*

La posición conocida con este nombre pretende que el yo espiritual es capaz de decidir por sí mismo, de suerte que no se encuentra predeterminado en su acción frente a la realidad del mundo exterior.

Ahora bien, es preciso, en primer lugar, distinguir entre *libre albedrío* y *voluntad,* pues mientras ésta se muestra como "el acto absolutamente positivo *por* el cual algo se hace", el libre albedrío consiste simplemente en la posibilidad de obrar o no obrar, de decidir a favor o en contra de algo.

---

5. Acorde con el sentimiento general de su época, Laplace se adhiere *nemine discrepante* a un determinismo y matematicismo que absorben todo conocimiento de la realidad.
6. J. F. MORA.—*Diccionario de Filosofía*, tercera edición, p. 223.

En segundo lugar, hay que distinguir entre la *libertad* y el *libre albedrío* en el sentido de que mientras éste es, de un modo u otro, una facultad de hacer o de omitir, la libertad sería, en esencia, un *hecho* o una *situación* en la cual se encontraría inserto el ser humano, en contraposición al determinismo. O sea que la libertad vendría a ser algo así como la negación de ese universo cerrado, inmóvil y absolutamente predeterminado que defiende el determinismo. La libertad, entonces, desde el punto de vista metafísico, sería la afirmación de la posibilidad de la contingencia y la imprevisibilidad.

8. Las tres cuestiones fundamentales en la relación del yo con el mundo exterior.—El yo espiritual, o la estructura fundamental del ser humano, se encuentra vinculado al resto de la realidad, o sea al ser en general, desde un triple punto de vista, en la forma siguiente: en primer lugar, en lo que afecta al aspecto de la *esencia* de la realidad, el yo mantiene con esa esencia una relación cognoscitiva en el máximo nivel **gnoseológico** posible, o sea que su función es, expresado con todo **rigor**, la *objetivación* de toda manifestación de las múltiples que la realidad ofrece al yo, es decir, "elevar a la dignidad de 'objetos' los centros de 'resistencia' y reacción de su medio ambiente" (7), de manera que se logre siempre la más pura objetividad posible.

En segundo lugar, tenemos que el yo espiritual puede mantener una relación con el ser en general en lo que se refiere a su *existencia*, y ya esto corresponde al plano *ontológico-metafísico*. Y, en tercer lugar, el yo espiritual puede discernir en el ser general un *sentido* o *significación*, en virtud del cual los objetos se dan como *valiosos*, o sea que no son *indiferentes* para el yo espiritual.

Puesto que en capítulos anteriores hemos tratado los problemas referentes a la gnoseología, por un lado, y a la ontología y la metafísica, por el otro, vamos a referirnos ahora al problema

---

7. MAX SCHELER.—*op. cit.*, cap. II.

de la valiosidad de la realidad, o, también, al problema de los *valores*.

Con respecto a los valores y a la axiología (que es el nombre dado contemporáneamente a su estudio) ya se ha dicho algo en un capítulo anterior, por lo que vamos a referirnos ahora a la significación del valor en dos disciplinas que tienen estrechos contactos con la axiología, especialmente desde hace apenas cincuenta o sesenta años. Nos referimos a la Etica y la Estética.

a) *La Etica*.

La *Etica* (del griego: ηθος = costumbre) significa, pues, en su acepción original, la *teoría de las costumbres*. Por otra parte, la palabra *moral* (del latín: *mos* = costumbre) viene a significar lo mismo. Pero, como señala el profesor García Máynez (8), "la palabra costumbre no posee, en nuestro idioma, la misma significación que corresponde a los vocablos griego y latino anteriormente citados, o a la voz alemana *Sitten* (costumbre). Pues cuando hablamos de costumbres y de hábitos, no solemos atribuirles la nota de obligatoriedad o normatividad implícita en aquellas expresiones. Las costumbres que integran lo que se denomina *moralidad positiva* de un pueblo o de una época no son simple reiteración de determinadas formas de conducta, sino prácticas a las que se halla unida la convicción, existente en quienes las realizan, de que lo normal, lo acostumbrado es, al propio tiempo, lo obligatorio o debido".

Pero se debe advertir que no toda costumbre obligatoria tiene que ser forzosamente ética, pues los convencionalismos sociales, el derecho al uso, las religiones positivas, son costumbres obligatorias y, sin embargo, no son *éticas*.

La ética, como disciplina filosófica, "se propone definir y explicar... la moralidad positiva, o sea *el conjunto de reglas de comportamiento y formas de vida a través de las cuales tiende el hombre a realizar uno de los valores fundamentales de la existencia*" (9).

---
8. E. García Máynez.—*Etica*, México, 1944, p. 13.
9. *Ibid.*, p. 14.

a-1) *Las formas de manifestación del pensamiento ético.*
En su admirable tratado de *Etica* el profesor García Máynez expresa que el pensamiento ético occidental presenta 4 formas fundamentales, caracterizables con bastante precisión y que se denominan respectivamente: *ética empirista, ética de bienes, ética formal* y *ética valorativa.*

I) La ética *empírica* recibe este nombre porque pretende derivar sus fundamentos de lo que es posible advertir en la experiencia, de modo que sólo puede haber normas de conducta moral que tengan su origen en la naturaleza. Tal es el criterio del sofista Calicles, quien establece que si la naturaleza ha creado hombres fuertes y débiles, inferiores y superiores, la verdadera justicia consistirá en aprobar esta desigualdad y admitir que el fuerte oprima al débil.

La ética empirista presenta algunas variantes, como el *subjetivismo ético* (que puede ser individualista, social y específico o antropológico), el anarquismo y el escepticismo. Y tratan de atenuar los extremismos de esas posiciones el pragmatismo y el utilitarismo.

II) La ética *de bienes* sostiene que hay un valor ético fundamental (un *bien supremo*), el cual constituye la más alta finalidad a que el hombre debe aspirar.

Entre las variantes de esta ética se cuentan el eudemonismo, el idealismo ético, el hedonismo y el cristianismo. La ética de occidente ha sido, desde Sócrates y hasta Kant, casi toda ética de bienes.

III) La ética *formal* se llama así porque, según su creador (Kant), el significado moral de una conducta depende, no de los resultados externos, sino de la pureza de la voluntad y la rectitud de los propósitos. Es la *forma* del acto (su intención) y no su contenido (su resultado) lo que lo hace moral o inmoral.

IV) La ética *de los valores* invierte exactamente los términos en que se plantea la cuestión de la moral en la ética formal y afirma que en lugar de fundarse el valor moral en la idea del deber (Kant), es el deber el que se apoya en un valor (ética axiológica). Como sólo debe ser lo que es valioso (y todo lo que es valioso debe ser), se concluye que la noción de valor es el concepto ético sobre el que gira la ética de los valores.

Según lo expresa García Máynez [10], la tarea fundamental de la axiología consistiría en establecer la posibilidad de una ética material de los valores, para lo cual deberá dilucidar los tres siguientes problemas: 1) La existencia de un reino de objetos inmateriales, llamados valores. 2) La posibilidad del conocimiento de éstos a través de una intuición apriorística de tipo emocional. 3) La posibilidad de que el hombre, en su conducta, realice tales valores.

b) *La Estética.*

La palabra *Estética* (del griego: $\alpha\ddot{\iota}\sigma\theta\eta\sigma\iota s$ = sensación) [11] se emplea desde el siglo XVIII para designar la *ciencia de lo bello* o la *filosofía del arte*, y corresponde al filósofo alemán Alejandro Baumgarten la aplicación, por primera vez, de dicho vocablo en la forma que se acaba de mencionar.

Para Baumgarten hay un problema fundamental en la Estética, que es el de la *esencia de lo bello*. Sin embargo, este problema aparece mezclado, desde la antigüedad, con el problema de lo bueno, y es así como lo vemos presentarse en Platón, Aristóteles y Plotino, como asimismo en la escuela inglesa del *moral sense* y en los románticos en general. En realidad, ha sido Kant el iniciador de una teoría estética independiente de otras consideraciones, como la del bien. Kant entiende que el *juicio estético* es un juicio de valor, que se distingue de todos

---

10. *Ibid.*, p. 201.
11. La palabra *estética* en su acepción originaria de $\alpha\ddot{\iota}\sigma\theta\eta\sigma\iota s$ sensación, es utilizada por Kant como *estética trascendental* para referirse a la "ciencia de todos los principios *a priori* de la sensibilidad".

los demás juicios, incluso de los otros axiológicos, porque en él (mediante el cual encontramos que algo es bello) no hay satisfacción, sino *agrado desinteresado*. Lo estético es, pues, para Kant, una "finalidad sin fin". Pero como lo bello no es, objetivamente, un valor absoluto, sino que se relaciona con el sujeto, esto convierte la posición kantiana en un *subjetivismo estético*.

El subjetivismo estético ha predominado durante los siglos XIX y parte del XX. Entre sus variantes se puede citar, como una de las notorias, la teoría de la *proyección sentimental (Einfühlung)* del esteta alemán Teodoro Lipps.

Cuando la Estética se ha concebido a partir del objeto, lo que ha ocurrido es que lo estético se ha convertido en algo ajeno a sí mismo, o sea que la esencia de la belleza se ha interpretado asignándole caracteres que, en realidad, no le pertenecen. Tal es el caso de Schelling, quien reduce la belleza a una manifestación de la identidad de los contrarios en el seno de lo Absoluto; así, también, procede Hegel al concebir lo bello como expresión de la Idea; parecidamente opera Schopenhauer, para quien la belleza viene a ser algo así como la objetivación de la Voluntad metafísica.

La tendencia contemporánea en la Estética es la de convertir a ésta en una *ciencia de los valores*. La función asignada a la estética, en este caso; consistiría [12] en: "I) una fenomenología de los 'fenómenos estéticos'; II) En una ontología regional de los valores estéticos; III) En un examen de las estructuras efectivas y posibles de la estética; IV) En un análisis de las actitudes subjetivas, activas o pasivas, frente a lo estético; V) En un estudio de la función de los valores estéticos en la vida y, con ello, en un estudio de la relación de los mismos, dentro del conjunto de los demás valores en cada una de las épocas históricas y con respecto a cada uno de los tipos humanos".

---

12. J. FERRATER MORA.—*op. cit.*, p. 296.

CAPITULO VII

1. La Filosofía de la Naturaleza.—La expresión *Filosofía de la naturaleza* no ha tenido una significación unívoca a lo largo de la historia del pensamiento occidental, sino que ha variado conforme con las distintas interpretaciones que de la propia naturaleza han ido surgiendo en el curso de ese pensamiento. Será preciso, pues, que antes de aventurar una definición de la mencionada filosofía veamos cómo se ha entendido lo de la naturaleza. Y a este efecto, vamos a citar algunas de las definiciones que es posible recoger del concepto de la naturaleza: I) Para los primeros filósofos, la naturaleza ($\varphi\acute{v}\sigma\iota\varsigma$) es el principio unitario que todo lo genera, no solamente las *cosas naturales,* sino la totalidad de la realidad considerada en su mismo punto de origen. II) Según Aristóteles, la naturaleza es "la esencia de los seres que poseen en sí mismos y en tanto que tales el principio de su movimiento". III) Santo Tomás entiende la naturaleza de las cuatro siguientes maneras: i) como generación de los vivientes, ii) como principio intrínseco del movimiento, iii) como materia y forma, iv) como esencia de cualquier cosa. IV) Para el cristianismo la naturaleza es, a la vez, lo "natural" y lo "terrenal", pero en radical y permanente dependencia de Dios. V) Para los escolásticos, es el *conjunto de todas las sustancias creadas.* A partir de entonces es que aparece como el objeto de la Cosmología y también desde ahora se comienza a transitar del concepto *ontológico* de la naturaleza al concepto *cosmológico* (o sea el pasaje del *qué* es al *quién* es la naturaleza). Por consecuencia de esto último, desde el siglo xvii la noción ontológica de naturaleza va siendo reemplazada por la noción cosmológica. VI) Ya en esta época se da en llamar "naturaleza" tanto al *qué* de las cosas como al del ser humano, como pertenecientes ambos al conjunto de todas las posibles sustancias que integran la realidad con lo cual se va gradualmente incurriendo en lo que, poco después, será llamado el *naturalismo,* que considera la naturaleza como entidad personal, tal como se ofrece en el naturalismo renacentista y en la *filosofía de la naturaleza* de los románticos. VII) Contemporáneamente, se ha tratado de concebir la naturaleza en una posición intermedia entre el espiritualismo romántico, de una parte, y la concepción de las ciencias naturales, de la otra.

Tal como es posible concluir de todo lo dicho hasta aquí, resulta de todo punto imposible dar una definición "única" de la filosofía de la naturaleza, pues el peculiar modo de concebir a ésta decidirá, en cada caso, la índole de la mencionada definición. Pero se puede llegar aproximadamente a una prudente definición mediante el previo contraste entre la filosofía de la naturaleza y las ciencias naturales.

2. Ciencias naturales y filosofía de la naturaleza.—Las *ciencias naturales* tienen como finalidad la investigación de los objetos de la naturaleza en lo que atañe a sus manifestaciones fenoménicas. Corresponde, pues, a dichas ciencias el estudio de los fenómenos, de sus variaciones y de las leyes que pueden explicar esas variaciones. Mientras que la *filosofía de la naturaleza* tiene por misión el estudio de las determinaciones ontológicas de la naturaleza considerada como la *totalidad* de lo real. O sea que en tanto que las ciencias naturales no rebasan el orden fenoménico, la filosofía de la naturaleza trata de explicar las estructuras últimas u ontológicas (el Ser) de la realidad natural.

3. La Cosmología.—La *Cosmología* es, considerada en un sentido general, toda reflexión acerca del mundo como *totalidad*.

Su contenido abarca tres cuestiones fundamentales, a saber: I) el conjunto del mundo, II) su origen, III) sus leyes.

El término *Cosmología* se viene utilizando desde el filósofo alemán Wolff y su escuela, aunque ya los escolásticos habían hecho algún uso de él, para denominar las investigaciones sobre el "sistema del mundo".

Ahora bien, mientras para la escolástica aparece la Cosmología como una parte de la Metafísica especial, junto con la Psicología y la Teología natural, para Wolff la Cosmología general (o trascendente) es la *scientia mundi seu universi in generi* (la ciencia del mundo o más bien del universo como género) y que puede ser o *científica* o *experimental*.

En términos generales, la Cosmología trata de las siguientes cuestiones: I) el origen del mundo, II) si el mundo existe por sí o ha sido creado, III) el examen de la naturaleza de los cuerpos y de las leyes universales por las que se rigen, IV) la composición última de los cuerpos, en tanto que presenta problemas de naturaleza racional.

4. La Filosofía de la religión.—En los capítulos I (parágrafos 5 y 6) y III (parág. 11) se ha hecho ya referencia a las relaciones de la filosofía con la religión y a la posible naturaleza y ámbito de la filosofía de la religión. En consecuencia, vamos a añadir ahora sólo unas notas que completen y aclaren lo expuesto en esos capítulos.

Dijimos en los mencionados capítulos que la filosofía de la religión tiene como objeto principal la *fenomenología del hecho religioso*, para determinar, en última instancia, la *esencia* de la religión en lo que ésta tiene de vinculación o religación (del latín: *religatio* = volver a unir) del hombre con la divinidad. Pero, reiteramos, la filosofía de la religión no debe ser un intento de fundamentar teóricamente (por el pensamiento) la religión, sino la pura descripción (fenomenología) de aquello que se muestra en la vida religiosa.

Se puede decir que la filosofía de la religión encara, por lo menos, dos grandes problemas. El primero es el que se acaba de mencionar como la determinación de la *esencia* de la religión. El segundo tiene que ver con las *distintas actitudes que el ser humano puede asumir ante los valores religiosos*, ya sea que considere éstos objetiva o subjetivamente.

5. La Filosofía de la historia.—Antes de adentrarnos en la exposición de lo que realmente debe ser la filosofía de la historia, es preciso que dejemos claramente sentado en qué consiste la *historia* misma. Esta dice Ferrater Mora [1]— "es propiamente relato, descripción de los momentos o caracteres de una cosa en contraposición a su definición esencial, a la visión de lo que esta cosa es de un modo permanente y definitivo".

Ahora bien, conviene, ante todo, recordar que la realidad en su totalidad puede ser considerada en dos grandes sectores o mundos: el de la naturaleza y el del espíritu o la cultura. Pues bien, es sólo en este último donde puede tener su lugar y su sentido una *historia*, que es, entonces, la historia del progreso, o sea de la sucesiva integración y realización de la cultura tanto subjetiva como objetivamente, en cuanto que ambas constituyen manifestaciones de la realización de los valores.

Por otra parte, debe distinguirse entre *la historia y lo histórico*, o, como apunta Ferrater Mora [2], "entre la historia como ciencia y la historia como hecho", pues si bien "la ciencia histórica se ocupa de lo histórico... éste es algo más que el simple objeto de una ciencia. Por eso la visión de la historia por parte de los grandes círculos culturales es, como visión del puesto y destino del hombre, algo que trasciende del simple estudio de los hechos humanos y aún de su enlace y pretendida ley de sucesión".

Y es a causa de esto último que puede y debe existir una *filosofía de la historia*, pues "sólo porque hay ciencia y filoso-

---

1. J. Ferrater Mora.—*Diccionario de Filosofía*, tercera edición, p. 436.
2. *Ibid.*

fía de la historia puede la vida humana alcanzar sobre sí misma la mayor claridad" (3).

La filosofía de la historia se presenta, en la totalidad de su estructura, como: I) la respuesta a la pregunta por el ser esencial del hombre (entendido como ser finito, temporal e histórico), II) la respuesta a lo que el hombre es más allá de su temporalidad e historicidad. De esta manera, la filosofía de la historia se subdivide en: I) una parte *formal* (ontología, morfología y metafísica de la historia; relaciones entre la historia y las concepciones del mundo y entre lo relativamente histórico y lo verdaderamente absoluto). II) Una parte *material* (las efectivas concepciones de lo histórico a través de la evolución humana).

La filosofía de la historia debe su nombre al filósofo francés Voltaire, pero reconoce antecedentes de gran significación en pensadores de la talla de San Agustín y Juan Bautista Vico.

Ferrater Mora establece las siguientes formas adoptadas en la concepción de la filosofía de la historia: I) La dirección *progresista*, que defiende un progreso histórico indefinido. II) La dirección *pesimista*, que entiende la historia como una decadencia y corrupción del hombre (Rousseau, Klages, Lessing). III) La dirección que postula que la historia es: o un conjunto de avances y retrocesos violentos, o una curva irregular que asciende y desciende, o una espiral en la cual el avance y el retroceso pueden coincidir en cierto modo. IV) Las direcciones que niegan la *unidad* de la historia (la historia como *historia universal*), por lo que sólo cabe hablar de la historia de este o aquel círculo cultural (Marx, Freud, Gobineau, y especialmente Spengler). V) La dirección que considera que si bien la historia lo es de este o aquel círculo, cabe siempre la posibilidad de una última interdependencia de todos los círculos culturales en una *trascendencia* que acabe por vincularlos a todos entre sí (Bergson y Toynbee).

---

3. Este epígrafe ha sido redactado en general sobre los conceptos que presenta el autor aquí citado en el artículo *Historia*, de su *Diccionario de Filosofía*, tercera edición.

Finalmente, la filosofía de la historia puede ser concebida atendiendo al factor que se considere como el *motor* de la historia. En este caso, tenemos una filosofía de la historia basada: I) en la concepción teológica del mundo, II) o en la metafísica, III) o en las ciencias naturales.

6. El problema de las filosofías "especiales".—Hemos dicho en páginas precedentes que la filosofía está primordialmente integrada por dos disciplinas fundamentales, que son respectivamente la Ontología y la Gnoseología, o sea la teoría del ser en general y la teoría del saber en general. Sin embargo, la consideración "filosófica" de otras cuestiones que en un comienzo formaron parte casi indiscriminada de la especulación filosófica, autoriza a denominar a esas cuestiones con la expresión de *filosofías especiales*. Este es el caso de la Axiología, la Estética, la Etica, la Filosofía del derecho, etc.

SEGUNDA PARTE

•

HISTORIA DE LA FILOSOFIA

CAPITULO VIII

1. La Historia de la Filosofía.—En el capítulo precedente hemos tenido la oportunidad de hacer ver en qué consiste la historia y por qué ésta, si ha de ser entendida como lo que *realmente* es, requiere una filosofía que la justifique, es decir, que la filosofía de la historia es el modo eficaz de hacer ver cómo la historia no es el simple recuento de sucesos acaecidos, sino que exige una explicación satisfactoria del *porqué* de esos sucesos, en cuanto éstos forman parte de un proceso que para el hombre tiene la significación de ser, en su conjunto, el modo como aquél puede aspirar a un constante y gradual perfeccionamiento mediante la realización de los valores.

Ahora bien, la Historia de la Filosofía tiene la peculiaridad de referirse a una determinada forma de quehacer humano —por consiguiente, de índole histórica—, es decir, al quehacer *filosófico*. Pues sucede que en la totalidad de la cultura occidental el hombre ha sido y es guerrero, legislador, sacerdote, estadista, hombre de ciencia, artista, etc. Y también *filósofo*. De donde resulta que la historia de esta actividad, desarrollada durante dos mil setecientos años, es justamente lo que se denomina *Historia de la Filosofía*.

2. La filosofía y su historia.—Pero a la filosofía le ocurre algo muy peculiar, tanto, que no es posible encontrarlo en ninguna otra actividad cultural, a saber: la inseparable conexión de la filosofía con la historia de la filosofía. En la ciencia, por ejemplo, no sucede lo mismo, pues quien se consagra al estudio de una cuestión científica puede hacerlo a partir del saber que hasta ese momento se ha acumulado en torno a ese problema. Mientras que en la filosofía hallamos que si bien el problema es ella misma en cuanto tal, dicho problema, cada vez que se plantea, depende de la situación que confronta el filósofo, la cual, siempre y por modo inevitable, está determinada por la tradición filosófica.

Hay, pues, una inseparable conexión entre filosofía e historia de la filosofía. La filosofía es histórica, y su historia le pertenece esencialmente. Y, por otra parte, la historia de la filosofía no es una mera información erudita acerca de las opiniones de los filósofos, sino que es la exposición verdadera del contenido real de la filosofía. Es, pues, con todo rigor, filosofía. La filosofía no se agota en ninguno de sus sistemas, sino que consiste en la *historia efectiva* de todos ellos. Y, a su vez, ninguno puede existir solo, sino que necesita y envuelve todos los anteriores; y todavía más: cada sistema alcanza sólo la plenitud de su realidad, de su *verdad*, fuera de sí mismo, en los que habrán de sucederle. Todo filosofar arranca de la totalidad del pasado y se proyecta hacia el futuro, poniendo en marcha la historia de la filosofía. Esto es, dicho en pocas palabras, lo que se quiere decir cuando se afirma que *la filosofía es histórica* [1].

3. **Los orígenes de la actividad filosófica.**—La filosofía es un invento o un descubrimiento que pertenece exclusivamente a los griegos, si se tiene en cuenta la forma peculiar (el riguroso teoretismo) que adopta desde el comienzo en este pueblo. Pues aunque en el comienzo de la filosofía toman parte diversos elementos pertenecientes a otras culturas, el hecho en sí, la *filosofía*, debe ser acreditado a la cultura helénica. Lo cual no significa el desconocimiento de esos factores étnicos, culturales, religiosos, etc., que necesariamente han entrado a formar parte en la constitución del pueblo griego, y por lo tanto han ayudado a conformar las peculiaridades del espíritu helénico, una de las cuales —la más brillante— es esa disposición a la más pura re-

---

1. J. MARÍAS.—*Historia de la filosofía*, ed. Rev. de Occidente, Madrid, 1941, pp. 24-5.

Mileto	Tales, Anaximandro, Anaxímenes
Samos	Pitágoras, Meliso
Colofón	Jenófanes
Elea	Parménides, Zenón
Efeso	Heráclito
Abdera	Leucipo, Demócrito, Protágoras
Clazomene	Anaxágoras
Atenas	Sócrates, Platón, Aristóteles, Aristipo, Antístenes
Megara	Euclides

MAPA DE LA LOCALIZACION DE LA FILOSOFIA GRIEGA

flexión en que consiste la filosofía. A este respecto, resultan iluminadoras las siguientes palabras de Emile Bréhier (2):

En rigor, podría decirse que la filosofía, la denominada tal por los griegos, no ha existido más que en la tradición helénica, y en la nuestra, en cuanto de ella depende; ni la palabra ni la cosa se hallan exactamente en India ni en China; ni, mucho menos, en Egipto, ni en los viejos imperios asiáticos. Pero aislar esta tradición sería condenarse a no "comprenderla", análogamente a como no es comprensible el final de una melodía cuando se le aísla de su comienzo. Lo demuestra la evidencia de algunos hechos bien significativos: la irrupción de lo oriental entre los presocráticos y en Platón mismo, el origen semítico de la mayoría de los estoicos, la atmósfera religiosa en que se desarrolló el neoplatonismo, la invasión del maniqueísmo, de origen iranio; tras lo cual, sería ingenuo creer que todo esto es debido a un desenvolvimiento lógico y necesario del "genio griego".

4. El lugar donde tuvo su origen la filosofía griega.—La Grecia clásica, en la cual surge y se desarrolla poderosamente la actividad filosófica, estaba integrada por los siguientes territorios (3): *a)* La Grecia *oriental*, a la que correspondían la península griega, las islas que rodean el mar Egeo y las costas inmediatas del Asia Menor. En estos territorios habitaban pueblos que pertenecían a los grupos eólicos, jónicos (los de mayor importancia en el comienzo) y dorios. Las ciudades jónicas alcanzaron el número de diez y desempeñaron un extraordinario papel en el inicial desarrollo de la cultura y la civilización griegas. *b)* La Grecia *occidental*, constituída por un grupo de colonias al sur de Italia, en las islas de Sicilia, Cerdeña y Córcega. Esta es la región denominada la *Magna Grecia*. *c)* La parte de la tierra firme que corresponde a la península y en la cual tuvieron su asiento las llamadas *ciudades-estados*, a saber: Eubea, Locris, Etolia, Focis, Beocia, Aquea, Argolis, Elis, Arcadia,

---

2. P. MASSON-OURSEL.—*La filosofía en Oriente* (trad. de D. Náñez), ed. Sudamericana, B. A., 1947. *Prólogo* de Emile Bréhier, p. 14.
3. Véase el mapa adjunto.

Mesenia, Laconia (con su capital Esparta) y Atica (con su capital Atenas).

Fundada entre 1,200 y 1,000 a. de C., la ciudad de Mileto había alcanzado un extraordinario desarrollo allá por el 800 a. de C. Su poder naval y económico corrían parejos con el desenvolvimiento cultural. Y en esta ciudad, que era entonces el centro de vibraciones del mundo antiguo, surge la filosofía, en la figura de Tales de Mileto (llamado uno de los Siete Sabios), en el siglo VII a. de C.

De las costas de Grecia (Mileto, Efeso, Clazomene) y sus colonias (Samos, Crotona, etc.) la filosofía se desplaza después hacia la península, a la Tracia, Eubea y especialmente a Atenas, donde tendrá lugar el período de culminación en el siglo V y bajo el reinado de Pericles.

5. El tránsito de la religión a la filosofía.—La aparición de la filosofía como actividad rigurosamente teorética tiene lugar cuando el desarrollo democrático de las instituciones políticas griegas apareja el fortalecimiento cada vez mayor de la personalidad, que busca ser lo más independiente posible en sus criterios y aspiraciones. El auge del individualismo pugna con las seculares tradiciones religiosas y éticas y de este estado de tensión acabará por emerger la filosofía. "La reflexión autónoma —dice Windelband [4]— de los individuos se extendió de los problemas de la vida práctica, auxiliada por las intuiciones de la fantasía religiosa, al conocimiento de la naturaleza, y ganó, entonces, aquella libertad frente a fines utilitarios, aquella limitación del saber al saber mismo, que es lo característico de la ciencia."

Pero el pasaje de lo religioso a lo filosófico, con la consiguiente instauración de una forma de saber no determinado por alguna finalidad práctica, sino concebido como *saber en sí mismo*, no constituyó jamás en Grecia una ruptura con la religión.

---
4. W. WINDELBAND.—*Historia de la filosofía* (trad. de F. Larroyo), México, 1941, Primera parte, *La filosofía de los griegos*, p. 17.

Veamos lo que, a este respecto, nos dice Erwin Rohde en su famosa obra titulada *Psique* (5):

> Conviene, no obstante, advertir que jamás llegó a existir, en Grecia, un deslinde de principios, una separación plenamente consciente, entre la religión y la ciencia. En algunos casos sueltos, pocos, se impone a la religión del estado la observación de su incompatibilidad con las doctrinas e ideas de ciertos filósofos, claramente expresadas y, consciente de ello, trata de imponer por medios violentos su monopolio; pero esto era lo excepcional: en la mayoría de los casos, ambas corrientes discurrieron por cauces separados y paralelamente a lo largo de los siglos, sin chocar entre sí. La filosofía renunció desde el primer momento a todo afán propagandista (y en los casos en que, más tarde, lo manifestó, como ocurre con la filosofía cínica, apenas si menoscabó sensiblemente el imperio espiritual de la religión del estado); la religión, por su parte, no se hallaba en manos de una casta sacerdotal que defendiera, a la par que la fe, su propio y particular interés.
> La filosofía (prescindiendo de algunos casos concretos que aparecen revestidos de especiales modalidades) no buscaba la lucha abierta con la religión, ni trataba siquiera de suplantar a la religión ya superada, en las convicciones de la gran masa. Más aún, la pacífica convivencia de filosofía y religión e incluso de filosofía y teología trascendía, en no pocos casos, del campo de la vida exterior, material, para penetrar en el fuero interno en que se recataban los pensamientos y las emociones personales del investigador. Podía perfectamente pensarse que la filosofía y la fe religiosa eran, sin duda, dos mundos distintos, pero que hablaban al hombre también, y precisamente por ello, de dos reinos distintos de su existencia. Incluso quienes profesaban con toda seriedad sus ideas filosóficas podían creer sinceramente que no cometían ninguna infidelidad contra la filosofía por tomar de la fe de sus padres alguna que otra concepción, a veces fundamental, para entrelazarla, en pacífica y fraternal convivencia, con sus propias y personales convicciones filosóficas.

---

5. E. ROHDE.—*Psique* (trad. de W. Roces), ed. Fondo de Cultura Económica, México, 1948, pp. 190-191.

6. Las etapas de la filosofía griega.—La mayor parte de los historiadores y tratadistas de la filosofía griega acostumbran subdividir todo el tiempo durante el cual tiene lugar el proceso filosófico en la Hélade en cuatro grandes períodos, que reciben los nombres de *cosmológico, antropológico, sistemático* y *helenístico-romano.*

El período *cosmológico* (600-450) es aquel con el cual se inicia la actividad filosófica en Grecia, y se denomina así porque la consideración primordial está centrada en el estudio de la naturaleza o sea del mundo exterior. Los filósofos de este período reciben el nombre de *presocráticos,* porque tras ellos aparece un nuevo período que está principalmente dominado por la singular figura de Sócrates.

Este nuevo período se denomina *antropológico* (450-399), y en él lo característico va a ser el predominio de la preocupación por *el hombre* y su puesto en la comunidad. Ya por esta época la vida social y democrática ha alcanzado un extraordinario desarrollo en Grecia, especialmente en ciudades como Atenas, y la creciente complejidad de esa vida social impulsa ahora a la filosofía por el derrotero de las reflexiones antropológicas. Este período comprende, por una parte, a los *sofistas* (que personifican el estado de cosas prevaleciente en Grecia en esta época), y por la otra, a Sócrates, enemigo declarado y finalmente víctima de los sofistas.

Al período antropológico sucede el denominado *sistemático* (399-323), en el cual aparecen las grandes elaboraciones filosóficas que son la culminación de la filosofía griega. Estos sistemas son principalmente los de Platón y Aristóteles, en cuyas respectivas obras se resume todo el proceso filosófico hasta ellos.

Finalmente, tenemos el período llamado *helenístico-romano* (322-400 d. C.), porque ahora el centro de gravedad de la filosofía se desplaza desde Atenas hasta otros dos lugares fuera de Grecia, a saber: Alejandría y Roma. Después de la destrucción del imperio griego a manos de los romanos, en el siglo II d. C., la cultura gravita hacia los dos mencionados sitios donde el poder político y económico se hace sentir con mayor fuerza. Y lo característico de la filosofía de esta época es que va a ser primordialmente un *saber de salvación* mediante lo que ha sido llamado, con respecto a la especulación filosófica, una *actitud de vida*. La filosofía, ahora, no es ya un propósito cognoscitivo rigurosamente teórico, sino que envuelve en cada caso una finalidad práctica.

FOTOGRAFIA DEL PARTENON

7. **Las etapas de la filosofía bajo el cristianismo.**—La filosofía de los cristianos reconoce dos etapas principales, una de las cuales corresponde a los momentos iniciales, con San Agustín y los Padres de la Iglesia, desde el siglo II al siglo V después de Cristo. La segunda etapa comprende la filosofía medieval (escolástica), la renacentista, la moderna y la contemporánea. Cada una de estas etapas y sus correspondientes períodos será objeto de una adecuada caracterización en el lugar correspondiente de esta obra.

8. Las notas fundamentales de la actividad filosófica occidental.—Lo que primero que todo caracteriza a la filosofía que surge en Grecia es su riguroso carácter *teorético*, es decir, su apartamiento de toda otra consideración, en el problema del conocimiento de la realidad, que no sea la estricta referida al *qué* y al *porqué* de cuanto es y se manifiesta de algún modo al hombre. A esto se debe que Aristóteles haya definido la *filosofía primera* (hoy decimos la *Metafísica*) como *la ciencia de las cosas que son en cuanto que son*. Y en esto se distingue la filosofía griega y luego la occidental —que la continúa— de las formulaciones filosóficas de los chinos, indios, egipcios, persas, etcétera. Pues en éstos hay una gran mezcla de la filosofía con la religión, la moral, etc.

En segundo término, cabe referirse a la nota del *desinterés*. Fué también Aristóteles quien dijo que la filosofía *no sirve para nada*, con lo cual, por supuesto, no quiso significar que la filosofía no sea algo muy valioso, sino que no se le puede aplicar con una finalidad práctica ni para derivar resultados útiles y provechosos.

En tercer lugar, finalmente, tenemos que la filosofía es siempre *la posibilidad* de arribar a una última estructura relacionante de las diferentes manifestaciones culturales y descubrir un *sentido* en la historia concebida como el proceso de realización de los valores a los cuales presta el hombre su adhesión.

SOCRATES

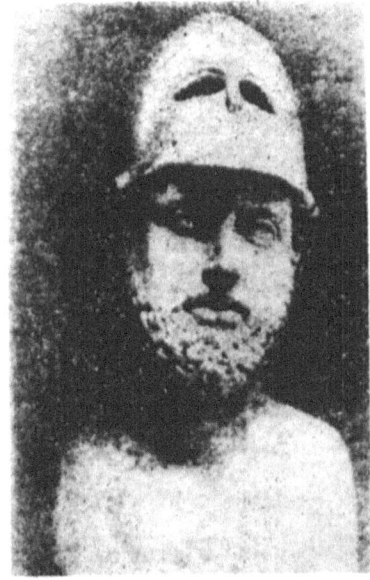

PERICLES

LA FILOSOFIA EN LA ANTIGUEDAD

CAPITULO IX

1. El período cosmológico.—Hemos dicho, en el capítulo precedente, que la actividad filosófica surge en Grecia —hasta donde las mejores investigaciones permiten establecerlo así—, en la ciudad de Mileto, en el siglo VII a. de C. Y que el tiempo que media entre el año 600 y el 450 a. de C. corresponde al período *cosmológico*, así llamado porque en él la preocupación del filósofo se dirige hacia los problemas que le plantea el mundo exterior o la naturaleza. Pero como es posible anotar ciertas diferencias entre los diversos pensadores que integran este período, en función de esas diferencias cabe la posibilidad de agruparlos del siguiente modo:

2. Caracterización general de la filosofía presocrática.— Ya se ha dicho, en páginas anteriores, que la filosofía griega correspondiente al primer período, o sea al cosmológico, recibe también el nombre de *presocrática*, debido a que la figura de Sócrates es la que caracteriza singularmente el segundo período, o sea el denominado *antropológico*.

El tema de la especulación de los filósofos presocráticos es la naturaleza (φύσις). Acerca de ellos ha dicho Julián Marías [1] que si bien el *objeto* de su especulación no es estrictamente filosófico, sí lo es el *método* y la *actitud*. "Frente a la naturaleza, el presocrático pretende decir *qué es*. Una pregunta que sólo puede darse en una conciencia teorética, y además partiendo de una extrañeza total."

3. Caracterización general de la filosofía de los "físicos".

—Los primeros filósofos de que cabe hablar se conocen con el nombre de *físicos* (φυσιόλογοι = teóricos de la naturaleza), nombre que les fué dado por Aristóteles [2], quien expresa que la pregunta: "¿Qué es la naturaleza?" la interpretan los *físicos* de la siguiente manera: "¿De qué están hechas las cosas?", o "¿Cuál es la sustancia original, inmutable, que subyace en todos los cambios del mundo natural que nos es familiar?".

Según el filósofo inglés Collingwood [3], toda la especulación filosófica de los *físicos* gira en torno a estas tres cuestiones capitales: i) que hay cosas "naturales", ii) que las cosas "naturales" constituyen un solo mundo de la naturaleza", iii) que lo que es común a todas las cosas "naturales" es el estar hechas de una sola "sustancia" o material.

a) *Tales de Mileto.*

Es el fundador de la escuela de los llamados *físicos*. Nació en Mileto entre el 620 y el 600 a. de C. Se cree que haya vivido hasta el 546 aproximadamente. Los relatos antiguos le reputan ingeniero, astrónomo, hacendista y político. Se le ha incluído en el grupo de los Siete Sabios de Grecia [4]. Viajó mucho por

---

1. J. Marías.—*Historia de la Filosofía*, ed. Rev. de Occidente, Madrid, 1941, p. 30.
2. Aristóteles.—*Metafísica*, Libro I.
3. R. G. Collingwood.—*Idea de la naturaleza* (trad. de E. Imaz), ediciones Fondo de Cultura Económica, México, 1950, p. 44.
4. Junto con Bias, Pitaco y Solón. Sobre los demás, hasta el número de siete, no hay acuerdo en la tradición.

Egipto, y de él se dice que introdujo en Grecia la geometría egipcia. También predijo un eclipse.

Aunque Tales no dejó obra escrita, la tradición se ha encargado de trasmitirnos: I) que sostenía que el *agua* es la sustancia universal de que están hechas todas las cosas, II) que el mundo es un organismo, algo animado (ἔμψυχον), III) que el mundo es algo hecho por Dios (ποίημα Θεοῦ).

El motivo por el cual Tales concibe el agua como la sustancia universal o el principio (ἀρχή) de donde dimanan todas las cosas, trata de explicarlo Aristóteles —porque Tales no ha dejado nada acerca de esto— del siguiente modo: "acaso derivaba esta idea de la observación de que toda cosa tiene su alimento húmedo... y del hecho de que la simiente de cada cosa es de naturaleza húmeda" (5).

El notorio influjo de la idea de *humedad* en la filosofía de los *físicos* se debe, probablemente, al hecho de que ellos habitaban a orillas del mar, y sin duda la acción decisiva de éste, tanto en el orden de las cosas naturales como en las propias actividades humanas, debe haber impresionado a dichos filósofos. A ello se debe, como apunta Bréhier (6): "que el fenómeno fundamental de esta física milesia es, ciertamente, la evaporación del agua del mar bajo la influencia del calor".

b) *Anaximandro.*

Es el sucesor de Tales en la dirección de la escuela de Mileto. Según Diógenes Laercio, debe haber nacido hacia el 610 y muerto en el 547 a. de C. Parece haber sido también matemático y astrónomo. Se le atribuye la redacción de una obra titulada *Sobre la naturaleza* (περὶ φύσεως), que se ha perdido totalmente.

Lo más importante de la filosofía de Anaximandro es su concepción de la sustancia primera (ἀρχή), que ya para él no

---
5. ARISTÓTELES.—*Metafísica*, Libro I.
6. E. BRÉHIER.—*Histoire de la Philosophie*, París, 1928, vol. I, p. 42.

es el agua, porque ésta es una de tantas sustancias naturales específicas cuyo origen es preciso conocer. La sustancia inicial es, para Anaximandro, *lo ilimitado* (τὸ ἄπειρον), es decir, algo ilimitado espacial y temporalmente (o sea en *cantidad*) y también en *cualidad*, pues esa sustancia primera no es ni sólida, ni líquida, ni gaseosa. En esta sustancia universal surgen innumerables mundos, uno de los cuales es el nuestro. Finalmente, esa sustancia ilimitada es Dios, puesto que es imperecedera.

c) *Anaxímenes.*

Sucede a su vez a Anaximandro en la escuela de Mileto. Parece haber vivido a fines del siglo vII a. de C. La característica primordial de su filosofía es que, si bien concibe la sustancia primera como ilimitada en cantidad (espacial y temporalmente), niega, en cambio, que lo sea en cualidad, e identifica esa sustancia con el aire o con el vapor de agua (ἀήρ).

En cuanto a las diferencias entre las distintas sustancias naturales, hay que achacarlo a la rarefacción de ese aire o vapor de agua en fuego o a la condensación en viento, nube, agua, tierra y rocas. El perenne movimiento rotatorio del aire o vapor de agua es el que determina la diferenciación que produce múltiples cosas distintas como las que ofrece la naturaleza.

4. Caracterización general de la filosofía de los "metafísicos".—La nota fundamental en los filósofos denominados *metafísicos* es precisamente que sus especulaciones rebasan el marco de lo puramente físico, es decir, de la naturaleza. Esto no significa que se desvinculen por completo de ella, pero sí que la entienden de otro modo, yendo, como si dijéramos, *más allá* de la mera consideración de lo simplemente "natural".

a) *Pitágoras.*

Es una figura de la cual se conoce tan poco, que con razón se ha dicho que "es poco más que un nombre" (7). Parece ha-

---
7. J. Marías.—*op. cit.*, p. 33.

ber nacido en Samos y emigrado al sur de Italia, probablemente a Crotona, donde fundó una especie de orden monástica, que desempeñaba diversas funciones religiosas, políticas y científico-religiosas. Mezclados con las turbulencias políticas de Crotona, los pitagóricos fueron perseguidos y su liga disuelta. Pitágoras huyó para salvar su vida y murió poco después.

El punto de partida de la especulación de Pitágoras es la advertencia de que, como lo señala admirablemente Collingwood [8], los *físicos* se vieron situados en este dilema: si hay una materia primaria de la que están hechas todas las cosas, ella no puede ser ni el agua, ni el aire (Tales y Anaxímenes), ni tampoco lo indeterminado cualitativamente (ni agua, ni aire, según Anaximandro), porque entonces carece de *espacio*, y las cosas que hallamos en el mundo natural ocupa cada una de ellas un espacio.

En este momento es cuando, con Pitágoras, entra en juego la *matemática*, ausente hasta entonces en la filosofía griega. Las figuras geométricas, observa Pitágoras, no tienen corporeidad, pero sí poseen diferencias cualitativas formales (no es lo mismo ser *cuadrado* que *trapezoide*). Por consiguiente, las diferencias cualitativas que observamos en las cosas de la naturaleza proceden de las estructuras geométricas que son el fundamento de las diferencias cualitativas.

Con esta tesis da Pitágoras un gran paso de avance, puesto que el dilema de si la materia es o no es indiferenciada se supera y disuelve al postular que las peculiaridades observables en las cosas del mundo real, las cuales provienen de esa sustancia primaria universal ($\dot{\alpha}\rho\chi\acute{\eta}$), se deben, no a la sustancia misma, sino a la posibilidad de ser configurada geométricamente.

Con esto, apenas si es preciso subrayarlo, se transita de la idea de naturaleza como *materia* a la idea de naturaleza como *espacio*. Lo cual se comprueba definitivamente con su teoría de la ley acústica según la cual las diferencias cualitativas entre dos notas musicales se deben, no al material del cual están he-

---

8. R. G. COLLINGWOOD.—*op. cit.*, p. 66.

chas las cuerdas, sino al número de vibraciones, o sea que la cuerda, al ser presionada, adopta diferentes formas geométricas, que producen distintos sonidos.

De todo lo hasta aquí dicho se concluye que Pitágoras realiza en la historia de la filosofía el primer pasaje de la idea de la naturaleza como materia al de naturaleza como espacio, por lo que su filosofía constituye una *meta-física,* en el sentido original de este vocablo, es decir, un ir *más allá* de la física, de la naturaleza.

b) *Jenófanes.*

Nació en Colofón, en el Asia Menor. Parece haber alcanzado la edad de noventa y dos años y debe haber vivido entre la segunda mitad del siglo vi y la primera del v. Fué un espíritu orgulloso y despreciativo, que fustigó constantemente la religión popular griega y el culto que sus contemporáneos rendían a la fuerza y destreza físicas, a las cuales Jenófanes sobreponía el culto del saber y de las artes del espíritu. Con respecto a la religión de su tiempo, solía expresarse del siguiente modo:

>   Homero, Hesíodo
>   atribuyeron a los dioses
>   todo lo que entre humanos
>   es reprensible y sin decoro;
>   y contaron sus lances nefarios infinitos:
>   robar, adulterar, y el recíproco engaño [9].

Combate, además, el antropomorfismo de los dioses griegos, lo que le lleva en su diatriba a exclamar:

>   Mas los mortales piensan
>   que, cual ellos, los dioses se engendraron;
>   que los dioses, cual ellos, voz y traza y sentidos poseen.
>   Pero si bueyes o leones
>   manos tuvieran

---

9. JENÓFANES.—*Poema* (trad. de Juan D. García Bacca), ed. El Colegio de México, 1943, I, 3.

y el pintar con ellas
y hacer las obras que los hombres hacen,
caballos a caballos, bueyes a bueyes,
pintan parecidas ideas de los dioses;
y darían a cuerpos de dioses formas tales
que a las de ellos cobraran semejanza [10].

La nota predominante de la filosofía de Jenófanes es cierto *panteísmo*, por el cual hace de Dios el ser único, inmóvil, que lo es *todo*. La plenitud de la realidad no es, pues, algo material, sino inmaterial, no físico, sino, diríamos, *metafísico*.

Entre los dioses
hay un dios máximo;
y es máximo también entre los hombres.
No es por su traza ni su pensamiento
a los mortales semejante.

Todo El ve; todo El piensa; todo El oye.
Con su mente,
del pensamiento sin trabajo alguno,
todas las cosas mueve.

Con preeminencia claro
es que en lo mismo permanece siempre
sin en nada moverse,
sin trasladarse nunca
en los diversos tiempos a las diversas partes [11].

c) *Parménides*.

Pertenece también al grupo de los *metafísicos* y es la figura representativa del mismo. Además, por la índole y la calidad de su especulación, figura entre los mayores filósofos de todos los tiempos, pues es el fundador de la *metafísica*, que en él aparece clara y terminante.

Vivió en la ciudad de Elis o Elea, en la Magna Grecia, entre las postrimerías del siglo v y la primera mitad del vi. Está influído por Pitágoras y también por Jenófanes, aunque no hay

---

10. JENÓFANES.—*op. cit.*, I, 2.
11. *Ibid.*, I, 1.

certidumbre en cuanto a si mantuvo contactos personales con este último. Platón le consagró el más denso y riguroso de sus diálogos: *El Parménides*.

La filosofía de Parménides está expuesta en su famoso poema *Sobre la naturaleza*, que consta de una introducción y dos partes. En la introducción aparece el filósofo en un carro del que tiran dos briosos corceles en camino hacia la morada de la *diosa*, guiados por las hijas del *Sol* y que llega hasta el sitio en que los días y las noches se separan, lugar que guarda celosamente la *Justicia*.

Al enfrentarse con la diosa, ésta se dirige a Parménides del siguiente modo:

> Preciso es, pues, ahora
> que conozcas todas las cosas:
> de la Verdad: tan bellamente circular, la inconmovible
> [entraña
> tanto como opiniones de mortales
> en quien fe verdadera no descansa.
> Has de aprender, con todo, aún éstas:
> porque el que todo debe investigar
> y de toda manera
> preciso es que conozca en pareceres aun la propia apa-
> [riencia (12).

En la primera parte la diosa hace referencia a dos vías: la del *que es* y cuyo no ser es imposible, y la del *que no es*, o sea lo que no se puede conocer ni expresar.

> Atención, pues;
> que Yo seré quien hable:
> Pon atención tú, por tu parte, en escuchar el mito:
> *cuáles serán las únicas sendas investigables del Pensar*.
> Esta:
> *Del Ente es ser; del Ente no es no ser.*
> Es senda de confianza,
> pues la Verdad la sigue.

---
12. PARMÉNIDES.—*Poema* (trad. de Juan D. García Bacca), ed. El Colegio de México, 1942, *Proemio*, IX.

Estotra:
Del Ente no es ser; y, por necesidad, del Ente es no ser,
te he de decir que es senda impracticable
y del todo insegura;
porque ni el propiamente no- ente conocieras,
que a él no hay cosa que tienda,
ni nada de él dirías:
que es una misma cosa el Pensar con el Ser.
Así que no me importa por qué lugar comience,
ya que una vez y otra
deberé arribar a lo mismo.

Menester es
al Decir, y al Pensar, y al Ente ser,
porque del Ente es ser
y no ser del no- ente.
Y todas estas cosas
en ti te mando descoger (13).

A continuación, el filósofo pasa a enumerar los atributos del ente, a saber: I) el ente es *presente,* o sea que está siempre, como ente ($ὄν$), en el pensamiento; II) el ente es *uno,* es decir, que las cosas todas están reunidas en el ser; III) el ente es *inmóvil,* porque el movimiento (en el concepto griego) es siempre un *modo* del ser (14); IV) el ente es *indivisible,* ya que si hubiera algo *fuera* del ente, no sería ente; y si hubiera algo, además del ente, sería ente; V) el ente es *increado* e *imperecedero,* pues, de lo contrario, habría que admitir un no ser, lo cual es imposible.

Y ¿de qué suerte, a qué otra cosa cabe impeler al Ente?,
y ¿cómo a serlo llegaría?
Que si lo "llegare a ser"
no lo "es";
que si "de serlo al borde está"
no lo "es" tampoco.

---
13. PARMÉNIDES.—*op. cit., Poema ontológico,* I, 1; I, 2; I, 3; I, 4.
14. En efecto, Aristóteles (*Categorías,* 15) dice que el *movimiento,* como algo que le ocurre al ser, se manifiesta como: generación, corrupción, aumento, disminución, alteración y movimiento local.

Y de esta manera
toda génesis queda extinguida,
toda pérdida queda extinguida por no creedera.

Ni es el Ente divisible,
porque es todo él homogéneo;
ni es más ente en algún punto,
que esto le violentara en su continuidad;
ni en algún punto lo es menos,
que está todo lleno de ente.
Es, pues, todo el ente continuo,
porque prójimo es ente con ente.

Está, además, el Ente inmoble
en los límites de vínculos potentes
sin final y sin inicio;
génesis, destrucción
lejos, muy lejos erran,
que Fe- en- verdad las repelió.

El mismo es, en lo mismo permanece
y por sí mismo el Ente se sustenta;
de esta manera
firme en sí se mantiene,
que la necesidad forzuda no lo suelta
y en vínculos de límite
lo guarda circundándolo.
Por lo cual no es al Ente permitido
ser indefinido;
que no es de algo indigente,
que si de algo lo fuera
de todo careciera [15].

La segunda vía, la del *no ser*, es absolutamente impracticable, según la propia expresión del filósofo, por lo cual recurre a una tercera vía, la de la opinión de los hombres (δόξα), que oscila entre la vía del ser y la vía del no ser. Y en esto, efectivamente, consiste una *opinión*: en un juicio que no es ni del todo verdadero ni del todo falso.

---

15. PARMÉNIDES.—*op. cit.*, *Poema ontológico*, I, 11; I, 12; I, 13; I, 14.

La especulación filosófica de Parménides remata en estas dos consecuencias: I) que las cosas, a pesar de su individualidad respectiva y de las propiedades que es posible discernir en cada una de ellas, a través de los sentidos, presentan una propiedad común a todas, cual es la de *ser*. Y esto lo advierte el hombre mediante el pensamiento (νοῦς). Como lo hemos hecho notar, el ente aparece al pensamiento en su doble condición de *uno* e *inmóvil*, en contraste con la diversidad y movilidad de las cosas. II) En consecuencia, a partir de Parménides se establece en la filosofía la distinción entre el mundo de la *apariencia* y el mundo de la *verdad*. Y con ambas consecuencias, la filosofía se constituye en lo que debe ser. Tal es la importancia de Parménides.

d) *Zenón.*

Es el discípulo más destacado de Parménides. Parece haber sido, en la época de su mayor florecimiento (460-464 a. de C.) unos cuarenta años más joven que su maestro. Platón le llama *Palamedes eleático* y Aristóteles le reputa como el creador de la *dialéctica*.

Las dos tesis principales de Zenón están referidas a la *unidad del ente* y a la *imposibilidad del movimiento*. Uno de sus argumentos más conocidos es el llamado de *Aquiles y la tortuga*. Según Zenón, si Aquiles (el de los pies ligeros), en una competencia con la tortuga, concede a ésta una pequeña ventaja, jamás podría alcanzarla, porque siendo todo espacio infinitamente divisible, cada uno de los puntos por donde tuviera que pasar Aquiles para unirse a la tortuga se subdividiría a su vez en otros dos, y cada uno de éstos en otros dos, y así hasta el infinito, en la forma siguiente:

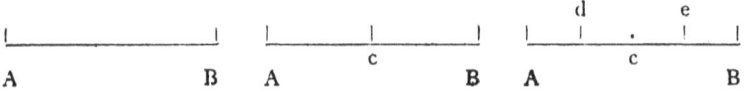

Y así sucesivamente. Con lo cual resulta que, como el número de espacios a recorrer es infinito, jamás podrá Aquiles salvar la distancia que le separa de la tortuga.

El otro argumento muy conocido es el de la flecha que, al moverse, permanece, no obstante, inmóvil. Si la flecha, para recorrer el espacio entre el punto de salida y el de llegada, ha de pasar necesariamente por un número de espacios, en cada uno de los cuales *ha de estar*, si está en cada uno, entonces estará en reposo tantas veces como espacios sucesivos ocupe. Luego, la totalidad de esos reposos, no puede resolverse en movimiento, sino, por el contrario, en inmovilidad.

El nervio de las dificultades (ἀπορίαι) radica en el propósito de demostrar, no la posibilidad del *hecho* en que consiste el movimiento, sino de su *explicación ontológica* al modo como Parménides concibe el ente. Y será preciso que se llegue a Aristóteles para que el problema del movimiento logre una solución.

e) *Meliso*.

Es también discípulo de Parménides y compartió las glorias militares con las tareas del filósofo. Oriundo de la Jonia, fué almirante de la escuadra de Samos, y en la rebelión contra Atenas alcanzó una gran victoria en el 442 a. de C. Defiende la eternidad del mundo y como no hay devenir posible, no vale la pena indagar acerca del origen del cosmos. `El mundo es infinito, lo mismo en el tiempo que en el espacio —a diferencia, esto último, de Parménides, que lo concebía como una esfera—.

f) *Gorgias*.

Sofista, fué alumno de Zenón y representó a su patria (Leontium) en Atenas en 427 a. de C. Llevó el principio eleático a sus últimas consecuencias, por lo que culmina en el nihilismo. Nada existe, y si algo existiera, sólo podría ser eterno, pero, si fuera eterno, sería infinito; pero al ser infinito (sin límites), no podría existir en ninguna parte, por lo que no existiría. Y aun cuando existiera, no podríamos conocerlo, y aunque esto último fuera posible, no podríamos enseñarlo a otros.

g) *Heráclito.*

La contradicción entre el ente (uno e inmóvil) y las cosas (múltiples y cambiantes) o sea la contradicción entre el ser y el no ser, que, como hemos visto, se decide en la filosofía de Parménides y sus discípulos en la terminante afirmación de que no es posible *explicar ontológicamente* (vale decir racionalmente) el hecho en que consiste el mundo físico de las particularidades y los cambios (el movimiento), esta contradicción, que se resuelve en Parménides y sus seguidores a favor del ente uno, inmutable e inmóvil, encuentra en Grecia diversos intentos de diferente solución. Uno de éstos, el que justamente se sitúa en el extremo opuesto de la tesis parmenídea, corresponde al filósofo Heráclito.

Nacido en Efeso (Asia Menor), vivió entre los siglos VI y V a. de C. Era de adinerada familia, de condición aristocrática, pero renunció incluso a ejercer el gobierno de la ciudad para entregarse a la filosofía. Mostraba gran repugnancia por el populacho y se manifestaba contrario al culto de la religión imperante. Sus compatriotas le apodaron "el Oscuro", a causa de su estilo un tanto sibilino.

Heráclito, como hemos dicho, se sitúa exactamente en el contrapolo de la filosofía parmenídea y afirma que la verdadera realidad, lo que diríamos el ser de las cosas, consiste en su perpetuo *devenir.* Todo fluye, todo corre ($\pi\acute{\alpha}\nu\tau\alpha$ $\acute{\rho}\epsilon\tilde{\iota}$) de modo que nadie puede bañarse dos veces en el mismo río, porque si bien éste permanece, el agua ha cambiado. La realidad es, pues, *el cambio,* la constante alteración. Por este motivo, para Heráclito el fuego es la sustancia por excelencia, puesto que es lo que se puede transformar con la mayor facilidad.

Otros aspectos de su filosofía son: I) el mundo es el fuego eterno, que se transforma constantemente; II) la guerra, o sea la lucha entre los contrarios, es el origen de todas las cosas (πόλεμος πάτηε πάντων); III) lo semejante se conoce por lo semejante, por lo cual el alma seca, que se parece al fuego, es la mejor de todas y la que puede lograr un mejor conocimiento. Esta es el alma del sabio, mientras que el alma húmeda es un alma inferior; IV) la idea de *lo sabio* (τὸ σοφόν), que, para Heráclito es *uno y siempre*. Julián Marías (16) apunta que este σοφόν heracliteano es el ente parmenídeo, lo cual se completa y se comprueba en la sentencia del filósofo de Efeso, que dice: "Los que velan tienen un mundo común, pero los que duermen se vuelven cada uno a su morada particular". Ese mundo común es el νοῦς.

5. Caracterización general de la filosofía de los "eclécticos".—La fase postrera de la filosofía presocrática está constituída por el grupo denominable los "eclécticos", en atención a que sus respectivas especulaciones constituyen una especie de conciliación o compromiso entre la posición *física* y la *metafísica*.

a) *Empédocles.*

Nació en Agrigento (Sicilia) y fué hombre de elevada posición social. Los datos que se conservan acerca de su vida están fuertemente teñidos de leyenda, pues se dice que él mismo se consideraba un dios y que solía errar por las ciudades y campos de Sicilia y el Peloponeso curando y adoctrinando a las gentes. Según algunos, se arrojó al cráter del Etna para morir con la majestad de un dios; según otros, ascendió súbitamente a los cielos. Pero lo más probable es que muriera en el Peloponeso. Se conservan fragmentos de sus dos principales obras: *Sobre la naturaleza* y *Las purificaciones.*

El fundamento de la filosofía de Empédocles se reduce a su empeño de armonizar la multiplicidad y el cambio de las cosas con la inmovilidad del ser parmenídeo. Y para conseguirlo apela a los *cuatro elementos* (agua, tierra, aire y fuego), que son,

---
16. J. MARÍAS.—*op. cit.*, p. 46.

según él, eternos, y también las raíces de todo ($\rho\iota\xi\acute{\omega}\mu\alpha\tau\alpha$ $\pi\acute{\alpha}\nu\tau\omega\nu$). Ahora bien, estos cuatro elementos engendran y destruyen las cosas mediante el *amor* y el *odio*, pues mientras éste desune, aquél une. La realidad es una *esfera* donde se mezclan los cuatro elementos, y el proceso de integración de las cosas tiene lugar del siguiente modo:

I. La esfera aparece mezclada.
II. El odio empieza a separar las cosas.
III. El odio termina su labor de separación.
IV. El amor comienza a unir de nuevo las cosas.

De este proceso surgen las cosas más absurdas, vbg. leones con cabeza de asno; pero sobrevive solamente aquello que tiene *ratio* o *logos*, es decir, una estructura interna, conforme a lo que debe ser.

b) *Anaxágoras*.

Oriundo de Clazomene (Asia Menor), vivió en el siglo v. Era también de noble familia, pero, como Heráclito, renunció al gobierno de la ciudad para dedicarse a la filosofía. Es considerado el primer filósofo que hubo en Atenas, y junto con Protágoras fué maestro de Pericles. Pero no logró captarse las simpatías de los atenienses y se vió obligado a refugiarse en Lampsaca. A él se debe que Atenas llegara a convertirse en la primera ciudad filosófica de Grecia.

Los cuatro elementos de la filosofía de Empédocles se van a convertir en infinitos en la filosofía de Anaxágoras. Su tesis al respecto es que *hay de todo en todo*. Las cosas están hechas de partículas pequeñísimas, llamadas *homeomerías*, en cada una de las cuales hay porciones pequeñísimas de todo lo demás. Anaxágoras llama a esto $\pi\alpha\nu\sigma\pi\epsilon\rho\mu\acute{\iota}\alpha$ (existir en todo las semillas de todo).

Las cosas se forman por la unión y la separación de las homeomerías.

En cuanto a la causa del movimiento, entiende Anaxágoras que se debe al νοῦς, que es, para él, una materia más sutil que las demás, aunque no es espiritual. El νοῦς no lleva en sí de las demás cosas, pero las cosas animadas tienen νοῦς.

c) *Demócrito.*

Es el representante por excelencia, dentro de los eclécticos, del grupo que se conoce con el nombre de *atomistas*. A esta línea de pensamiento pertenece también Leucipo, quien parece haber influído en Demócrito. En cuanto a éste, fué un gran pensador, viajero y escritor.

Las homeomerías de Anaxágoras se convierten ahora en los átomos de Leucipo y Demócrito, pero en tanto que las homeomerías llevan en su interior las cualidades de todo, los átomos dependen, en lo que toca a sus cualidades, sólo de sus *formas*. Estos átomos se mueven en torbellinos y se vinculan entre sí produciendo las cosas del mundo sensible.

Con el atomismo aparece el primer intento de filosofía materialista, pues para Demócrito todo, incluso el alma, está formado por átomos. Por otro lado, esta filosofía plantea un problema hasta entonces no presente en la filosofía griega, cual es el del *vacío*. Pero el vacío es el no ser, y esto resultaba inadmisible para la mente griega. Mas Demócrito cree resolver la cuestión adjudicando al vacío un no ser relativo, o sea el no ser que resulta cuando se le compara con lo lleno (los átomos). Este vacío es *el espacio*.

En cuanto al conocimiento, Demócrito entiende que las cosas emiten imágenes muy sutiles (εἴδωλα) que están formadas por los átomos más finos que hay y capaces de penetrar en los órganos sensoriales.

6. El período antropológico.—Ya en el siglo v la especulación acerca del mundo va cediendo el sitio a la especulación sobre el *hombre*. Las causas que determinan este cambio son, entre otras y principalmente, la constitución efectiva de las ciudades-estados como Atenas y Esparta, el prevalecimiento del régimen democrático, la intensa vida política y civil, el problema cada vez más apremiante de las muchedumbres que saturan los grandes centros de población y la directa y constante participación del individuo en los problemas de la comunidad. Como apunta admirablemente Julián Marías [17]: "en el centro del pensamiento griego ya no está la φύσις, sino más bien la εὐδαιμονία, la *felicidad*, en el sentido del desarrollo de la esencia de la persona". Ahora *el hombre* pasa a ser el problema más importante de la filosofía.

7. Caracterización general del período antropológico.—Lo acabamos de decir: el hombre es, en esta nueva etapa de la especulación filosófica, el tema favorito, de modo que los problemas referentes al ser, al conocimiento, a la verdad, etc., se van a enfocar *antropológicamente,* es decir, a partir del hombre, que es a quien le afectan decisivamente estas cuestiones, y, eso sí, en cuanto que las mismas forman parte de la problemática social aparejada por las nuevas circunstancias.

Los sofistas y Sócrates llenan por completo el período antropológico, puesto que personifican el aspecto negativo y el positivo, respectivamente, de la problemática de este período. Los sofistas buscan una salida *práctica* a las graves cuestiones del momento, mientras que Sócrates ensaya una interpretación *teórica,* o sea una consideración racional y austera del problema de la verdad en todo lugar y tiempo.

8. Los sofistas.—La diferencia esencial entre los sofistas y Sócrates estriba en que mientras éste *enseña para saber,* los sofistas *enseñan a aprender,* es decir, a ejercitarse en tales o cuales conocimientos, con la finalidad, por parte de quien aprende, de ejercitarlos con vistas a un resultado provechoso. Lo prueba una simpre inspección de su *modus operandi:* en primer lugar,

---

17. *Ibid.*, p. 53.

vendían sus enseñanzas, o sea que enseñaban a otros (a los jóvenes especialmente) a aprender a actuar con vistas al éxito inmediato en el orden de la práctica; en segundo término, enseñaban de todo, lo mismo una cosa que su contraria; en tercer lugar, eran oradores y retóricos, o sea que hacían de la palabra (y no del pensamiento) el nervio mismo de la pedagogía.

Los sofistas personificaban perfectamente el estado de cosas prevaleciente en Atenas en el siglo v. En este medio social, abigarrado y heterogéneo, sacudido constantemente por graves conmociones políticas y sociales, el sofista es el hombre que enseña a los otros a adaptarse a las circunstancias y sacarle a éstas el mayor partido posible. Son escépticos y relativistas, por lo que enseñan *una* verdad, "su" verdad. De lo que resulta que no les interesa el saber como saber, sino como efectiva aplicación a los problemas del momento. De aquí que este saber, lejos de ser una *sabiduría* (saber del no saber), constituya una adaptación interesada a las exigencias y conveniencias del individuo y la colectividad. Esto justifica las palabras de Aristóteles: "La Sofística es una sabiduría aparente, pero que no lo es, y el sofista, el que usa de la sabiduría aparente, pero que no lo es" [18].

a) *Protágoras.*

Nació en la ciudad de Abdera (Tracia) y vivió en Atenas durante el gobierno de Pericles. Alcanzó gran influencia en esa ciudad, donde tuvo numerosos discípulos. Cultivó especialmente la gramática y el lenguaje y se muestra bastante escéptico en relación con la posibilidad de un conocimiento efectivo de la realidad, tal como se desprende de su famosa frase: "el hombre es la medida de todas las cosas, de las que son en cuanto que son, y de las que no son en cuanto que no son".

Otras tesis de su filosofía son las siguientes [19]: I) la relatividad y la verdad de los contrarios, II) la identidad de verda-

---
18. ARISTÓTELES.—*Refutación de los sofistas*, I, *in fine.*
19. Según Rodolfo Mondolfo: *El pensamiento antiguo* (trad. de S. A. Tri), ed. Losada, B. A., 1942, tomo I, pp. 131-135.

dero y de falso, III) valoración no teórica (verdad), sino práctica (utilidad) de las opiniones, IV) agnosticismo sobre los dioses.

b) *Gorgias.*

Era natural de Leontium y ha sido considerado como uno de los grandes oradores griegos. Ya hemos tenido oportunidad de ocuparnos de él por dos ocasiones [20]. Aquí nos interesa por su condición de *sofista*, en la cual brilló sobre todo por su radical escepticismo, según se desprende de su libro *De la naturaleza, o sea del no ser*, cuya tesis principal hemos citado en la página 62.

c) *Hippias.*

Oriundo de la ciudad de Elis, pertenece a la primera generación de los sofistas. Se le atribuye, según Platón, el descubrimiento de la diferencia básica entre lo que es bueno por naturaleza y lo que es bueno según la ley. Y concluye que mientras lo bueno por naturaleza es válido eternamente, lo bueno según la ley es siempre una violencia de la misma naturaleza.

Otros sofistas de menor importancia fueron Pródico de Ceos, Calicles, Antifón.

9. **Sócrates.**—La oposición encarnizada contra los sofistas y su disolvente relativismo aparece magistralmente personificada por Sócrates. Había nacido en Atenas el 470, de padre escultor (Sofronisco) y madre partera (Fenareta). Es curioso el detalle de que Sócrates comienza por el arte de su padre y termina por el de su madre (esto último es claro que relativamente), pues solía decir que de ella había aprendido el arte de hacer parir la verdad a los espíritus. Y esta es la verdadera hazaña de Sócrates. Para aquilatar la importancia de la filosofía socrática, es decir, de lo que representa como enérgica reacción

---

20. *Vid.* cap. IV.

contra el ambiente de su tiempo, veamos estas palabras que pone Platón en boca de su maestro:

> Si aun me dijeseis: ¡oh Sócrates!, no consentimos en lo que quiere Anito, y te dejamos en libertad, pero con la condición de que no emplees más tu tiempo en hacer esas investigaciones y que no filosofes más; de lo contrario, si te sorprendemos nuevamente, morirás; si, como digo, me dejaseis en libertad, pero de acuerdo a ese pacto, yo os diría: mis queridos atenienses, os saludo, pero obedeceré más bien a Dios, que no a vosotros, *y hasta que yo tenga aliento y fuerzas, no dejaré de filosofar y de haceros advertencias y daros consejos,* a vosotros y a quien se llegue hasta mí, diciéndole como me es habitual ya: ¡Oh, hombre óptimo!... ¿no te da vergüenza de preocuparte con tus riquezas con el fin de que se multipliquen hasta lo que sea posible, y de la reputación y el honor, y no cuidar y tener solicitud de la sabiduría, de la verdad y del alma, con el objeto de que llegue a ser tan buena como sea posible? Y si alguno de vosotros me responde que él se preocupa de ello, no lo dejaré en seguida; no lo abandonaré, sino que lo interrogaré, lo examinaré y escrutaré. Y si me parece que no posee la virtud, aunque él lo afirma, lo reprenderé, pues considera vil lo que es valiosísimo y le atribuye valor a lo que es sumamente vil. Y esto lo hago con jóvenes y viejos, y en cualquier parte que me encuentre, con forasteros y ciudadanos...
>
> Pues, sabedlo, esto me lo ordena Dios; yo creo que la ciudad no tiene ningún bien mayor que este servicio que yo presto al Dios, este mi constante andar de acá para allá no haciendo otra cosa sino confortaros, a jóvenes y a viejos, a no preocuparse por el cuerpo ni por la riqueza, ni antes ni con mayor celo que el que tenéis para el alma, para que ella mejore en lo posible; diciendo que a los ciudadanos y a la ciudad la virtud no proviene de la riqueza, pero sí la riqueza y todo otro bien de la virtud. Y agregaré: atenienses... *aunque me absolváis o no me absolváis, yo no haré otra cosa distinta, ni aun en el caso de que tuviese que morir muchas veces* (21).

---
21. PLATÓN.—*Apología*, XVII, 29-30.

Tal es, en efecto, la significación de la filosofía socrática: la inquisición persistente e implacable de la *verdad,* aun cuando para conseguirla sea preciso arriesgar hasta la vida.

Tres aspectos fundamentales es posible discernir en el pensamiento socrático, a saber: la *actitud,* el *método* y los *resultados* a que llega su filosofía. Veamos esos aspectos.

I) *La actitud.*

La postura que adopta Sócrates entre sus conciudadanos es, a la vez, *humilde* e *irónica.* En efecto, constantemente alega: *sólo sé que nada sé,* y abroquelado en la sincera convicción de lo que llamaríamos su "docta ignorancia", ironiza constantemente. *¿Qué es el valor?, ¿qué es la justicia?, ¿qué es la verdad?,* pregunta Sócrates, con aire de tremenda ingenuidad, al rico como al pobre, al necio como al inteligente, al militar y al magistrado, etc. Y tras el consiguiente forcejeo, acaban todos por confesar que no saben de qué se trata, no obstante haber vivido, hasta ese momento, en la ingenua creencia de que lo sabían.

II) *El método.*

De la actitud descrita deriva el *método* empleado por Sócrates. Este método es el *inductivo,* que consiste, como se sabe, en examinar varias cosas para ver en qué coinciden y en qué difieren. Mediante ese método llega Sócrates, como dice Aristóteles, a la *definición universal* o sea a la *esencia* o modo de ser último de las cosas.

III) *Los resultados.*

Son principalmente de dos clases: teóricos y prácticos. En el orden teórico, como se acaba de expresar, Sócrates descubre el método inductivo y la definición. En el orden práctico, su elaboración más importante es la que lleva a cabo de la idea de la *virtud,* entendida como la auténtica disposición de cada ser humano, o sea su verdadera capacidad para hacer algo. Y esto se descubre por medio del conocimiento, pues el que hace el mal o hace algo mal hecho, obra así por causa de su ignorancia. De donde resulta indispensable descubrir por el conocimiento la virtud de cada quién. Y de aquí el socrático imperativo: *conócete a ti mismo*.

10. Las escuelas "socráticas".—La filosofía de Sócrates constituye esencialmente una doctrina ética, pues, en efecto, lo que le interesa primordialmente al gran pensador helénico es la *virtud* (ἀρητέ) y la *felicidad* (εὐδαιμονία). Esta preocupación ética va a encontrar de inmediato en Grecia una extraordinaria repercusión por parte de dos grupos —los *cínicos* y los *cirenaicos*—, que harán, unos de la virtud y otros del placer, el núcleo, más que de sus especulaciones teóricas, de sus respectivas actitudes ante la vida.

a) *Los cínicos.*

El fundador de esta escuela es Antístenes, un discípulo de Sócrates, quien parece haber vivido del 436 al 366. Antes de escuchar a Sócrates había tomado lecciones con el sofista Gorgias. Y según parece sostuvo algunas ásperas polémicas con Platón.

Antístenes y su grupo solían reunirse en el Cynosargos o plaza del Perro ágil y de aquí proviene el nombre de *cínicos* (perros) que se dió a los integrantes de esta escuela. Entre los sucesores de Antístenes descuella el famoso Diógenes de Sínope, a quien la posteridad conoce por sus innumerables extravagancias.

La actitud cínica consistía esencialmente en llevar a la práctica la idea griega de la *autarquía* (el bastarse a sí mismo), como el fundamento de la felicidad. Para conseguirlo es preciso renunciar a todo, lo mismo en el orden individual que en el colectivo, por lo que la consecuencia inevitable es la mendicidad. El cínico aspira a *vivir en sociedad consigo mismo*, y como lo convencional le resulta inaceptable, desprecia hasta la familia y la patria y se proclama orgullosamente a sí mismo *cosmopolita*, es decir, ciudadano del mundo.

b) *Los cirenaicos.*

Constituyen un grupo fundado por el sofista Antístenes, quien también fué discípulo de Sócrates. Para los cirenaicos la idea de *autarquía* es igualmente la piedra angular de su doctrina, pero, a diferencia de los cínicos, postulan el placer como el modo de alcanzar la felicidad. Ahora bien, el hombre debe saber dominar el placer, en vez de ser esclavo de éste. Pero como, según Antístenes, el hombre no posee otro criterio que el de sus impresiones subjetivas, el placer consiste en conseguir que las impresiones subjetivas resulten agradables.

Los cirenaicos son también *cosmopolitas*. Entre ellos y los cínicos existen profundas semejanzas, que se pueden quizás reducir a estas dos: la *imperturbabilidad* del sabio y su *independencia* frente a la realidad.

En definitiva, cinismo y cireneísmo son formas de reacción contra la agobiante problemática social del siglo v de Grecia. La indiferencia y la abstención deliberadas que caracterizan tanto a un grupo como al otro, demuestran que la crisis del mundo griego avanzaba rápidamente hacia su etapa final.

11. El período sistemático.—La gran dirección en que se prolonga y desenvuelve la filosofía de Sócrates se conoce con el nombre de período *sistemático,* porque en éste aparecen las grandes elaboraciones doctrinales, completas y orgánicas, a las que es posible designar con el nombre de *sistemas*. Dos grandes figuras ocupan todo el tiempo que dura este período, a saber: Platón y Aristóteles.

La fundamental característica de estos sistemas es la de incluir casi todas las cuestiones referentes al mundo y al hombre, de manera que en ellos vemos sintetizados los esfuerzos de los anteriores filósofos, sin que esto quiera decir que carecen de originalidad. Y con el propósito de realizar en lo que subsigue una exposición lo más clara posible de esos sistemas, vamos a agrupar las diferentes cuestiones que tratan en los siguientes acápites: I) la *realidad,* II) el *conocimiento,* III) el *individuo,* IV) la *sociedad.*

a) *La filosofía de Platón.*

Platón nació el año 427 en Atenas, de aristocrática familia, cuyos antepasados se hacen remontar a figuras como Solón. Fué discípulo del sofista Cratilo y a los veinte años ingresa en el círculo de Sócrates. Su actividad intelectual debe haber comenzado en 399, tras la muerte de Sócrates, y por esta época realiza largos viajes a Egipto, Cirene, Magna Grecia y Sicilia, los cuales le sirven para tomar contacto con la cultura egipcia y la filosofía pitagórica, y lleva a cabo sus desagradables experiencias políticas con Dionisio de Siracusa y su yerno Dión, discípulo de Platón. Regresa a Atenas el 387 y funda la *Academia,* en un sitio frondoso en el camino de Eleusis y cerca del Cefiso, donde existía un gimnasio dedicado al héroe Academo. Allí se consagra a la enseñanza y a escribir sus famosos diálogos, y muere, a los ochenta años de edad, en el 347, dejando a su sobrino Espeusipo la dirección de la escuela.

El problema de la *autenticidad* y la *cronología* de los diálogos platónicos constituye uno de los aspectos más polémicos de la historia de la filosofía, al extremo de que las decisiones acerca de esos dos puntos han oscilado entre los más opuestos criterios de negar completamente la obra platónica o admitirla íntegramente. Pero, como sucede siempre, la crítica ha llegado a la siguiente clasificación de lo que se puede admitir como genuinamente platónico: I) una fase de más estrecha adhesión a la posición socrática *(Apología, Critón, Eutifrón, Cármides, Laques, Lisis, Ion, Protágoras, Hipias mayor y menor);* II) una de desarrollo progresivo y de sistematización de la doctrina platónica *(Gorgias, Menón, Menexemos, Eutidemo, Fedón, Banquete, Fedro* y, sobre todo, la *República);* III) una de reelaboración crítica, impulsada por la conciencia de las dificultades intrínsecas a la doctrina misma, que quizá Aristóteles contribuyó a suscitar en el maestro (los diálogos *dialécticos: Teetetos, Sofista,* el *Político,* a los que se unen *Parménides* y el *Cratilo);* IV) una fase final de nueva sistematización, que introduce el problema cosmológico y denota una creciente influencia del pitagorismo *(Filebo, Timeo, Critias* y *Leyes)* (22).

I. *El problema de la realidad.*

Como había ocurrido hasta entonces con todos los filósofos griegos, también Platón se enfrenta, antes que nada, con el problema del ser y el no ser y advierte que si bien las cosas *son* (esto, aquello, lo otro), el verdadero ser no está en las cosas. Porque si éstas se nos presentan como blancas y no blancas, redondas y no redondas, es decir, no del todo blancas, ni del todo redondas, etc., quiere decir que el ser, aparentemente, *está* y *no está* en las cosas. Además, ¿cómo sabe uno que las cosas tienen tal forma, tal color, etc.? Como se ve, la constatación es doble, pues, por una parte, advierte uno que las cosas poseen cualidades contradictorias; pero, por otra parte, uno se da cuenta que llevan consigo esas cualidades (la blancura, la redondez, etc.). La posibilidad de conocer las cosas procede de las *ideas,* que son unos entes metafísicos en los cuales se aloja el verdadero ser de las cosas. Y si las cosas son, deben su ser a la participación en las ideas. Estas constituyen el ser eterno, inmutable e inmóvil postulado por Parménides.

Ahora bien, estas ideas, que constituyen la verdadera realidad, no están en las cosas, sino fuera de ellas. ¿Dónde, pues, están? Según Platón, las ideas se encuentran en un lugar aparte y distante del mundo real, el τὸπος οὐράνος, o lugar celeste.

Pero ¿y las cosas? Porque éstas tienen, de todos modos, una *materia,* aun cuando, según Platón, su ser les provenga de las ideas en las cuales participan. En su diálogo el *Timeo,* donde ensaya explicar el origen del mundo, nos dice Platón (23) ''que

---
22. R. Mondolfo.—*op. cit.,* tomo II, pp. 199-200.
23. Platón.—*Timeo,* XVII-XVIII, 47-49.

a la madre o receptáculo de todas las cosas engendradas que se ven y se sienten plenamente no la llamamos tierra ni fuego ni agua ni ninguna de aquellas cosas que son sus haceduras o sus hechuras, sino más bien, considerémosla una *especie invisible y amorfa que recibe cualquier contenido".*

Tenemos, pues, en el sentir de Platón, que la realidad se integra por tres mundos diferentes, a saber: el *infrasensible*, de las protoformas o protocosas (la materia de que salen las cosas); el *sensible*, que contiene a las cosas, cuyo ser no está en ellas mismas, de donde resulta la contradicción de que a la vez sean y no sean; el *suprasensible*, donde moran las ideas, que son el verdadero ser.

II. *El problema del conocimiento.*

Ahora bien, ¿cómo conoce el hombre las ideas? Dijimos un poco antes que el hombre advierte la forma, el tamaño, el color, etcétera, de las cosas. Esta advertencia, según Platón, es un *recuerdo* o *reminiscencia* (ἀνάμνεσις), que es posible porque el alma, antes de venir a la tierra, ha morado en la compañía de las ideas. En el mito [24] del diálogo *Fedro* nos dice Platón que el alma viaja en un carro tirado por dos caballos, uno dócil y el otro díscolo, y guiados por un auriga que es la *razón*. El carro tropieza y cae, los caballos pierden sus alas y el alma queda encarnada en un cuerpo. Pero, a partir de entonces, el alma ya no recuerda las ideas, a menos que, con ocasión del estímulo que en ella producen las cosas, pueda rememorarlas.

El *conocimiento* es, pues, para Platón, la operación del *recuerdo*. También para explicar el imperfecto conocimiento que el hombre puede tener de las ideas a través de las cosas, acude de nuevo Platón al mito, en este caso al mito de *la caverna*, que, en síntesis, puede ser descrito así: imaginemos unos presos, en el fondo de una caverna iluminada por un fuego que arde a espaldas y a cierta distancia de los presos. Estos sólo podrían

---

24. PLATÓN.—*Fedro*, XXV, XXXVI, 245.

PLATON

ARISTOTELES

ver las *sombras* de sus propios cuerpos y de los cuerpos de aquellos que transiten por delante de la boca de la caverna. Para Platón esto es lo que sucede con las cosas, que son sólo *sombras de las ideas*, por lo que su conocimiento es siempre un conocimiento de apariencias.

III. *El problema de lo individual.*

Este problema es el que se refiere al hombre considerado como individuo en particular y a su conducta en cuanto tal, o sea el problema de la *ética*. Para adentrarnos en esta cuestión, es preciso recordar que para Platón el cuerpo del hombre es *humano* porque en él se aloja el alma, que ha conocido las ideas, o sea que ha visto la verdad. Ahora bien, esta alma, en parte por su propia naturaleza y en parte por su vinculación al cuerpo en el cual se aloja, muestra tres estratos diferentes entre sí y a cada uno de los cuales corresponde una distinta capacidad o *virtud* (según el concepto griego de la virtud como la genuina disposición para ser realizado cabalmente un fin). De este modo, a la parte corporal o sensual del alma corresponde la virtud de la *moderación* (σωφροσύνε) a la parte irascible o afectiva corresponde la virtud de la *fortaleza* (ἀνδρία) y a la parte racional la virtud de la sabiduría (φρωνεσυs). Luego, la armónica relación de las tres virtudes culmina en una cuarta virtud suprema: la *justicia* (δικαιοσύνη).

IV. *El problema de lo social.*

La cuestión de la forma de convivencia que debe adoptar el hombre se basa, en la filosofía platónica, también en las tres facultades del alma. En efecto, tal como lo expone en su diálogo *La República*, el cuerpo social se compone de tres clases: el *pueblo* (comerciantes, industriales y agricultores), los *militares* y los *gobernantes*. A la primera clase corresponde la virtud de la templanza, a la segunda la de la fortaleza y a la tercera la de la sabiduría. Y como idea suprema, que rige y determina a las demás, está la *Justicia*, la cual preside las relaciones entre los individuos y el Estado, así como entre las tres clases sociales.

En el Estado ideal de Platón la clase del pueblo se considera productora, no así las otras dos (militares y gobernantes), que deben ser mantenidas por la anterior, para que, respectivamente, defiendan y protejan al pueblo y lo gobiernen. Además, las dos clases superiores no pueden poseer bienes y deben estar sometidas a una comunidad hasta de mujeres e hijos, con lo cual se les libra de preocupaciones y ambiciones. En cuanto a la selección de los gobernantes, se realiza entre todas las clases sociales, es decir, que se escoge en ellas a los que demuestren la indispensable aptitud para el futuro ejercicio del gobierno. Y después de varios años de entrenamiento físico y cultural, se les inviste con la dignidad del cargo.

b) *La filosofía de Aristóteles.*

Aristóteles nació en Estagira (en la península Calcídica) el 384 a. de C. Su padre, Nicómaco, era amigo y médico del rey Amintas II de Macedonia. A los dieciocho años marchó a Atenas, donde ingresó en la Academia de Platón, y allí estuvo durante diecinueve años, hasta la muerte de su maestro. Se traslada entonces a la ciudad de Misia, donde se casó y vivió tres años, al cabo de los cuales enviudó y contrajo nuevas nupcias, de las cuales nació su hijo Nicómaco. Por el año 343 marchó a Macedonia para hacerse cargo de la educación de Alejandro Magno, y durante nueve años fué su preceptor. El 334 regresó a Atenas y fundó el *Liceo* (así llamado por estar en un bosquecillo consagrado a Apolo Licio y a las Musas). Impartía allí una enseñanza de dos tipos: *exotérica*, para un auditorio heterogéneo y poco exigente, y *esotérica*, para los discípulos que se consagraban a la filosofía. Como (en estas clases) él y sus discípulos caminaban al tiempo que discutían las cuestiones sometidas a examen, recibieron el nombre de *peripatéticos*.

Cuando Alejandro murió en 323, Atenas fué sacudida por un brusco movimiento antimacedónico, y Aristóteles, que había sido acusado de impiedad, decidió abandonar Atenas, para evitar, según dijo —pensando seguramente en Anaxágoras y Sócrates—, que Atenas pecara por tercera vez contra la filosofía. Se radicó en Calcis, en la isla de Eubea, donde murió el 322.

La obra escrita de Aristóteles es vastísima. No hay figura del mundo antiguo capaz de asemejársele en la cantidad y calidad de su saber, realmente enciclopédico. Lo mismo que su enseñanza, la producción escrita es *exotérica* (escritos dirigidos al gran público) y *esotérica* (escritos filosóficos). Y mientras estos últimos han sido conservados casi en su totalidad, los primeros han desaparecido completamente. Una clasificación adecuada podría ser la siguiente:

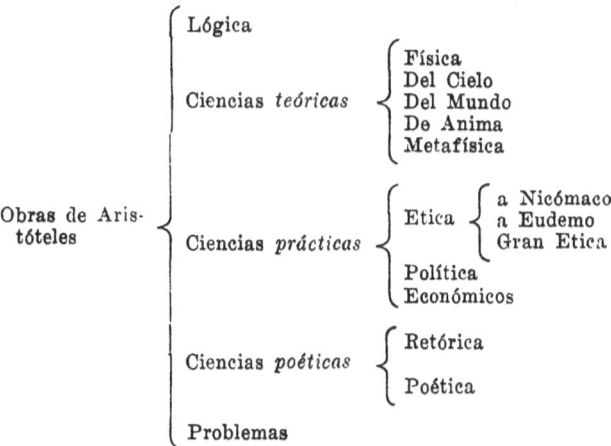

I) *El problema de la realidad.*

El intento aristotélico de solución a este problema aparece en su obra titulada *Metafísica* (25), o *filosofía primera*, que es

---

25. ARISTÓTELES.—*Metafísica*, Libro I.

la ciencia que estudia el *ente en cuanto tal* (τὸ ὄν ᾗ ὄν), es decir, no como el ente de esta o de aquella ciencia, sino el de todas y, sin embargo, de ninguna en particular. Pero este *ente en cuanto tal*, que es el objeto de la Metafísica, según Aristóteles, se relaciona estrechamente con otros entes, a saber, con Dios y la *sustancia*. ¿Qué quiere decir Aristóteles con todo esto? Trataremos de aclararlo.

1) *El ente en cuanto tal.*

Aristóteles observa que los entes pueden ser *naturales* (dotados de movimiento propio) y *no naturales* (como, vbg., los objetos matemáticos), que no se mueven. Pero mientras los entes naturales son cosas verdaderas, pero que llegan a ser y dejan de ser; los entes no naturales no llegan a ser ni dejan de ser, pero, en cambio, no son cosas verdaderas, no son *separados* (o sea cada uno por sí mismo).

II) *Dios.*

Y Aristóteles busca entonces un ser que presente ambos atributos, es decir, que sea *inmóvil y separado*. Este ente, el supremo, es Dios (Θεός), el ente vivo que se basta a sí mismo y es *pensamiento del pensamiento* (νόησις νοήσεως). O sea que Dios es, a la vez, el objeto y el sujeto de sí mismo. Y la metafísica es, por consiguiente, la ciencia de Dios o ciencia divina.

III) *La sustancia.*

Para Aristóteles el sentido fundamental del ser es la *sustancia*. Esto quiere decir que en todas las formas en las cuales se manifiesta el ser, está presente la sustancia, de manera que no es algo diferente del ente en cuanto tal y de Dios, sino que el ente como ente halla su unidad en la sustancia. Con esto quiere significar Aristóteles eso que luego llamará las *categorías* o los *modos* que tiene el ente de expresarse y que veremos a continuación.

iv) *Las categorías.*

La predicación del ser, o las distintas formas en que éste puede ser expresado, constituyen las *categorías*. El ser se *flexiona* en cada una de ellas, o sea que se acomoda o doblega a ellas, que no es más que un sometimiento del ser a las exigencias de la realidad.

Las categorías de Aristóteles, al menos la clasificación más completa entre las diversas que nos ha ofrecido, son las siguientes: 1) sustancia, 2) cantidad, 3) cualidad, 4) relación, 5) lugar, 6) tiempo, 7) posición, 8) estado, 9) acción, 10) pasión.

v) *La potencia y el acto.*

Según Aristóteles, el ser puede manifestarse en *potencia* o en *acto*. Así: el huevo de gallina es una gallina en potencia y un huevo en acto. De modo que mientras la potencia es posibilidad de realización de algo, el acto es la realización ya consumada.

vi) *La materia y la forma.*

La sustancia, nos dice Aristóteles, es un compuesto de *materia y forma*. Pero no debemos entenderlos como *elementos reales*, sino como *momentos ontológicos*, o sea como las posibilidades de la sustancia. La *materia* ($ὕλη$) es aquello de que está hecha una cosa (vbg., el bronce de una estatua) y la *forma* ($μορφή$) es aquello por lo cual algo es lo que es (la forma de la estatua).

Ahora bien, entre la materia y la forma y la potencia y el acto existe una estrecha relación. La materia (que es pura posibilidad), al adquirir una forma, se vuelve acto.

vii) *Las causas.*

Según Aristóteles, la ciencia (el conocimiento por causas) es *saber por causas*, es decir, un demostrar o saber el *por qué* de las cosas. Pero este saber es saber de lo universal, donde lo que se busca no son los *accidentes,* propios de la individualidad, sino la *esencia,* en la cual descansa, en definitiva, lo universal.

Ahora bien: las causas son los sentidos en que se puede preguntar *por qué* con relación a las cosas. Y para Aristóteles hay cuatro causas distintas, a saber: *material, formal, eficiente* y *final.*

La causa *material* es la materia de que algo está hecho. La *formal* es lo que proporciona su forma a un ente y hace que sea lo que es. La *eficiente* es *quien* hace que la cosa sea. Y la *final* es el fin o el *para qué* de la cosa. Ejemplo:

Las cuatro *causas* de una estatua son
- material: el *bronce*
- *formal:* el *modelo*
- eficiente: el *escultor*
- final: ser *adorno* o *conmemoración*

II) *El problema del conocimiento.*

Según Aristóteles, "todos los hombres tienden por naturaleza a saber" (26), como se comprueba en el gusto que proviene de las sensaciones. Ahora bien, estas sensaciones no son exclusivas del hombre, sino que las poseen también los animales, algunos de los cuales tienen, además, memoria, la cual les permite aprender.

Pero el hombre dispone de otros modos de saber, que son: la experiencia (ἐμπειρία), o saber de lo individual, que no es enseñable a los demás, sino que se les puede sólo poner en condiciones de que lo aprendan, puesto que no es saber por causas o principios. Viene luego la *técnica* (τέχνη), que es ya un *saber hacer,* o sea poseer los *medios* para la realización de algo (vbg., curar, edificar una casa, etc.). Y, por último, la *ciencia* (ἐπιστήμη), o el *saber demostrativo,* o ciencia de los primeros principios, o filosofía, que es el saber supremo.

26.—ARISTÓTELES.—*op. cit.,* Libro I, *ab initio.*

II-a) *La lógica.*

Con la expresión λόγος se quiere decir en griego *palabra*, o sea que el λόγος es la *voz significativa;* por consiguiente, nos dice lo que *son* las cosas. Pero, como el ser se dice de muchas maneras (categorías), hay que saber cuál es la relación del λόγος con el ser. Para Aristóteles, el λόγος se relaciona con el problema de la verdad y la falsedad.

Aristóteles ha dicho también que el *lugar natural* de la verdad es el juicio. Al formular un juicio, o *afirmamos* o *negamos* algo de una cosa. De modo que la verdad muestra el ser de una cosa, mientras la falsedad lo reemplaza con algo que no es ese ser. Y la *Lógica* es, por consiguiente, la posibilidad o el *instrumento* (Οργανον) que tiene el hombre para descubrir la verdad de las cosas.

III) *El problema de lo individual.*

En su obra titulada *Etica a Nicómaco* (su hijo) nos dice Aristóteles que el *bien* (ἀγαθόν) constituye el fin último de todo; por tanto, también de las acciones humanas. Pero ese bien supremo es la *felicidad* a que puede aspirar el hombre, aunque se impone distinguir entre la felicidad como εὐδαιμονία y el placer o ηδονη. La felicidad, dice Aristóteles, es la plena realización de la esencia humana, que a su vez consiste en llegar a la *vida teorética* (βίος Θεωρητικός), o vida *contemplativa,* que es la suprema actividad humana.

En cuanto a las virtudes, Aristóteles las subdivide en: *dianoéticas* (o intelectuales) y *éticas.* En cuanto a la virtud misma, consiste en el término medio (μεσοτής) entre dos tendencias humanas opuestas. Así: entre la temeridad y la cobardía se encuentra el valor.

IV) *El problema de lo social.*

Ocho libros ha consagrado el estagirita al problema social de su tiempo. Cree que el hombre es un *animal social* (ξῷον πολιτικόν), o sea que está destinado, por su propia naturaleza, a vivir en sociedad, en la cual puede alcanzar su mayor perfección. En cuanto a los diferentes niveles sociales, cree Aristóteles que dependen de los posibles tipos de vida. Con respecto a la esclavitud, entendía que debía mantenerse, conforme con la tradición de que los extranjeros (βαρβαρον) debían servir a los griegos.

Respecto de las formas de gobierno, cree Aristóteles que puede haber tres primordiales: la *monarquía* (o el gobierno de un solo hombre), la *aristocracia* (el mando de unos cuantos) y la *república* (intervención de todos en el gobierno). Las formas degeneradas de las tres citadas son: la *tiranía*, la *oligarquía* y la *demagogia*.

V) *La Psicología.*

En su obra *Sobre el alma* (Ωερι Ψυχῆ o *De Anima*), que es su contribución a la psicología, trata Aristóteles del problema del alma y de lo que hoy llamamos fenómenos psíquicos. Concibe el alma como un soplo o aliento, que es el principio vital, de modo que todos los vivientes tienen alma. Esta puede ser: *vegetativa* (que se encuentra en las plantas, animales y seres humanos), *sensitiva* (animales y seres humanos) y *racional* (seres humanos). El cuerpo es *cuerpo vivo* porque tiene alma. Hay tres facultades primordiales en el hombre, a saber: la *sensación* (αἴσθησις), la *memoria* (μνήμη) y la *razón* (νοῦς)

VI) *La Teología.*

Aparece expuesta en el libro XII de la Metafísica. Aristóteles le llama a Dios el *primer motor inmóvil* (πρῶτον κινοῦν οὐ κινούμενον), con lo cual quiere decir que es el único que mueve sin ser movido. Es, pues, el fin a que aspira todo movimiento, pero él no se mueve. Por este motivo, es *acto puro*, o sea que no necesita de ninguna potencia; e igualmente es *forma sin materia*.

Pero, aunque este Dios aristotélico posibilita todos los movimientos y los unifica, no es *creador*, sino indiferente al mundo, es decir, *pura teoría*, o contemplación de sí mismo.

12. El período helenístico-romano.—Con la muerte de Alejandro (323) y la culminación de la filosofía aristotélica, se cierra el último período de la filosofía realmente griega, para dar comienzo a otra etapa, denominada *helenístico-romana*, porque comprende no sólo a Grecia y sus colonias, sino también los territorios helenizados por Alejandro en sus conquistas. Las características más sobresalientes de este período son: I) la ausencia de grandes sistemas, II) una mayor preferencia por las especulaciones de tipo moral y religioso, III) el sincretismo de la cultura greco-romana con la judeo-oriental. Y por lo menos tres fases es posible advertir en este período, a saber: la que corresponde a las direcciones estoica, epicúrea y escéptica; la de asimilación, por el pensamiento romano, de la filosofía platónica, ya se trate de la pura filosofía de Platón, o de la que prosigue en la Academia a la muerte de su fundador. En esta fase aparecen las tendencias pitagorizantes, la especulación judeo-alejandrina de Filón, y los neoplatónicos como Jámblico. Finalmente, la fase en la cual tiene lugar el pasaje del paganismo al cristianismo y la gradual unión del concepto griego del λόγος con la idea cristiana del Hijo del Hombre.

a) *Los estoicos.*

El estoicismo es un resón de la filosofía moral de Sócrates y de los cínicos. El fundador de esta escuela fué Zenón de Chipre, quien se estableció en Atenas, tras perder su cuantiosa fortuna en un naufragio, en el Pórtico de las pinturas (στοα ποικίλη), así llamado por estar decorado con pinturas de Polignoto.

El estoicismo comprende tres épocas, denominadas *antigua*, *media* y *nueva*. Además de Zenón, su fundador, en el estoicismo antiguo se distingue Crisipo (siglo III). En el estoicismo medio descuellan Panecio de Rodas (siglo II) y el sirio Posidonio (maestro de Cicerón), quien vivió del siglo I al II a. de C. Y en el estoicismo nuevo hallamos la gran figura del español Séneca (maestro de Nerón), a Epicteto, esclavo frigio, autor del *Manual;* y al emperador romano Marco Aurelio, quien escribió una impresionante obra titulada *Soliloquios*.

El fundamento y la preocupación de la filosofía estoica es el *ideal del sabio*. Por esta causa, aunque su especulación consta de tres partes (lógica, física y ética), en realidad sólo les interesa la moral. Creen que el alma del hombre es una *tabula rasa* (una superficie lisa) donde las percepciones imprimen sus huellas. Pero también admiten unas *nociones comunes* (κοιναὶ ἔννοιαι), que están en todos los seres humanos y permiten establecer un criterio universal respecto de algo. Estas nociones fueron interpretadas después como *innatas* y se decía que la *certeza absoluta* corresponde a estas ideas innatas.

En cuanto a la física estoica es materialista, o tal vez mejor corporalista. El mundo es esférico y finito y le rodea el infinito vacío. En cuanto al principio divino que rige el mundo, entienden que es, simultáneamente, principio vital, razón y providencia. La generación de lo viviente se verifica mediante las *razones seminales* (λόγος σπερματικός). El mundo se repite por ciclos, exactamente como siglos después lo postularán Vico y Nietzsche.

La ética estoica tiene su fundamento en la idea de la autarquía (αυταρχία) o autosuficiencia. El bien supremo es la felicidad, que se alcanza si se vive de acuerdo con la naturaleza *(vivere secundum naturam)*. Hay que aceptar el destino tal como éste se impone al hombre. La *apatía* (ἀπάθεια) es la regla de oro de la conducta estoica, es decir, la ausencia de pasiones, o sea la imperturbabilidad.

b) *Los epicúreos.*

Mantienen, por su parte, estrecha afinidad con los cirenaicos. Deben su origen a Epicuro de Samos (aunque había nacido en

Atenas), quien en el 306 a. de C. fundó en Atenas una escuela o "jardín", que mantiene su actividad e influencia hasta el siglo IV d. de C.. El poema del romano Tito Lucrecio Caro: *De rerum natura* (De la naturaleza de las cosas) es la exposición más importante del epicureísmo.

Se trata de una filosofía materialista, que reproduce el atomismo de Demócrito. Todo está compuesto de átomos, y el universo carece de finalidad e intervención divina, por lo que es un puro mecanismo. En cuanto al orden ético, afirma el epicureísmo que el verdadero placer es el bien, mediante el cual podemos saber lo que debemos preferir y lo que debemos rechazar. Pero, eso sí, bien fundado en un placer que debe ser puro, es decir, sin mezcla de dolor ni desagrado, y que sea, además, permanente y estable, y por el cual el hombre se puede convertir en un ser imperturbable y, en consecuencia, dueño de sí.

c) *El escepticismo.*

El escepticismo a que vamos a referirnos ahora no es una tesis, sino una *actitud vital*. Se debe a la peculiar situación de cansancio, agotamiento y desilusión que confronta el mundo antiguo en sus postrimerías. Es el escepticismo que hace de la *abstención del juicio* el instrumento por excelencia.

También el escepticismo reconoce tres etapas: el *antiguo*, al cual pertenece su fundador, Pirrón de Elis, quien propone adoptar, ante las dificultades del conocimiento de la realidad, la *suspensión del juicio* ($\dot{\epsilon}\pi o\chi\acute{\eta}$). También su discípulo Timón de Fliunte es figura notable de esta etapa. El escepticismo *medio*, donde aparecen Arcesilao y Carnéades, miembro este último de la embajada de tres filósofos enviada por Atenas a Roma en el 155 a. de C., y quien pronunció dos discursos antitéticos sobre la justicia e igualmente válidos. El escepticismo *moderno* cuenta entre sus cultivadores a Ptolomeo de Cirene, Agripa (el de los famosos *tropos*) y al médico Sexto Empírico.

d) *El eclecticismo.*

Es otra de las filosofías propias de las épocas de decadencia, que consiste en seleccionar en las doctrinas ya conocidas lo que puede servir, luego de armonizado, para superar o aliviar las divergencias más acusadas del momento. El eclecticismo, entonces, se caracteriza por ser una filosofía a la vez erudita y moralizadora, pero sin verdadera problemática.

Entre los eclécticos de más nombradía tenemos a Plutarco, que escribió las famosas *Vidas paralelas;* a Filón de Alejandría, judío helenizado, que pretendía discernir elementos bíblicos en la filosofía griega; y, sobre todo, a Cicerón, el gran orador romano, cuya producción filosófica no es original, pero sí muy erudita.

e) *El neoplatonismo.*

En el siglo III a. de C. reaparece la metafísica, ausente del pensamiento griego desde la muerte de Aristóteles, en la figura de Plotino (204-270), nacido en Egipto y quien se instala en Roma, donde ejerció una extraordinaria influencia. Su obra ha sido recopilada por su discípulo Porfirio en seis grupos de nueve libros cada uno, por lo cual se llaman *Enéadas.*

La filosofía de Plotino es panteísta y antimaterialista y está recorrida toda ella por una fuerte vena mística. En forma muy sintética es posible presentar su idea de la integración de la realidad en la forma siguiente:

	Uno	
Ser	— Bien —	Divinidad
	↓	
	Nous	
	↓	
	Alma	
(del mundo)	↓	(humana)
	Materia	

El proceso de integración de la realidad, a partir del *Uno*, se produce por *emanación*. Del Uno emana: 1) el *Nous* (el mundo del espíritu, donde moran las ideas. 2) El *alma* (el reflejo del Nous), que puede ser, o el *Alma del mundo* o las *almas particulares*. Estas ocupan un lugar intermedio entre el Nous y los cuerpos. 3) La *materia* (el grado ínfimo del ser). El alma sufre recaídas en la materia, de las que se libra por sucesivas trasmigraciones. También hay un modo de liberación para el alma, que es el *éxtasis* (el estar fuera de sí), por el cual el alma se zafa de las ataduras del cuerpo y se funde con el Uno.

Otros cultivadores del neoplatonismo fueron Porfirio, discípulo de Plotino y autor de la *Isagoge* (Introducción a las Categorías de Aristóteles); Jámblico, el emperador Juliano el Apóstata y Proclo.

LA FILOSOFIA DE LA
EDAD MEDIA

CAPITULO X

1. El cristianismo y la filosofía.—Con el cristianismo se ingresa a la segunda de las dos grandes etapas que constituyen la cultura occidental hasta nuestros días. Sin embargo, es preciso hacer la salvedad de que el cristianismo no es una *filosofía*, sino una *religión*. Así pues, a lo sumo cabe hablar de *filosofía de los cristianos*, en el sentido de un pensamiento que irrumpe en un momento dado de la historia de occidente y modifica decisivamente los supuestos que hasta entonces habían servido de asiento a la vida del hombre.

La idea básica del cristianismo, completamente desconocida para el mundo pagano al cual va reemplazando gradualmente, es la idea de *creación*. Aunque desde Sócrates hasta Aristóteles el pensamiento conoce la idea de un Dios único, éste no es distinto del mundo, sino idéntico a él. Pero el cristianismo opone a este *Dios-naturaleza* el *Dios-persona*, que crea el mundo y el hombre de la *nada (In principio creavit Deus caelum et terram)*, con lo cual, al *ex nihilo nihil* (de la nada no se puede sacar nada) de los griegos, contrapone el cristianismo su *creatio ex nihilo* (la creación desde la nada).

La absoluta distinción entre el creador y las criaturas es, pues, el punto de arranque del cristianismo. Pero, en segundo término, lo que, ahora, va a importar fundamentalmente y en el comienzo, no es —como para el griego— la explicación y justificación de la *radical variabilidad* del mundo (el tránsito del ser al no ser), sino la *creación* (entendida desde Dios), cuya radical *nihilidad*, o sea el hecho de que el mundo y el hombre proceden de la nada, es lo que mueve primordialmente el sentimiento y el pensamiento cristianos. Es, pues, ahora una *verdad religiosa* la palanca que mueve el pensamiento cristiano.

Mas, en tercer lugar, y como consecuencia de las dos premisas anteriores, si la creación es la libérrima obra de Dios, quien se ha revelado al hombre en su Hijo, que es la *verdad* y la *vida*, la filosofía al modo griego no tiene sentido para el cristiano, pues si ya éste posee la verdad, ¿para qué buscar la verdad como había sido el empeño griego? Es solamente el problema de la verdad religiosa de la *creación* el que justifica la "filosofía cristiana", por cuanto es menester interpretar tanto el verdadero ser creador (Dios) como el ser recibido (las criaturas). Y de aquí que todo el pensamiento filosófico, desde las primeras manifestaciones hasta las postrimerías de la Edad Media, se muestra profundamente transido de religiosidad, puesto que, como se ha dicho, las cuestiones que ahora interesan decisivamente son las propias de una religión.

2. Los aportes del cristianismo.—El cristianismo, como hemos visto, parte de una idea absolutamente ajena y desconocida para el pensamiento griego, o sea la idea de *creación*. Mientras el griego se azora y se preocupa ante el problema de la variabilidad del mundo, del perpetuo tránsito del ser al no ser, el cristiano centra su extrañeza y su angustia en la idea de la *nada*. Como lo expresa Javier Zubiri [1]: "El griego se siente extraño al mundo por la *variabilidad* de éste. El europeo de la Era Cristiana, por su nulidad o mejor *nihilidad*... Para el griego, el mundo es *algo* que varía; para el hombre de nuestra era, es una *nada* que pretende ser".

Ahora bien, en segundo término —como hemos visto—, y por consecuencia de la idea de creación, el cristianismo nos aporta un nuevo concepto de Dios, como el *Creador* del mundo. En momento alguno de su historia el pensamiento griego consideró el mundo como la creación de Dios, sino, a lo sumo —tal es el caso de Platón— como reelaboración de lo que ya existía; o también como una *emanación* (Plotino). Mientras que el cristiano

---

1. J. ZUBIRI.—*Sobre el problema de la filosofía*, Revista de Occidente, Madrid, año XI, No. CXV.

entiende a Dios como el ser que crea el mundo de la nada y es, por esto mismo, distinto de esa nada y del mundo que de ella procede. En consecuencia, Dios es, además, *personal* y *trascendente*, puesto que mantiene su *entidad* independiente del mundo y del hombre, o sea que no se disuelve en ninguno de los dos, y a la vez se encuentra *más allá* de ambos.

Otra nota constitutiva del Dios cristiano es la del *amor*. El mundo ha sido creado por el amor de Dios a su propia obra, y éste ama al mundo exactamente como un padre a su hijo. Finalmente, Dios aparece caracterizado como la *plena infinitud*, al contrario de lo que sucede en la filosofía griega, en la cual Dios, o los dioses, se caracterizan por su inmediatez con respecto al mundo y el hombre.

Otras notas, no adscribibles a Dios, pero sí igualmente importantes para entender la extraordinaria innovación que supone el cristianismo, son las siguientes: i) para el griego (y en general para el pagano) el alma es, o bien una parte integrante del cuerpo (piénsese en la triplicidad del alma que establecen Platón y Aristóteles), o es un reflejo o emanación del alma del mundo (Plotino, los estoicos), mientras que para el cristiano el alma es *individual*, pues cada ser humano lleva su propia e intransferible alma; en segundo lugar, es *personal*, o sea que a cada quien le va su propio ser en su alma; y, en tercer lugar, el alma es *inmortal* [2], o sea que subsiste eternamente tras la muerte. II) Para el cristiano la idea de *redención* es también fundamental, pues el hombre es el ser *caído* (pecador), desposeído del derecho a morar, desde su nacimiento, en la compañía de Dios, para lograr lo cual es preciso que actúe en el mundo con vistas a la eterna salvación. Y para el logro de ésta, Dios proporciona al hombre dos recursos: por una parte, Dios se ha hecho hombre y ha establecido así una divina filiación de lo humano; por otra, el sacramento de la eucaristía deposita en el hombre la gracia divina. III) Tenemos, además, la *fe*, o sea la

---

2. Sin duda que los griegos creían en la inmortalidad del alma. Pero admitían la idea de la *trasmigración*, que el cristianismo rechaza.

creencia en la verdad revelada. A un griego, esto último le hubiera resultado incomprensible, y de aquí la extrañeza que hubieron de experimentar ante las palabras de Saulo de Tarsos en Atenas: "Creed, y seréis salvos".

3. Los primeros contactos del cristianismo con la filosofía.—Hemos dicho ya que el cristianismo no es una filosofía, sino una religión. Esto se advierte especialmente en los comienzos, cuando hombres como San Pablo o San Juan luchan por difundir la nueva fe. Más bien habría que decir que, en sus inicios, el cristianismo es hostil a la vida intelectual según se muestra en el paganismo. Pero los temas de índole especulativa se van abriendo paso e imponiendo en el cristianismo a medida que va siendo cada vez más urgente luchar contra la reacción intelectual pagana y también contra las diversas herejías que amenazan desnaturalizar el verdadero significado de la fe cristiana.

a) *Los Apologetas.*

Representan el momento de máxima hostilidad del cristianismo frente a la reacción pagana y a las desviaciones heréticas. Las dos figuras más importantes de este movimiento son Justino (quien sufrió el martirio y fué canonizado) y Tertuliano, que ha pasado a la posteridad especialmente por una frase que se le atribuye, aunque no aparece en sus escritos: *credo quia absurdum* (lo creo porque es absurdo), y con la cual parece haber querido afirmar la certeza de la revelación precisamente a causa de su imposibilidad racional. Para Tertuliano la filosofía es signo de locura, inutilidad y pecado. Otros apologetas posteriores y de menor significación son San Cipriano, Arnobio y Lactancio.

b) *Los Santos Padres.*

Se denomina así el conjunto de pensadores cristianos que acomete la tarea de interpretar el dogma racionalmente, es decir, el análisis de los problemas que aquél plantea, como son la creación, el mal, el alma, la relación de Dios con el mundo, la redención, la esencia de Dios, la Trinidad, etc.

Principales figuras de los Padres de la Iglesia son San Clemente de Alejandría y su discípulo Orígenes. Acerca de San Clemente se puede decir que compuso un libro titulado *Stromata* (Tapices), en el cual intenta llegar a una conciliación entre la filosofía y la fe, pero entiende que la filosofía es el paso previo para llegar al saber supremo que es la verdad revelada. En cuanto a Orígenes, su obra más importante, *De principiis* (περί ἀρχῶν), muestra igualmente fuertes influencias de la filosofía griega. En dicha obra, Orígenes afirma que la creación del mundo es un acto de la libre voluntad de Dios, quien hace surgir el mundo de la nada. Otros Padres fueron San Cipriano, San Gregorio Nacianceno, San Basilio, San Ambrosio y, sobre todo, San Agustín.

c) *Las herejías.*

Frente a las manifestaciones de la Apologética y la Patrística, en defensa de la pureza e intangibilidad del dogma, se levantan movimientos que reciben el nombre de *herejías*. Entre éstas se cuentan el *arrianismo* (suscitada por la controversia sobre la Trinidad), el *nestorianismo* (sobre la naturaleza de Cristo) y el *pelagianismo* (sobre la naturaleza humana). Pero el movimiento herético de mayor importancia es el de los *gnósticos*, que se funda principalmente en el problema de la realidad del mundo y, sobre todo, del *mal*. Establecen un dualismo entre el bien (Dios) y el mal (la materia) y afirman que el mundo es una superposición de capas *(eones)* que emanan de Dios. Por consiguiente, la creación, la redención humana, etc., constituyen etapas de la lucha entre el bien y el mal.

4. San Agustín.—La plenitud de la Patrística se alcanza con San Agustín, la máxima figura del cristianismo en la antigüedad y tal vez si de todos los tiempos. Es el hombre que logra dar una acabada expresión a las elaboraciones doctrinales de la Patrística y que, en consecuencia, pone los cimientos en los cuales, desde entonces, descansa el cristianismo. De él se ha dicho con razón que es la última gran figura del mundo antiguo y el primer hombre moderno. Ya veremos por qué.

San Agustín nació en Tagaste (Numidia), ciudad próxima a Cartago, el 354 a. de C. Su padre era un patricio romano, hombre de violento temperamento y desbordada sensualidad; su madre, Santa Mónica, cristiana y virtuosa.

Agustín estudió sus primeras letras en Tagaste; más tarde se trasladó a Madauro y después a Cartago. Lee por entonces el *Hortensio*, de Cicerón, y toma contacto con la filosofía. También de esta época es su primera lectura de la Biblia, pero la abandona por antojársele pueril. Y decide entonces ingresar en el maniqueísmo, o sea la pseudo filosofía del babilonio Manes, que consiste esencialmente en un irreductible dualismo del bien y el mal, de la luz y las tinieblas.

De Cartago va a Roma y luego a Milán, donde se reune con su madre. En esta ciudad conoce a San Ambrosio, obispo de Milán, cuya elocuencia le impresiona, e ingresa como catecúmeno en la Iglesia. El año 386, estando en el huerto de su casa, tras una crisis de llanto, angustia y arrepentimiento, oye una voz infantil que le dice: *Tolle, lege* (toma y lee). A partir de ese momento queda definitivamente consagrado a la religión cristiana. Es bautizado por San Ambrosio; regresa al Africa; más tarde es ordenado sacerdote de Hipona y finalmente consagrado obispo de esta ciudad, donde muere el 430 d. de C.

La producción agustiniana es enorme. En ella sobresalen, sobre todo en relación con la filosofía, las *Confesiones* (13 libros), de naturaleza autobiográfica, en las cuales, con una intimidad totalmente desconocida por el mundo pagano, nos cuenta la historia de su vida hasta el año 387. Vienen después *De Civitate Dei* (La Ciudad de Dios), que es la primera filosofía de la historia. También los *Soliloquios, De vita beata, Contra Academicos y De natura boni*.

La filosofía de San Agustín se centra en dos cuestiones que él considera básicas, a saber: *Dios* y el *alma*. Así, nos dice: *Deum et animan scire cupio. Nihilne plus? Nihil omnino.* (Deseo saber acerca de Dios y el alma. ¿Nada más? Nada más en absoluto.) (3). De estos dos temas se desprenden las tres cuestiones realmente filosóficas en la filosofía de San Agustín: el conocimiento, la intimidad y la historicidad. Veamos cada uno de ellos.

Para San Agustín el *conocimiento* es imposible sin el amor, de modo que la *charitas* cristiana aparece ahora en el ápice de la vida intelectual. Algunas expresiones agustinianas lo demuestran: *Si sapientia Deus est, verus philosophus est amator Dei* (Si Dios es la verdadera ciencia, el verdadero filósofo es el amador de Dios) y *Non intratur in veritatem nisi per charitatem* (4) (No se entra en la verdad sino por la caridad). Finalmente, hay que señalar a este respecto que San Agustín hace suya la teoría platónica de las ideas, pero la modifica en el sentido de colocar las ideas en la mente divina, donde el hombre puede conocerlas por la contemplación.

La segunda cuestión, la de la *intimidad*, es de extraordinaria significación. Para entenderla es preciso referirse previamente al papel que el *alma* desempeña en la filosofía agustiniana. El entiende que el alma es espiritual, no como lo opuesto a la materia, sino porque posee la facultad de *entrar en sí misma*. *Noli foras ire, in te redi, in interiori homine habitat veritas* (No salgas de ti, mas en ti permanece, en el interior del hombre habita la verdad) (5). Y en esto consiste la intimidad, es decir, la facultad del alma de replegarse en sí misma y meditar sobre sí, el mundo y Dios. En esta intimidad puede el alma recibir la iluminación divina y conocer la verdad suprema e inmutable.

En cuanto a la existencia del alma, se prueba por el pensamiento, por la conciencia, la memoria. Dudo de mi existencia, pero *dudar* ¿no es pensar? Y pensar ¿no es *existir*? *Si fallor,*

---

3. SAN AGUSTÍN.—*Soliloquios*, cap. II.
4. SAN AGUSTÍN.—*La Ciudad de Dios.*
5. SAN AGUSTÍN.—*De la verdadera religión*, cap. XXXIX.

sum (Si me equivoco, es porque soy o existo), dice San Agustín en el libro XI de la *Ciudad de Dios*, con lo cual (reservas aparte) se adelanta a Descartes en el *pienso, luego existo*.

En tercer lugar, según dijimos, hay que hacer referencia a la *historicidad*. Para San Agustín hay dos reinos: uno *eterno* (el reino de Dios) y el otro *temporal* (el mundo en que habita el hombre). La vida de este último transcurre, pues, *en el tiempo*, y sólo al traspasar el mundo es que el hombre alcanza la eternidad. Y la historia humana es, por consiguiente, la lucha entre la *civitas Dei* (ciudad de Dios) y la *civitas terrena* (ciudad terrenal). El paso del hombre por la tierra, su inevitable *historicidad*, tiene un sentido por cuanto implica una finalidad: el triunfo de la *ciudad de Dios*. De aquí que el Estado tenga una significación divina, pues, enseña San Agustín, toda potestad viene de Dios. Y el Estado debe apoyar a la Iglesia para que ésta pueda realizar la consumación de la ciudad divina.

En el orden moral, las principales ideas de San Agustín se pueden enumerar del siguiente modo: I) la virtud y no la felicidad es el objeto supremo de la libre actividad, o sea el soberano; II) la ley moral no depende de nadie, sino que ella misma es lo absoluto; III) la voluntad divina no es la que constituye el bien, lo verdadero y lo bello, sino que el bien absoluto, la verdad absoluta y la belleza absoluta es lo que constituye la voluntad de Dios; IV) la ley moral no es buena porque Dios es el legislador absoluto, sino Dios es el legislador supremo porque la ley moral es buena; V) algo no es malo porque Dios lo prohibe, sino que Dios lo prohibe porque es malo.

Respecto del libre albedrío y la responsabilidad del pecado, dice San Agustín que si todo procede de Dios, también el mal debe provenir de su voluntad. Y si el mal es la ausencia del bien, entonces el mal es la decisión de la voluntad divina que se niega a iluminar el alma y encauzarla hacia el bien.

De aquí deriva el criterio agustiniano acerca de la predestinación y la gracia. Considera que el hombre es esclavo del pecado y que sólo la gracia divina puede salvarle. Pero ésta depende de la voluntad de Dios, o sea que El salva a los que quiere, y esta elección es, por parte de Dios, un *acto eterno*, es decir, anterior a la creación del hombre; de manera que se salvan los predestinados y los otros no.

En el orden religioso el determinismo que implica la posición agustiniana con respecto al hombre, deja, sin embargo, a Dios en el más absoluto indeterminismo. El bien absoluto es el que constituye la voluntad divina, por lo que de Dios depende el bien como bien y el mal como mal. Dios se ha hecho hombre, cree San Agustín, movido por una pura necesidad interna y la encarnación es sólo uno de los infinitos medios de que dispone Dios para manifestarse al hombre y realizar sus fines.

5. **La Escolástica.**—Desde el siglo IV —en que termina aproximadamente el mundo antiguo— hasta el siglo IX la vida cultural queda casi completamente interrumpida. La invasión bárbara que inunda a Europa la fracciona en multitud de comunidades políticas inconexas y, como consecuencia de todo esto, la cultura clásica se *sumerge* y *dispersa*. A lo largo de cuatrocientos años las comunidades religiosas, que son el refugio de los espíritus inclinados al estudio y la meditación, van reuniendo pacientemente todo cuanto es posible recuperar del naufragio de la cultura clásica. Poco a poco, aquí y allá, van reapareciendo diferentes manifestaciones de esa cultura grecolatina, especialmente por la actividad que despliegan hombres como San Isidoro de Sevilla, en España; Boecio, Marciano Capella y Casiodoro en Italia, Beda el Venerable en Irlanda, etc.

En el siglo IX, a causa del renacimiento carolingio, surgen las *scholas* (escuelas) consagradas a la difusión de un saber llamado por esto mismo *Escolástica*. Saber en el cual hay dos aspectos que conviene destacar: por una parte, la actividad docente, que consta de *lectiones* (lectura y discusión de textos: la Biblia, las obras de los Padres de la Iglesia, de filósofos antiguos o medievales) y de *disputationes* (que consiste en debatir cuestiones importantes por medio de la argumentación y la demostración). El saber escolástico da lugar, por otra parte, a los *géneros literarios,* como son: los *Commentaria* (comentarios a los diversos libros estudiados), *Quaestiones* (los problemas propuestos), *Opuscula* (monografías) y *Sumas* (las grandes síntesis doctrinales, como, por ejemplo, la *Suma Teológica* de Tomás de Aquino).

Se ha debatido mucho acerca del verdadero contenido de la Escolástica: si es teología, o filosofía, o ambas a la vez. Pero se puede decir que aun cuando son problemas *teológicos* los que constituyen fundamentalmente la Escolástica, los mismos dan lugar a cuestiones *filosóficas.* El dogma de la Eucaristía, por ejemplo, que implica el concepto de la transubstanciación, conduce forzosamente al problema metafísico, por consiguiente filosófico, de la substancia.

En cuanto a los grandes problemas de la Escolástica, se puede decir que son: el de la *creación,* el de los *universales* y el de la *razón.*

Los tres son igualmente importantes y por lo mismo igualmente decisivos para el destino de la Escolástica, como vamos a tratar de demostrarlo, aunque muy someramente en este caso.

Frente a la idea griega de *génesis* o *generación* está la idea cristiana de *creación.* En la generación hay algo, una sustancia, que pasa de un *principio* a un *fin.* En la creación, por el contrario, no hay tránsito de un estado a otro, sino que se trata de algo que surge de la nada. Por consiguiente, el problema implicado en esta cuestión es gravísimo, de donde su extraordinaria importancia.

En cuanto al problema de la *razón,* implica, sobre todo, lo siguiente: el hombre es, a la vez, materia y razón, cuerpo y alma. Lo que hay de razón, de λόγος, en el hombre corresponde a Dios. Pero, entonces, ¿qué relación mantiene el ser humano con Dios? Y, como es fácil de colegir, la cuestión propuesta genera a su vez una serie de problemas de gran importancia para la filosofía de la Edad Media.

CARLOMAGNO

SANTO TOMAS

Respecto del problema de los *universales*, se puede decir que es sin duda el más importante de los que forman el pensamiento filosófico-religioso medieval. Frente a las cosas individuales, a los meros individuos, los universales aparecen como los géneros y las especies. Ahora bien: ¿qué tipo de realidad corresponde a los universales? ¿Son o no son cosas? Si se afirma que son cosas, o sea que tienen constitución *real* (de *res*, cosa), caemos en el *realismo;* si, por el contrario, se dice que sólo existen los individuos, las cosas, y que el universal es el concepto que se expone mediante la *palabra* para referirnos a las agrupaciones de cosas o individuos, caemos en el *nominalismo* (de *nomen*, palabra).

El problema de los *universales* es, sin duda, el más importante de toda la Edad Media, pero sería exagerado decir que es el único. Lo que sucede es que se encuentra presente a través de todo ese período y que, además, se entrevera con los restantes problemas. Lo que sí es cierto es que la Edad Media queda virtualmente escindida en dos grandes bandos, a saber: *realistas* y *nominalistas*. Aquellos están representados principalmente por San Anselmo y Guillermo de Champeaux (el más exagerado de todos), mientras que los nominalistas cuentan en sus filas a Roscelino de Compiégne, Juan Duns Scoto y Guillermo de Ockam, el primero en los comienzos de la Edad Media y los otros dos hacia sus postrimerías. Finalmente, debe decirse que así como la Edad Media comienza con un prevalecimiento del realismo, en su fase final logra imponerse victoriosamente el nominalismo.

Entre el nominalismo y el realismo se sitúa el *conceptualismo* de Pedro Abelardo. Para este pensador la abstracción destaca las notas comunes a los individuos y el resultado es el universal. Ahora bien: este no es *cosa*, ni tampoco *palabra*, pues participa de ambos a la vez, por lo que es un *concepto* (de donde el *conceptualismo*). Por lo tanto, entre el realismo, que dice: *Universale ante rem* (los universales preceden a las cosas) y el nominalismo que le repone: *Universales post rem* (los universales suceden a las cosas), el conceptualismo intercala: *Universale neque ante rem nec post rem, sed in re* (los universales ni preceden ni suceden a las cosas, sino están en ellas).

6. Los filósofos anteriores a Santo Tomás.—Los pensadores de mayor significación en el período que comprende del siglo IX al XIII (en el cual aparece Santo Tomás de Aquino) son los siguientes [6]:

JUAN ESCOTO ERIUGENA, cuya obra capital es *De divisione naturae* (Sobre las partes de la naturaleza), en donde afirma su posición realista.

SAN ANSELMO DE CANTERBURY, que tiene como obras principales el *Monologion* y el *Proslogion*, donde desarrolla las tesis del *argumento ontológico*, del que hemos hablado en el capítulo V. Es también realista.

LA ESCUELA DE CHARTRES, a la que pertenecen el canónigo Fulberto, los hermanos Bernardo y Thierry de Chartres, Juan de Salisbury, Gilberto de la Porrée y Guillermo de Conches. También aparecen adscritos al realismo.

ROSCELINO DE COMPIEGNE, el padre del nominalismo y maestro de Abelardo. Fué obligado a retractarse de lo que se consideraba su herejía (el nominalismo) en el concilio de Soissons (1092).

PEDRO ABELARDO, discípulo del anterior y fundador del conceptualismo. Fué un notabilísimo expositor. Sus principales obras son *Introductio at theologiam* (Introducción a la teología), *Sic et Non* (El sí y el no) —repertorio de argumentos contradictorios entre sí tomados de la Biblia y que él busca conciliar— y *Scito te ipsum, seu Ethica* (La ética, o el conocimiento de sí mismo).

---

6. Prescindimos del estudio de estas figuras por no desbordar los límites señalados al programa al cual se ajusta la presente obra.

Los Victorinos (o miembros de la abadía agustina de San Víctor). Sus principales figuras son: Hugo de San Víctor, quien escribió una especie de Suma teológica titulada *De Sacramentis;* su hermano y discípulo Ricardo, a quien debemos el *Liber excerptionem* (El libro de las selecciones) y *De Trinitate;* Bernardo de Claraval, entre cuyas obras se cuentan *De gradibus humilitate et superbia* (De los grados de la humildad y la soberbia), *De diligendo* (Del cumplimiento de los deberes) y *De libero arbitrio* (Sobre el libre albedrío).

San Buenaventura, franciscano, de tendencia mística. Sus obras principales son: *Quaestione disputatae* (Cuestiones disputadas), *De reductione artium ad theologiam* (De la reducción del saber a la teología) y el *Itinerario mentis in Deum* (El camino de la mente hacia Dios), la más importante de todas.

Alberto Magno, maestro de Santo Tomás de Aquino, obispo de Ratisbona y profesor en Colonia. Entre sus obras se cuentan una *Summa creaturis* y una *Summa theologica*. Trata en ellas de física, metafísica, lógica y matemáticas.

7. **Santo Tomás de Aquino.**—La solución de los graves problemas que se debaten en el seno de la teología cristiana desde San Agustín va a ser intentada por la figura de mayor relieve en toda la Edad Media: Santo Tomás de Aquino.

Santo Tomás nació en Roccasecca (Italia), de la familia de los condes de Aquino, hacia el 1225. Tras cursar sus primeras letras en Monte-Cassino, se trasladó en 1239 a Nápoles, donde estudió las Siete Artes Liberales. En la Universidad de Nápoles hace estudios de arte y allí viste el hábito de los dominicos. Decide entonces marchar a París, pero es secuestrado por sus hermanos, que le retienen dos años en Roccasecca, pero logra fugarse y se va a París, donde estudia con Alberto Magno, a quien sigue después a Colonia. Vuelto a París en 1252, se hace maestro en teología, y allí enseña durante algunos años. Viaja por algún tiempo, reside en Nápoles, y al encaminarse a Lyon, para tomar parte en el segundo concilio celebrado allí por orden de Gregorio X, cae enfermo en el trayecto y muere en Fossanova el 7 de marzo de 1274.

La obra de Santo Tomás es inmensa, al extremo de que el número de sus escritos pasa de veinticinco. Entre las ediciones de su Obra Completa merecen citarse la de dieciocho volúmenes, por encargo de Pío V (Venecia, 1570-71); la edición C. Morelles (París, 1636-1641, en veintitrés volúmenes) y la famosa *Editio Leonnina* (debida a León XIII y de la que hasta ahora han aparecido dieciséis volúmenes). Desde el punto de vista filosófico, las más que deben interesarnos son *De ente et essentia*, los Comentarios a Aristóteles y la *Suma teológica*.

a) *El punto de partida.*

El fundamento de la filosofía de Santo Tomás, su propósito y, en consecuencia, el punto de partida, es la adaptación de la filosofía griega a la problemática del pensamiento religioso cristiano. Las cuestiones de que se ocupa Santo Tomás son las siguientes: la demostración de la esencia y la existencia de Dios, la comprobación racional de la verdad revelada, el problema de la creación, el del alma humana, la ética y la política. No quiere decir que sean las únicas cuestiones que ocuparon la mente portentosa de Santo Tomás, pero sí que son de las más importantes y de las que guardan mayor interés para nosotros.

b) *Distinción entre la filosofía y la teología.*

Con el rigor metódico que le caracteriza, Santo Tomás comienza distinguiendo con el mayor cuidado entre la *filosofía* y la *teología*. Y expresa que mientras a ésta corresponde la revelación divina, a aquélla la razón humana. Pero, mediante la razón, es posible llegar a conocer racionalmente algunos dogmas, vbg. la existencia de Dios, la creación del mundo, etc. Pero, en caso de conflicto entre la revelación y la razón, no puede caber dudas respecto de que el error está de parte de la filosofía, o de la razón, de modo que si existe desacuerdo entre un punto de vista filosófico y el dogma revelado, quiere decir que el punto en cuestión es falso.

c) *Las partes de la filosofía.*

La filosofía se subdivide, según Santo Tomás, de acuerdo con el orden que encontramos en el mundo. Hay, pues: I) un *orden del ser real*, de la naturaleza, al cual se consagra la *filosofía natural* y también la *metafísica*, saber que culmina en el conocimiento de Dios. II) Un *orden del pensamiento*, del cual se ocupa la *filosofía racional* o *lógica*. III) Un *orden de los actos de la voluntad*, que es el objeto de estudio de la *filosofía moral* o *ética*, la *economía* y la *política*.

d) *La existencia de Dios.*

Mientras que la *esencia* y la *existencia* coexisten separadamente en los individuos, en Dios aparecen unidas, o sea que la existencia de Dios deriva *necesariamente* de su esencia. La existencia de Dios se puede probar, según el Aquinate, de cinco maneras distintas (las famosas *cinco vías*): I) Por el *movimiento*. Si todo lo que se mueve debe ser movido por algún agente, a menos que haya un primer motor (Dios) inmóvil, estaríamos condenados a un regreso indefinido al transitar de un motor a otro. II) Por la *causa eficiente*. Tiene que haber una primera causa de la que procedan todas las demás. Dios es esa *causa primera*. III) Por *lo posible y lo necesario*. Todo lo que es, no ha sido en un tiempo y en otro tiempo puede llegar a no ser; luego tiene que haber un *ser necesario por sí mismo*, que es Dios. IV) Por los *grados de perfección*. Hay diferentes grados de perfección, todos los cuales se aproximan más o menos a la *perfección absoluta*, que es Dios. V) Por el *gobierno del mundo*. Los entes inteligentes tienden a un fin y desean un orden, no casualmente, sino porque hay una suprema inteligencia que los dirige: Dios.

e) *El alma humana.*

Como Aristóteles, también Santo Tomás entiende que el alma es la *forma sustancial* del cuerpo, y hay tantas formas sustanciales como cuerpos. Además, cuerpo y alma no son dos sustancias, sino una sola, aunque el alma es *subsistente*, pues de ella procede el pensamiento, ajeno al cuerpo. El alma, finalmente, es espiritual e inmortal.

f) *La Ética.*

Aunque Santo Tomás sigue en su concepción ética los lineamientos de la moral aristotélica, los ajusta a las exigencias de la vida cristiana. En definitiva, el hombre debe aspirar al conocimiento de Dios, mediante su contemplación. La voluntad humana debe regirse según la *lex aeterna, quae est quasi ratio Dei* (la ley eterna, que es casi la razón divina).

g) *La Política.*

Santo Tomás concibe al individuo, lo mismo que Aristóteles, como un *animal social* y entiende que la sociedad es para el individuo y no éste para aquélla. El poder emana de Dios, y la mejor forma posible de gobierno es la *monarquía*, con la participación de las clases populares. La suprema potestad corresponde a la Iglesia.

LA ENSEÑANZA EN LA SCHOLA DE LA EDAD MEDIA

8. El movimiento filosófico posterior a Santo Tomás.—

Desde Santo Tomás y hasta el final de la Edad Media el movimiento filosófico se desenvuelve según las direcciones que a continuación se expresan.

a) *El movimiento franciscano.*

Desde los victorinos y a través de San Buenaventura, la corriente neoplatónica y mística, representada especialmente por los franciscanos, resurge en los siglos XIII y XIV en las grandes figuras de Rogerio Bacon, Juan Duns Escoto y Guillermo de Ockam.

Rogerio Bacon representa el comienzo de la dirección científico-experimental en el medievo, que, sin embargo, reconoce un valioso antecedente en las especulaciones de Alberto Magno, a quien se deben, entre otras valiosas aportaciones, su teoría de la gravedad *(théorie de la pesanteur).*

Bacon nació en 1210 aproximadamente; estudió en Oxford y París; fué muy perseguido por su afición a las ciencias experimentales (vistas entonces como cosa de magia y brujería); murió allá por el 1292-94. Sus tres obras principales llevan los nombres de *Opus majus, Opus minus* y *Opus tertium.* Establece tres clases de saber: la autoridad, la razón y la experiencia. La primera se apoya en la segunda, y ésta, a su vez, se confirma por la tercera. En cuanto a la experiencia, puede ser *externa* (sensorial) e *interna* (por la inspiración divina).

También se insertan en esta dirección de la ciencia experimental Nicolás de Oresme —a quien se deben tres notables aportes: una clara noción de la ley de la caída de los cuerpos, el movimiento diurno de la tierra y la primera idea de la geometría analítica— y Marsilio de Inghen, el primer rector de la Universidad de Heidelberg.

Juan Duns Escoto y Guillermo de Ockam representan la corriente renovada del nominalismo, no obstante que ellos arrancan de una aplicación de la filosofía de Aristóteles, y que, en las postrimerías de la Edad Media, acaba por vencer decisivamente al realismo.

Lo esencial de las especulaciones escoto-ockamistas es la radical distinción que establecen entre filosofía y teología. Esta tiene por objeto exclusivo la revelación, mientras que el único objeto de la filosofía es la razón. Pero en tanto que la revelación es *sobrenatural*, la razón es *natural*, es decir, asunto exclusivo del hombre. Dios, a quien no se puede encerrar en los estrechos límites de la razón, es libertad, omnipotencia, voluntad infinita. Además, la voluntad prima sobre el conocimiento, y si las cosas son buenas o malas, es porque Dios lo quiere. Si El quisiera que el matar fuese bueno o que 2 y 2 fuesen cinco, lo serían. A esto es a lo que se llama *voluntarismo*.

Respecto de los universales, ambos pensadores (sobre todo Ockam) entienden que no son sino *conceptos* (abstracciones del espíritu humano). La ciencia trabaja con universales, dice Ockam, o sea con los conceptos, que son sólo signos o símbolos con los cuales reemplazamos la realidad concreta de las cosas.

Estamos, con las tesis de Escoto y Ockam, tocando ya a las puertas del Renacimiento. Y solamente falta un pensador, Nicolás de Cusa, con su idea del *infinito,* para completar el proceso de tránsito a otra época por el costado de la ciencia. Pero debemos referirnos, todavía, a otro aspecto, o sea al del misticismo especulativo.

b) *El misticismo especulativo.*

Paralelo al movimiento anterior —de raíz inglesa— se desarrolla otro en Alemania, encabezado por Juan Eckehart, y que se conoce con el nombre de *misticismo especulativo.*

Eckehart nació en Hochheim, Alemania, hacia el 1260. Estudió en París, donde obtuvo su licenciatura en teología; enseñó en Colonia y murió (antes de que apareciera la bula condenatoria de sus escritos) en 1327.

La tesis cardinal del maestro Eckehart es la de que Dios es el ser absoluto, infinito, "una nada superior a toda esencia...

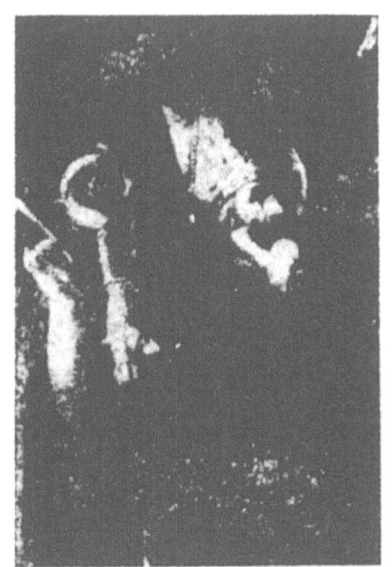

SAN AGUSTIN

como un ser definido y determinado. En este infinito se produce desde toda la eternidad, por medio de un desarrollo fuera de sí mismo, que no es sino un nuevo entrar en sí mismo y un ahondamiento, la emanación de las personas divinas y la creación del mundo en el Hijo o Verbo increado. Por consiguiente, el ser de Dios es el que está en el centro, así como está en el origen del ser de las cosas..." (7).

La idea principal de Eckehart es, pues, la de *infinitud*. Tesis cara a las especulaciones del Renacimiento y de la Edad Moderna, como tendremos ocasión de verlo un poco más adelante.

En la dirección del misticismo especulativo se encuentran también Juan Taulero, Enrique Susón, Juan de Ruysbroeck y Jacobo Boehme.

La preferencia por la mística, por las interpretaciones que siguen, es claro que a la distancia, la tradición neoplatónica y agustiniana, así como las ideas ahora prevalecientes del infinito, del voluntarismo y el terminismo, anuncian ya con precisión la nueva etapa que se avecina, es decir, el Renacimiento.

---

7. E. GILSON.—*La filosofía en la Edad Media* (trad. de M. M. y J. C.), ed. Sol y Luna, B. A., 1940, p. 285.

LA FILOSOFIA EN LA
EDAD MODERNA

CAPITULO XI

1. El tránsito de la Edad Media al Renacimiento.—Hemos tenido la oportunidad de ver, en el capítulo anterior, que el proceso de disolución de la filosofía medieval discurre, ya en el siglo XIV, cada vez más aceleradamente hacia su final. Por una parte, el progresivo antagonismo entre la fe y la razón, entre la teología y la filosofía, culmina con el triunfo de la *theologia fidei* (la teología fundada en la fe) sobre la *theologia rationis* (la teología fundada en la razón. Triunfo que, en el orden teórico, significa adscribir totalmente la razón al hombre. Y, como consecuencia de esto último, la *mística* adquiere extraordinaria difusión, a causa del carácter sobrenatural que ahora se reclama para la teología. *A Dios se le siente, más que se le conoce*, parece ser el criterio imperante, ya que su conocimiento es, en realidad, un sentimiento. San Juan de la Cruz, en el siglo XVI, dirá refiriéndose a Dios: "Todo lo que el entendimiento puede alcanzar es más bien un obstáculo que un medio de unirse a El".

Por otra parte, esta mística empalma, como también se ha hecho notar, con la preferencia por la naturaleza entendida como el campo de acción propio del hombre. Piénsese solamente en Rogerio Bacon y su *scientia interior*, fundada en la inspiración divina; en Ockam, quien reduce la razón, el λόγος, a un asunto exclusivamente humano; en Eckehart y Cusano, cuyo infinitismo colinda con el panteísmo.

Pero, además, hay que tener presente lo que llamaríamos la *circunstancia exterior*, es decir, el conjunto de acontecimientos que tienen lugar en esta época, a saber: la invención de la imprenta, la aplicación de la pólvora al arte de la guerra, el surgimiento de las primeras nacionalidades (España, Francia), los descubrimientos geográficos, las nuevas teorías astronómicas, la destrucción del imperio romano de Oriente.

La crisis de la conciencia religiosa, el interés por la naturaleza, el "regreso" a la tradición cultural grecolatina y el humanismo que prolifera en este regreso, son las características predominantes del Renacimiento. Pero también el Renacimiento muestra sus aspectos negativos, como son su falta de seriedad y rigor y la gran desorientación en que se halla totalmente envuelto. Es, además, un período de fuerte escepticismo [1]. Especialmente en lo filosófico se advierten estas deficiencias, sobre las que hemos dicho en otra parte, con referencia al Renacimiento, que "durante un largo tiempo no va a haber filosofía propiamente hablando, sino más bien una concepción general del mundo y de la vida que se caracteriza por el predominio de lo humanístico y lo científico" [2].

2. Los tres movimientos principales en el Renacimiento.

a) *El humanismo.*

En términos generales, o sea sin entrar a fondo en el análisis de la cuestión, cabe decir que el *humanismo* "se ha llamado principalmente a la tendencia que durante el Renacimiento produjo el amor y el culto a la Antigüedad, considerada como un ejemplo de afirmación de la independencia del espíritu humano y, por tanto, de su valor autónomo y dignidad" [3].

El humanismo renacentista se difundió por casi toda Europa, aunque comienza en Italia, donde, en Florencia, la *Academia Platónica* ofrece los nombres del cardenal griego Besarion, de Marsilio Ficino y Pico de la Mirándola. Otro grupo es el de los humanistas "aristotélicos", como Hermolao Barbaro y Pietro Pomponazzi. Pertenecen también al humanismo italiano Ni-

---

1. H. Piñera Llera.—*El escepticismo en el Renacimiento*, Revista Cubana, enero-junio de 1948, pp. 76-89.
2. H. Piñera Llera.—*El yo y la esencia de la moral*, Revista de la Universidad de la Habana, enero-junio de 1950, p. 109.
3. J. Ferrater Mora.—*Diccionario de Filosofía*, tercera edición, p. 448.

GALILEO

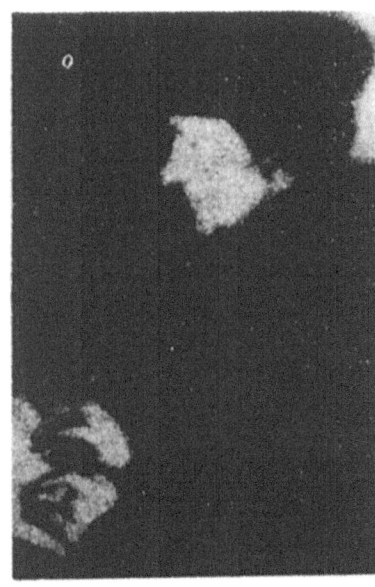

ERASMO

colás Maquiavelo, Tomás de Campanella, Leonardo de Vinci y Bernardino Telesio.

En Francia descuellan Miguel de Montaigne, Pedro Charron, Pedro de la Ramée y Esteban Estienne. En España, Francisco Suárez y Luis Vives. En Inglaterra, Tomás Moro, y en Holanda, Erasmo de Rotterdam.

b) *La mística.*

El movimiento renacentista muestra, como ya se ha dicho, otra faceta que es la mística, la que florece especialmente en Alemania. Esta mística presenta por lo menos tres matices diferentes, a saber: la *mística especulativa,* en la cual se insertan los nombres de Meister Eckehart, Enrique Suso, Juan Taulero y Angel Silesio. La mística relacionada con la ciencia experimental, la magia y la alquimia, donde aparecen Agrippa von Nettesheim y Teofrasto Paracelso. Y la mística protestante, a la que pertenecen Sebastián Franck, Valentín Weigel y Jacobo Boehme, autor de un impresionante libro titulado *Aurora.* También se relacionan con los movimientos místicos los reformadores como Lutero, Zwinglio, Melanchton y Reuchlin.

c) *La filosofía.*

El pensamiento filosófico renacentista comprende, por lo menos, tres grandes figuras, que son: Nicolás de Cusa, Giordano Bruno y Francisco Suárez.

I) *Nicolás de Cusa.*

Su verdadero nombre es Nicolás Chryffs. Nació en la ciudad de Cusa (Cües) en 1401. Estudió en Padua, llegó a ser Cardenal y murió en 1464. La más importante de sus obras es la titulada *De docta ignorantia* (Sobre la ignorancia consciente), que es uno de los libros más famosos de todos los tiempos.

Como Eckehart, también Nicolás de Cusa se siente atraído por la mística especulativa, que él une a su notable versación matemática, y de esta conjunción surge la filosofía que nos ofrece.

A Cusano le preocupa extraordinariamente el problema de la relación de Dios con el mundo y el hombre, pero trata de resolverlo según cierto esquema matemático, que, en síntesis, es el siguiente: Dios = lo infinito; el mundo y el hombre = lo finito. Y Dios redentor es la unión de lo infinito y lo finito. Pero el Cusano ha partido, en su análisis, de ciertas nociones matemáticas (las de lo infinito y lo finito) que ya no abandonará jamás. Prosiguiendo por esta vía, nos dice que en el infinito coinciden todas las divergencias apreciables en la finitud. De este modo: la recta y la circunferencia tienden a coincidir según aumenta el radio; como también la recta coincide con el triángulo cuando uno de sus lados aumenta hasta el infinito.

El hombre, dice el Cusano, puede advertir estos procesos porque dispone de dos posibles maneras de conocer: la *ratio* (especie de entendimiento), con la cual se percibe la diversidad de los contrarios, y el *intellectus* (la razón), que nos permite intuir la unidad de finito-infinito en Dios.

Por otra parte, según el Cusano, la unidad y armonía del infinito (Dios) se despliega y manifiesta en la pluralidad y diversidad de los contrarios. Esta afirmación es la que hizo caer a su pensamiento en la sospecha de *panteísmo*. Sin embargo, propuesto o no, el panteísmo es una de las características más sostenidas del Renacimiento. Además, el propio Cardenal afirma que cada cosa es una individualidad que refleja en sí todo el universo. El ser humano en especial consiste en ser un verdadero *microcosmos*. Esta tesis de *todo en uno y uno en todo*, es, *a fortiori*, una expresión de panteísmo.

II) *Giordano Bruno*.

Nació en Nola, cerca de Nápoles, en 1548. Ingresó muy joven en la orden de los dominicos, pero el influjo que sobre él ejercieron las obras de Nicolás de Cusa, Raimundo Lulio y Bernardino Telesio, así como su entusiasmo por la naturaleza, le impulsaron a dejar los hábitos. Viajó por Suiza, Francia, Alemania, Inglaterra, Praga. De regreso a Italia, fué encarcelado por orden de la Inquisición, en Venecia, y tras dos años de encierro le quemaron vivo en Roma, en 1600. Entre sus obras principales se cuentan *De la causa, principio y uno*, *Del infinito universo y mundo* y *De mónada, número y figura*.

Desde el comienzo se advierte que la filosofía de Bruno rompe con los criterios tradicionales. Acepta complacido el sistema heliocéntrico, niega todo límite al espacio y afirma que el cielo es el universo infinito, en cuyo caso no puede haber dos infinitos, y como la existencia del mundo es innegable, Dios y el universo son un solo y mismo ser. Cuida, para no incurrir en la censura del ateísmo, de distinguir entre universo (Dios, o la causa eterna del mundo, *natura naturans*) y el *mundo* (o la totalidad de los efectos de Dios, *natura naturata*). El ateísmo consistiría en identificar a Dios con el mundo. Pero, sin duda, este Dios no es el creador, ni siquiera el primer motor de Aristóteles, sino el *alma* del mundo, o su causa inmanente.

En cuanto al alma del hombre, es el supremo florecimiento del mundo. Todos los seres tienen cuerpo y alma, todos son *mónadas* vivientes en las cuales se reproduce la Mónada de las mónadas o el Universo-Dios.

III) *Francisco Suárez*.

Nació en Granada, España, en 1548; enseñó en varias Universidades y murió en Lisboa en 1617. Su obra filosófica de más destaque es la titulada *Disputationes metaphysicae* (Disputas metafísicas).

Lo interesante de la filosofía de Suárez es que, sin renegar del tomismo, mantiene, empero, una gran independencia con respecto a él. Tiene mucho cuidado de separar la metafísica de la teología, como lo demuestra el estudio que realiza del ser aparte por completo de la teología. Con esto contribuye a poner las bases de la metafísica que luego harán Descartes, Leibniz, Kant, etc. Además, en el orden jurídico, nos ha dejado su gran

Tratado de las leyes, en el que niega el derecho divino de los reyes y afirma que el pueblo es el soberano, de suerte que la autoridad de los reyes no se funda sino en el consentimiento popular, verdadero depositario del poder divino.

3. La filosofía moderna.

a) *Renato Descartes.*

Así como San Agustín es la figura culminante del cristianismo en la antigüedad y Santo Tomás en el medioevo, Descartes representa el momento decisivo en que va a dar comienzo una nueva época, es decir, la *Edad Moderna.* Su filosofía, en efecto, condensa y expresa el *nuevo estilo de pensamiento* que habría de regir durante algunos siglos.

Renato Descartes nació en la Haye, en la Turena, en 1596, de familia noble. A los ocho años ingresa en el colegio jesuíta de la Flèche, donde estudia lenguas y literaturas clásicas, filosofía escolástica y matemáticas. En 1612 deja el colegio y a poco se instala en París, donde hace vida galante. Pasa luego a Holanda, como oficial a las órdenes de Mauricio de Nassau, y después ingresa en el ejército imperial de Maximiliano de Baviera, al comienzo de la Guerra de los Treinta Años. Mientras su ejército inverna en Neuburg, Descartes, al calor de una estufa, lleva a cabo el memorable descubrimiento del *cogito.* Va a Loreto a cumplir un voto de gracias a la Virgen por el éxito de sus meditaciones; en 1625 se instala de nuevo en París. Reside después en Holanda, y en 1649 va a Suecia, invitado por la reina Cristina, y allí muere, a causa de una pulmonía, en febrero de 1650.

La producción intelectual de Descartes es considerable. Las de contenido filosófico son: el *Discurso del método* y las *Meditaciones metafísicas,* las *Meditaciones de prima philosophia,* el *Tratado de las pasiones,* los *Principios de la filosofía* y las *Reglas para la dirección del espíritu.* Entre las científicas se cuentan la *Dióptrica* y los *Meteoros,* la *Geometría analítica* y el *Tratado del hombre.*

DESCARTES

SPINOZA

I) *El punto de partida.*

En la época en que Descartes comienza a filosofar, la circunstancia espiritual es sumamente curiosa. Bien es cierto que el Renacimiento constituye el comienzo de una nueva etapa histórica, pero, tal vez por esto mismo, en ella se concitan la duda y la esperanza, el escepticismo y la fe. A pesar de su gozosa adhesión a la naturaleza, el pensamiento renacentista es de un impresionante escepticismo. Maquiavelo, Montaigne, Charron, Moro, Erasmo, Sánchez, Vives, Agrippa, etc., las mentes más excelsas de la época, son desolados escépticos. "¿Qué sé yo?", dice Montaigne, melancólicamente. Para gobernar es preciso aparejar a la crueldad la astucia, exclama sombríamente Maquiavelo. "¡Nada se sabe!", sentencia el médico español Francisco Sánchez, mientras Moro se refugia en la abstracción de su *Utopía* y Erasmo hace cumplido elogio de la *locura*. En medio de este sistemático escepticismo irrumpe Descartes y se dispone a serlo, pero no por convicción y sistemáticamente, sino en forma metódica. O sea que decide probar hasta dónde puede llegar la aplicación de la actitud escéptica.

Para ello ha de comenzar poniendo todo en duda, y en esto consiste su *duda metódica*. Ella le demuestra que todo es falsedad, ilusión, engaño, no sólo de los sentidos, sino hasta del pensar, porque lo que uno piensa, ¿cómo sabe si es verdadero o falso? Pero lo que sí tiene que ser cierto es que *yo*, que lo pienso, *soy*, pues si no lo pensara no habría pensamiento ni verdadero ni falso. Por consiguiente, puedo dudar de todo, incluso de la verdad o la falsedad de mi pensamiento, pero ¿dudar de que pienso? ¡Jamás! "Mientras quería pensar así que todo era falso —dice Descartes (4)—, era menester necesariamente que yo, que lo pensaba, fuese algo; y observando que esta verdad: *pienso, luego soy*, era tan firme y tan segura que todas las más extravagantes suposiciones de los escépticos no eran capaces de quebrantarla, juzgué que podía admitirla sin escrúpulo como el primer principio de la filosofía que buscaba."

---
4. R. DESCARTES.—*Discurso del método*, Parte IV.

En consecuencia, no hay nada cierto sino el yo. Lo demás, el cuerpo humano, el mundo, Dios, desaparece. La única realidad es el *yo pensante* y sus pensamientos. Y en esto consiste el *idealismo racionalista* en el cual se funda toda la filosofía de la Edad Moderna.

II) *El criterio de verdad.*

Descartes advierte que la verdad del *cogito*, es decir, del *pienso, luego existo*, consiste en que es indudable, o sea *evidente*. Ahora bien, la evidencia es la absoluta *claridad* y *distinción* que posee la verdad del *cogito*.

III) *Dios.*

Descartes, como hemos visto, prescinde en su implacable duda metódica del hombre, del mundo y de Dios. Queda, pues, reducido al puro pensar, al *ego cogito*. Ahora bien, yo sé que soy, pero ¿cómo lo sé fuera de mí mismo?, porque bien pudiera suceder que se tratara de un engaño, en cuyo caso el engañado sería yo, o, lo que es igual, *que yo, el engañado, soy*. Mas, como vemos, se trata de un círculo. Ahora bien, si alguien me engaña, no puede ser Dios, porque aunque todavía ignoro si existe, en el caso de que existiera, no podría engañarme, pues repugna pensar que Dios se valga nada menos que de mi propia evidencia para sumirme en el error. Tal vez se trate, entonces, de algún poderoso *geniecillo maligno*. Por consiguiente, tengo que demostrar la existencia de Dios, única garantía de absoluta certeza de mi evidencia.

Entre otras demostraciones, apela también Descartes a la *prueba ontológica* de San Anselmo —es claro que algo modificada—, y nos dice que es imposible que el ser pensante, ente finito e imperfecto, haya creado la idea de lo perfecto e infinito, pues el efecto resultaría superior a la causa. Luego Dios existe como el ser capaz de poner en el hombre la idea de la perfección y la infinitud.

IV) *Las dos sustancias.*

La duda metódica escinde la realidad en dos grandes sectores, a saber: el mundo físico o la *sustancia extensa* (o simplemente la extensión) y el pensamiento o la *sustancia pensante.* Pero, ¿cómo se comunican entre sí? Porque hemos dicho que para Descartes el yo es inextenso e inespacial. ¿Cómo, entonces, lo inextenso e inespacial puede entrar en contacto con lo espacial y extenso? Aquí aparece el famoso problema de la *comunicación de las sustancias,* que Descartes no resuelve, y en cuya solución se empeñarán Spinoza, Malebranche y Leibniz.

V) *El mundo.*

Descartes concibe el mundo como simple espacio, por lo que su física se identifica con su geometría. *Espacio* y *materia* tienen, en su concepto, la misma significación. El mundo, a partir del acto de la creación, se desarrolla según un proceso puramente mecánico, que se podría explicar por una serie de movimientos en forma de torbellinos.

VI) *Lo animado.*

Para Descartes, los animales son máquinas o *autómatas.* En cuanto al ser humano, en él se encuentra la glándula pineal, que es el punto en el que el alma y el cuerpo se interaccionan. Los movimientos corporales se deben a los *espíritus animales* o sea los gases que él cree que se desprenden de la sangre y circulan por los nervios y por la sustancia cerebral. "Lo que denomino aquí espíritus no son más que cuerpos, y no poseen otra propiedad que la de ser unos cuerpos muy pequeños y que se mueven muy de prisa, como las partículas de la llama de una antorcha." (5).

VII) *Las ideas.*

La existencia de Dios, garantía de la absoluta certeza de la evidencia del *cogito,* posibilita en nosotros el conocimiento de la

---

5. R. Descartes.—*Tratado de las pasiones,* I, 10.

realidad exterior, mediante lo que Descartes llama las *ideas innatas*, o sea aquellas que el ser humano trae consigo al nacer, vbg. la idea de Dios, de número, de extensión, de causa y de sustancia, etc. Pero, además, según Descartes, hay otras dos clases de ideas, que son: las *adventicias* (provocadas en nosotros por la realidad externa) y las *ficticias* (que creamos con la imaginación).

VIII) *El problema del método.*

La más famosa de las elaboraciones filosóficas de Descartes es sin duda alguna el *Discurso del método,* o sea el conjunto de meditaciones acerca de cómo proceder con la mayor cautela y el máximo rigor posible en la investigación de la verdad, a fin de dar con ella. En la mencionada obra, Descartes sintetiza en cuatro *reglas* lo que, según él, posibilita el acceso a la verdad. Son éstas:

Primera: No admitir como verdadera cosa alguna que no se sepa con evidencia que lo es.

Segunda: Dividir cada dificultad en cuantas partes sea posible y en cuantas requiera su mejor solución.

Tercera: Conducir ordenadamente los pensamientos.

Cuarta: Hacer en todo unos recuentos tan integrales y unas revisiones tan generales, que se llegue a estar seguro de no omitir nada.

b) *Baruch de Spinoza.*

Nació en Amsterdam en 1632, a donde había emigrado su padre, el judío español Miguel de Espinosa. La discrepancia de Baruch con ciertos puntos fundamentales de la religión hebrea le valió ser expulsado de la comunidad y declarado maldito. Vivió unas veces en Amsterdam y otras en la Haya, pobre pero independiente, como lo prueba haber rehusado un cargo profesoral en la Universidad de Heidelberg, que le ofreció el elector palatino Carlos Luis. Tuberculoso desde muy joven, murió en 1677.

Spinoza representa, a carta cabal, el *desideratum* de la filosofía. En su *Etica* escribió estas impresionantes palabras, que resumen admirablemente su vida: *no reír, no llorar ni odiar, sino comprender.* Y esto hizo toda su vida: tratar de comprender.

I) *El punto de partida.*

Su filosofía arranca del motivo que le proporciona la dificultad de la comunicación de las sustancias que, como vimos, Descartes no logró resolver. Spinoza comienza por establecer una sola sustancia [6] —*Dios*— con dos atributos: el *pensamiento* y la *extensión;* en cuanto a las cosas individuales, son *modos* de la sustancia.

II) *Dios.*

El Dios de Spinoza se identifica, pues, con la única sustancia, la cual posee infinitos atributos. Además, este Dios o sustancia única es *naturaleza* en dos sentidos: como el origen de todo *(natura naturans)* y como las cosas creadas *(natura naturata).* Consecuencia de todo esto es que el sistema de Spinoza es *panteísta.*

III) *El problema de la comunicación de las sustancias.*

Puesto que hay sólo una sustancia, con dos atributos, no tiene, según Spinoza, por qué haber *comunicación,* sino un riguroso paralelismo entre el pensamiento y la extensión. Así, nos

---

6. La definición spinoziana de la sustancia reza así: *Per sustantiam intelligo id in quo se est et per se concipitur; hoc est, id cujus conceptus non indiget conceptu alterius rei, a quo formari debeat.* (Por sustancia entiendo aquello que es en sí y se concibe por sí; esto es, aquello cuyo concepto no necesita del concepto de otra cosa, por el que deba formarse.)

dice: *Ordo et connexio rerum idem est, ac ordo et connexio idearum* (el orden y la conexión de las cosas es el mismo que el orden y la conexión de las ideas). O sea que a todo movimiento del cuerpo corresponde un movimiento del alma, y recíprocamente. A esto es a lo que se le ha llamado *monismo*, o sea la realidad concebida como una sola sustancia.

IV) *La concepción ética.*

La filosofía de Spinoza es fundamentalmente ética, como se comprueba en su libro titulado *Ethica more geometrica demonstrata* (7) (la Etica concebida según el modo geométrico), escrito en forma de proposiciones, demostraciones, corolarios y escolios. En ella trata de: I. Dios, II. De la naturaleza y el origen de la mente, III. Del origen y naturaleza de las pasiones, IV. De la servidumbre humana, o de la fuerza de las pasiones; V. De la potencia del intelecto, o de la libertad humana.

Spinoza concibe al hombre como la modificación de la sustancia en la cual coinciden los dos atributos, o sea el pensamiento y la extensión. En cuanto a   lma, la llama una *idea del cuerpo.* Como entre el alma y el cuerpo hay una rigurosa correspondencia, resulta de esto que el hombre *no es libre,* sino que, como el resto de la realidad, está causalmente determinado. Y el único modo de ser libre lo proporciona el conocimiento, pues mediante éste el hombre llega a saber que no es libre, pero, entonces, en lugar de experimentar la coacción de la naturaleza, se siente determinado por su propia esencia. Al saber que no es libre, el hombre puede vivir en la naturaleza (en Dios), de la cual forma una parte. De manera que, en última instancia, el conocimiento es un *conocimiento acerca de Dios.* En esto consiste el *amor Dei intellectualis* (el amor intelectual a Dios).

---

7. **Además** de la *Etica*, compuso Spinoza unos *Principios de la filosofía cartesiana* (acompañados de los *Pensamientos metafísicos*), el *Tratado teológico-político*, el *Tratado sobre la reforma del entendimiento* y un *Compendio de gramática de la lengua hebrea.*

c) *Nicolás de Malebranche.*

Nació en París en 1678 de aristocrática familia. Estudió en el colegio de la Marche, luego teología en la Sorbona, e ingresó en la congregación del Oratorio en 1660. El mismo ha contado que debe su filosofía a un hecho fortuito, como es el haber tropezado el año 1664, en una librería, con el *Tratado del hombre*, de Descartes. Sostuvo correspondencia con Arnauld, Fénelon, Bossuet, Leibniz y Locke, a veces cordial y a veces no. Murió a los setenta y siete años, en 1715. Sus principales obras son *Recherche de la vérité* (Investigación de la verdad), *Conversations chrétiennes* (Conversaciones cristianas), *Tratité de la nature et de la grace* (Tratado de la naturaleza y de la gracia) y *Entretiens sur la métaphysique et sur la religion* (Conversaciones de metafísica y religión).

La filosofía de Malebranche [8] es conocida con el nombre de *ocasionalismo* debido a que defiende la siguiente solución en el problema de la comunicación de las sustancias: las acciones entre el cuerpo y el alma no se pueden explicar sino por el auxilio sobrenatural de Dios, quien interviene, *con ocasión* de cada una de las manifestaciones anímicas, para imprimirle al cuerpo el movimiento que el alma no puede comunicarle por sí misma, y también con ocasión de cada movimiento corporal, para que el alma experimente a su vez la correspondiente percepción. Así, mientras Dios es la causa *eficiente* de nuestros movimientos y la causa *efectiva* de nuestras percepciones, los objetos de los sentidos y las manifestaciones del alma son las causas *ocasionales*.

d) *Godofredo Guillermo Leibniz.*

Nació en Leipzig en 1646, de familia protestante y con ilustres ascendientes en el foro. Realizó toda clase de estudios, extensos y profundos, a saber: lenguas clásicas, filosofía, religión, derecho, historia, matemáticas, física y alquimia. Descubre en

---

8. Como igualmente la de Arnold Gaulincx: *Logica fundamentis suis a quibus actenus collapsa fuerat restituta. Metaphysica vera et ad mentem peripatheticorum.*

1676 el *cálculo infinitesimal* (al mismo tiempo que Newton lo hacía en Inglaterra, pero sin que hubiera la menor relación entre ambos). De regreso de una misión diplomática a Francia es nombrado bibliotecario en Hannover. Se le debe la creación de la Academia de Ciencias de Berlín, de la que fué el primer presidente. Viajó por Italia, Austria y Holanda. También trabajó intensa aunque infructuosamente en un proyecto de reconciliación de las iglesias cristianas. Murió solo y olvidado en 1716.

Sus principales obras filosóficas son: *Nuevos ensayos sobre el entendimiento humano* (destinado a refutar el empirismo del inglés Locke), la *Teodicea* (ensayo de justificación de la justicia divina), el *Discurso de la metafísica*, el *Nuevo sistema de la naturaleza*, los *Principios de la naturaleza y la gracia* y la *Monadología*.

I) *El punto de partida.*

La metafísica de Leibniz se funda también en el propósito de resolver la difícil cuestión de la comunicación de las sustancias. Para ello, Leibniz concibe la realidad como una sustancia monádica. La *mónada* (del griego: μονας = uno) es la última parte —por tanto, indivisible— que integra los compuestos. No tiene extensión, porque es indivisible, y la extensión siempre admite divisiones. Tampoco puede surgir por composición de algo ni perecer por disolución. Debe su origen a la creación y sólo si se aniquila (es decir, si vuelve a la nada) es que puede desaparecer. Cada mónada posee cualidades y es distinta a las demás, pero no puede relacionarse con las demás ni influir en ellas. O sea, que no tiene *ventanas*, como dice Leibniz. Finalmente, la mónada experimenta cambios que se deben a ella misma y en forma alguna a causas exteriores.

Otro detalle importante es que cada mónada refleja íntegro el universo, pero, eso sí, cada una a su modo. No todas las mónadas tienen conciencia de su condición de microcosmos y aquéllas en las cuales se da la conciencia y la memoria poseen, dice

Leibniz, *percepción* y *apercepción* (un darse cuenta de que se percibe).

Y es ahora cuando entra realmente en juego el intento leibniziano de resolver el problema de la comunicación de las sustancias. Si las mónadas son absolutamente incomunicables entre sí, pero, no obstante, el mundo muestra conexión y armonía en todos sus procesos, ¿cómo explicar esto último? Sólo, dice Leibniz, suponiendo un orden previo, una *armonía preestablecida*, que rige a todas las mónadas y determina que, a pesar de su ineludible aislamiento, actúen entre sí como si en realidad pudieran comunicarse unas con otras.

II) **Dios.**

El papel de Dios en la filosofía de Leibniz es, pues, el del único ser que puede actuar sobre nosotros y, en consecuencia, determinar todos nuestros pensamientos y acciones. En este respecto, nos dice Leibniz [9]: ''En el rigor de la verdad metafísica no hay causa externa que actúe sobre nosotros, excepto Dios solo, y él sólo se comunica a nosotros inmediatamente en virtud de nuestra continua dependencia. De lo que se sigue que no hay otro objeto externo que toque a nuestra alma y que excite inmediatamente nuestra percepción. Así, no tenemos en nuestra alma la idea de todas las cosas sino en virtud de la acción continua de Dios sobre nosotros''.

III) **El conocimiento.**

Todas las mónadas tienen percepciones. Así, las cosas perciben insensiblemente, o sea sin conciencia, y a esto se debe que la sensación sea una idea confusa. Pero la percepción clara y consciente, acompañada de la memoria, es la *apercepción*, que es propia del alma.

---

9. G. G. F. LEIBNIZ.—*Discurso de Metafísica*, parág. 28.

IV) *Las verdades de razón y de hecho.*

Las verdades a que el hombre puede llegar en última instancia pueden ser o de *razón* o *de hecho*. Las verdades de razón *(vérités de raison)* son *necesarias,* es decir, que no se puede concebir que no sean (como que cinco y cinco son diez), pero las verdades de hecho *(vérités de fait)* son las que pueden ser concebidas como no siendo, vbg. que César cruzó el Rubicón, pues bien pudiera ser que fuera incierto.

V) *La Teodicea.*

Hemos dicho que en esta obra Leibniz acomete el ensayo de una justificación de la justicia divina en el mundo. Pero se enfrenta desde el comienzo con dos formidables antinomias: I) que Dios es omnipotente e infinitamente bueno, pero el mal existe en la tierra; II) que el hombre tiene libertad y responsabilidad, pero cada mónada está totalmente predeterminada. Veamos cómo acomete Leibniz la solución de dichas antinomias.

Con respecto a la primera de las antinomias, dice Leibniz que si bien las mónadas son *espontáneas,* pues nada exterior les viene impuesto, para que (como es el caso del hombre) puedan ser libres, es preciso que posean además *deliberación* y *decisión.* Sin entrar a exponer aquí las distintas argumentaciones que utiliza Leibniz, diremos que, para él, aunque los hombres han sido determinados *a existir,* pueden determinarse libremente a obrar. Si los hombres pecan, es porque Dios entiende que esa libertad es preferible a ninguna. Del pecado, por consiguiente, depende la libertad humana.

Para resolver la segunda antinomia, Leibniz comienza por distinguir entre el mal *metafísico* (que dimana de la imperfección y finitud humanas), el *físico* (vbg. el dolor, y que es la posibilidad de alcanzar un bien más alto) y el *moral* (el pecado o la maldad, etc.). Este último, que sí es un mal *negativo,* Dios no lo quiere, pero lo tolera porque es la condición para alcanzar, a través de él, bienes deseables para el hombre. Este mundo es

LEIBNIZ

NEWTON

el mejor de los mundos posibles, porque en él se combina el máximo bien con el mal mínimo. Y en esto consiste el *optimismo metafísico* de la filosofía leibniziana.

d) *Christian Wolff.*

Nació en Breslau en 1679. Fué profesor en Halle de 1703 a 1726, fecha en que fué destituído por acusársele de impiedad. Pasó entonces a Marburgo, pero se le reintegró a su antiguo cargo en 1740 por orden de Federico II. Murió en 1754. Entre sus obras se cuentan los *Pensamientos racionales sobre las fuerzas del entendimiento humano,* la *Lógica,* la *Philosophia sive Logica* (Filosofía como Lógica), la *Philosophia sive Ontologia* (Filosofía como Ontología), la *Cosmologia generalis,* etc.

La filosofía de Wolff representa la última etapa en el proceso que comienza con Descartes. Tras él vendrá Kant, cuya filosofía constituye una entrañable modificación de los criterios prevalecientes hasta él. Ya veremos todo esto en su oportunidad.

Wolff comienza estableciendo que la filosofía es ciencia de todo lo posible como lo no contradictorio y de la causa y el modo de que ésta se posibilite. En el principio de contradicción se funda todo conocimiento, que, a su vez, sólo puede emanar de un pensamiento racional. La Ontología se funda en la Lógica, y después de la Ontología vienen la Cosmología racional, la Psicología racional y la Teología natural, partes todas de la filosofía teórica, aunque ésta no puede oponerse a la práctica, porque mientras la razón está en la esencia del ser, la experiencia nos da el conocimiento de los modos del ser.

Wolff ha tratado de combinar la filosofía de Leibniz (excepto su armonía preestablecida) con la concepción spinozista de la identidad de los órdenes del pensamiento y la extensión. Y desde el punto de vista ético postula la aspiración del individuo a la perfección y el rechazo de todo aquello que se le oponga.

4. La filosofía moderna. La rama insular.—El idealismo racionalista que se inaugura con Descartes adopta una forma muy peculiar en Inglaterra. No deja de ser idealismo racionalista, pero lo condiciona a otros supuestos que los vistos hasta ahora. Por esta causa se le conoce con el nombre, en cierto sentido discutible, de *empirismo*. Será preciso, pues, hacer una sucinta explicación de sus fundamentos.

La filosofía inglesa desde Francisco Bacon hasta David Hume presenta las siguientes características principales: una ostensible subordinación de la metafísica a la teoría del conocimiento y un *empirismo sensualista* con marcada propensión a la psicología. Pero, hemos dicho que, en el fondo, es otro modo de interpretar el pensamiento ideorracionalista de la Edad Moderna, como tendremos la oportunidad de comprobarlo en lo que subsigue.

a) *Francisco Bacon.*

Nació en Londres en 1561. Llegó a ser canciller del reino y barón de Verulam. Gozó de gran prestigio e influencia en el período isabelino y en la época inmediatamente posterior. Acusado de cohecho por la Cámara de los Comunes, fué privado de sus cargos y se retiró a la vida privada, donde se consagró a escribir. Murió en 1626. Sus principales obras son: el *Novum organum scientiarum* (Nuevo instrumento de las ciencias), *De dignitate et augmentis scientiarum* (De la dignidad y el incremento de las ciencias) y la *Instauratio magna*.

I) *El punto de partida.*

La finalidad primordial de la filosofía del canciller Bacon es la de rehacer íntegramente el entendimiento humano, o sea edificar la ciencia sobre conocimientos completamente nuevos. A esto es a lo que él llama *instauratio magna* (la gran reconstrucción del saber). Para lograrlo es preciso renunciar a los libros, a las autoridades, a la antigüedad y a la Escolástica,

BACON

VICO

pues el saber acumulado por los hombres está saturado de prejuicios, o sea los *ídolos*, que Bacon clasifica así: I. *Idola tribu* (o sea los prejuicios de la especie humana). II. *Idola specus* (los prejuicios de la "caverna" que acechan a cada hombre, es decir, la predisposición individual al error). III. *Idola fori* (los ídolos de la plaza, o sea de la sociedad humana y del lenguaje que usamos). IV. *Idola theatri* (los prejuicios de autoridad, que se basan en el prestigio de los que actúan en el gran proscenio del mundo).

Por lo pronto, encontramos en esta revisión de los errores inherentes al hombre y al mundo y en la exigencia de un radical recomienzo, el mismo espíritu de rigurosa renovación de la filosofía cartesiana. Es el espíritu que domina la filosofía de la Edad Moderna: *incipit vita nova*.

II) *El método*.

La solución, para Bacon, está en volverse directamente a la naturaleza y observar lo que ocurre en ella, para extraer las consecuencias. En esto consiste la *inducción*, o sea en la observación de un número de hechos individuales, para obtener de éstos, por abstracción, los conceptos generales de las cosas y las leyes de la naturaleza.

III) *La ciencia y la filosofía*.

Aunque se ha exagerado el papel de Bacon como creador del método experimental y de la ciencia moderna —lo que no es cierto—, sí cabe decir que es el fundador de la *filosofía experimental*, o sea que, por primera vez, es él quien afirma que la filosofía sin la ciencia es inconcebible. Distingue entre *filosofía primera y metafísica*, pues aquélla es ciencia de las nociones y proposiciones generales que fundamentan las ciencias especiales, mientras la metafísica es la parte de la filosofía natural que se ocupa de las formas y los fines.

IV) *La clasificación de las ciencias.*

Finalmente, hay que decir que Bacon elabora un sistema de clasificación de las ciencias en la forma siguiente:

CIENCIAS
- razón: historia
  - civil
  - natural
- imaginación: poesía
- memoria: filosofía
  - filosofía natural
  - filosofía humana
  - teología natural

b) *Tomás Hobbes.*

Hijo de un eclesiástico de Malmesbury (condado de Wilt), nació en 1588. Fué preceptor de Lord Cavendish y fiel amigo de los Estuardo. Vivió desterrado en Francia por motivos políticos durante 13 años, dedicado a la vida intelectual. Murió en 1679. Sus obras principales son *De corpore, De homine y De cive* (Del cuerpo, Del hombre, Del ciudadano) y el *Leviathan*, que es su teoría del Estado.

Hobbes es a la vez empirista, nominalista, naturalista y pesimista. Lo primero, porque entiende que el conocimiento se funda en la experiencia y el hombre lo busca y hace suyo para la práctica de la vida. Lo segundo, porque, educado en el ambiente nominalista de Oxford, no cree en los universales y reputa al pensamiento como *operación simbólica*, a base de signos. Lo tercero, porque rechaza la explicación final y se queda con la causal y, como Descartes, quiere explicar los procesos del mundo por medios mecánicos. Niega la inmaterialidad del alma y afirma el determinismo natural. Lo cuarto, porque entiende que "el hombre es el lobo del hombre" *(homo homini lupus)*. En el hombre prevalece el egoísmo y si ha decidido transformar el estado original que Hobbes llama de *bellum omnium contra omnes* (la guerra de todos contra todos), es por la necesidad de asegurar la supervivencia de la especie. Es así como surge el Estado, que consiste en la renuncia del poder particular de

HOBBES

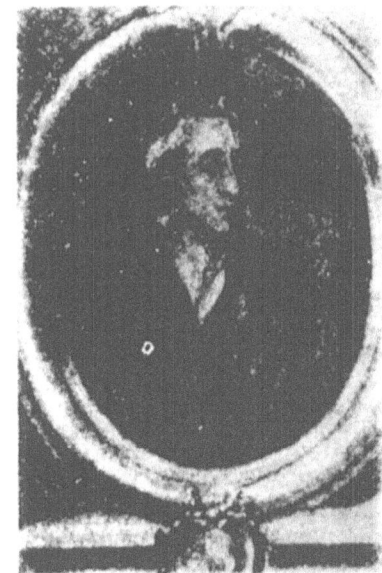

LOCKE

los individuos en favor de una **organización** que los contiene y rige a todos, es decir, el **Estado**. Pero éste es una poderosa máquina que doma a los individuos y los devora implacablemente. Por esto es que Hobbes califica al Estado como el *Leviathan*, nombre que toma del libro de *Job* (III, 8 y XL, 20). El Estado lo decide todo: la clase de política a seguir, de religión, de moral, etc.

c) *John Locke.*

Nació en 1632. Fué alumno de Oxford, donde estudió medicina y filosofía. Amigo del gran químico Roberto Boyle y preceptor de Lord Shaftesbury Complicado en las turbulencias de la política de su tiempo, se vió obligado a emigrar durante el reinado de Jacobo I, asilándose primero en Francia y después en Holanda. Tomó parte en la segunda revolución de 1688 en Inglaterra. Murió en 1704.

Entre sus obras se cuentan *Essay concerning human understanding* (Ensayo sobre el entendimiento humano), *Ensayo sobre el gobierno civil* y *Cartas sobre la tolerancia*.

I) *El punto de partida.*

La filosofía de Locke se encuentra primordialmente en su obra maestra, *Ensayo sobre el entendimiento humano*, con el cual se propone: I) dar cuenta del origen de nuestras ideas; II) mostrar la certeza, la evidencia y la extensión del conocimiento; III) señalar los límites del saber.

Locke empieza por rechazar resueltamente las *ideas innatas*. El alma es originariamente una *tabula rasa* y la fuente de todo conocimiento es la experiencia, que proporciona dos clases de percepción: la externa o *sensación* (mediante los sentidos) y la interna o *reflexión* (la percepción de los estados psíquicos). Se empieza, pues, a *pensar* desde que la sensación aporta los materiales. *Nihil est in intellectus quod prius non fuerit in sen-*

su (10), o sea que no hay nada en el intelecto que no haya estado antes en los sentidos.

II) *Las ideas.*

Para Locke hay dos clases de ideas: las *simples,* que proceden o de la sensación o de la reflexión, o de la combinación de ambas. Y las *complejas,* que resultan de la combinación de las simples. Respecto de las ideas, el alma es *pasiva* en la formación de las simples y *activa* en la formación de las complejas.

Las ideas pueden provenir de un solo sentido, como ocurre con las ideas de los colores, los sonidos, etc. Otras vienen por más de un sentido, como el espacio, la forma, el movimiento, etc. La reflexión nos da las ideas de la *percepción* o facultad de pensar y de la *voluntad* o facultad de obrar. Otras ideas, como las de placer, dolor, existencia, unidad, provienen de la sensación y la reflexión.

III) *Las cualidades.*

Locke distingue entre la *idea* (lo que percibe el espíritu en sí mismo) y la *cualidad* (la facultad del objeto de producir una idea en el espíritu).

Los cuerpos presentan dos clases de cualidades, a saber: las *primarias,* tales como la solidez, la extensión, la forma, el movimiento, etc., que se mantienen aunque los cuerpos sufran alteraciones. Y las *secundarias,* como los colores, los sabores, los sonidos, etc., que no afectan a los cuerpos en sí mismos y son sólo la facultad de producir en el sujeto diversas sensaciones.

IV) *El conocimiento.*

Es, para Locke, la percepción del enlace y adecuación, o de la desarmonía y oposición, entre dos ideas. El conocimiento, por tanto, no puede ir más allá de las ideas. Además, como se ignora la conexión que existe entre la mayor parte de las ideas

---

10. Que Leibniz intenta enmendar al agregarle: *nisi ipse intellectus* (salvo el mismo intelecto).

simples, jamás se podría saber todo lo que a ellas se refiere. Así, no podemos saber si un ser puramente material es capaz de pensar, ni qué es el alma, aun cuando tengamos perfecta conciencia de que existe. Tenemos un conocimiento intuitivo e inmediato de nuestra existencia, las cosas se conocen por la sensación y a Dios por demostración.

V) *La moral y el Estado.*

Se puede decir que Locke es determinista en lo que alude a la moral, por lo que niega el libre albedrío, pero concede al hombre cierta *libertad de indiferencia* para decidir. Concibe la moral, separada de la religión, como la conformidad con un principio que puede ser: la ley divina, la del Estado o la opinión pública.

En lo que se refiere al Estado, defiende la concepción liberal a base de una monarquía constitucional y representativa, independiente de la Iglesia. El pueblo es el verdadero soberano.

d) *George Berkeley.*

Nació en Irlanda en 1685. Alumno del Trinity College de Dublín. Desempeñó varios cargos religiosos y luego marchó a América, con el propósito de establecer en las Bermudas un colegio de misioneros. Al regreso a Irlanda fué nombrado Obispo de Cloyne. Murió en Oxford el año de 1753.

Sus obras principales son: *Essays towards a new theory of vision* (Ensayo sobre una nueva teoría de la visión), *Three dialogues between Hylas and Philonous* (Tres diálogos entre Hilas y Filonús), *Principios del conocimiento humano* y *Alciphron, o el filósofo diminuto.*

I) *El punto de partida.*

Barkeley arranca de la distinción que hace Locke entre cualidades primarias y secundarias, y sentencia: No hay *cualidades primarias*. El color, el sabor, lo mismo que la extensión o la forma, existen sólo para quien los percibe. *Esse est percipi* (existir es percibir o ser percibido) es el lema de la filosofía de Berkeley, o sea que las cosas no existen con independencia de los sujetos que las perciben.

II) *Las ideas.*

Berkeley razona de este modo: los objetos exteriores, de los cuales proceden las ideas, son perceptibles o imperceptibles. Si son *perceptibles,* entonces se convierten en ideas, porque *idea* y *cosa percibida* es una y la misma cosa. Si son *imperceptibles,* entonces resulta que un color es la imagen de algo invisible, que la dureza y la blandura responden a algo impalpable, etc. En consecuencia, no hay posible distinción entre la cosa y la idea. Por lo tanto, no puede haber *ideas generales,* como, por ejemplo, la idea general de *triángulo,* pues éste es para el sujeto o equilátero, o isósceles, o escaleno, o rectilíneo, o curvilíneo, etc.

III) *El espiritualismo.*

La causa que produce las ideas (que para Berkeley son las cosas) es el *espíritu,* el cual es el ser simple, indivisible y activo que percibe las ideas *(inteligencia)* o las produce *(voluntad).* El espíritu, al percibir las ideas, produce las cosas, pero la percepción de los objetos no depende de la voluntad del sujeto, pues éste no puede *crear* lo que percibe. Lo que se conoce vulgarmente con el nombre de *cosas* son las *ideas* que Dios pone en el espíritu, mientras éste produce las ideas o imágenes de esas cosas. Además, Dios provee de regularidad a esas ideas, para que el hombre tenga la impresión de que existe un mundo corpóreo, o sea un ordenamiento concreto y tangible.

Como vemos, Berkeley niega terminantemente la materia como sustancia distinta del espíritu. Al hacerlo así, está tratando de hallarle una salida a los mismos problemas que preocuparon a Descartes y a sus seguidores en el continente, a saber: ¿la sustancia corpórea es capaz de sensación y percepción?

¿Cómo influye la materia en el espíritu? ¿Y éste en aquélla?, etcétera. Berkeley cree resolver la cuestión suprimiendo uno de sus extremos; en este caso, la materia. Ya veremos qué ocurre con el otro, es decir, con el espíritu.

e) *David Hume.*

Nació en Escocia en 1711. Estudió filosofía y derecho y fué secretario de la embajada inglesa en Francia. Viajó también por Alemania. Murió en 1776. Sus obras más importantes son: *Treatise on human nature* (Tratado sobre la naturaleza humana), *Investigación sobre el entendimiento humano, An inquiry concerning the principles of Moral* (Investigación sobre los principios de la moral) y *Diálogos sobre religión natural.*

I) *El punto de partida: el origen de las ideas.*

Hume comienza clasificando las percepciones en *ideas* (pensamientos) e *impresiones*. Estas son las percepciones de las cosas exteriores, tales como los sonidos, los colores, etc., y también las que proceden de la experiencia interna, como el amor, el odio, el deseo, etc. En cuanto a las *ideas*, son copias pálidas y desvaídas de las impresiones.

II) *Crítica de la ley de causalidad.*

Las ideas, pues, derivan de la sensación. Pero, además, entre ellas se advierte cierto enlace que nos lleva a suponer algunos principios en los cuales descansa ese enlace, y los cuales son la *semejanza*, la *contigüidad de tiempo o de espacio* y la *causalidad*. Ahora bien, estos principios ¿son innatos, *a priori*, o son copias de las impresiones?

La fuerza, la energía, el enlace necesario entre las cosas, jamás se percibe directamente. Es cierto que vemos a los objetos manifestarse en continua sucesión, pero no podemos ir más allá. El calor acompaña o sigue siempre al fuego, pero ¿qué los une?

Si no es posible hallar la explicación en los objetos mismos, en la realidad material, podría acaso suministrarla el análisis de los procesos del alma? Hume acude al siguiente ejemplo: un hombre atacado de parálisis siente la misma voluntad de mover sus miembros atrofiados que un hombre en la plenitud de su salud. La conexión, entonces, ¿de dónde procede? Hay que concluir, según el agudo escocés, que la idea de *causa* sólo puede ser explicada por el *hábito* o *costumbre* que tenemos de ver que a ciertos hechos suceden siempre otros, o sea que entre unos y otros hay un enlace constante. Y al llamar a uno de ellos *causa* y al otro *efecto*, les adjudicamos una conexión en la cual el primero ejerce sobre el segundo un poder o una fuerza que opera con absoluta necesidad.

III) *Negación del espíritu.*

La crítica de la ley de causalidad conduce a Hume a la negación del yo o del espíritu. Este es sólo un haz o una *colección* de percepciones o de contenidos de conciencia que se suceden continuamente. Por lo tanto, el *yo* es sólo un resultado de la imaginación. Así como no existe una sustancia material, tampoco cabe hablar de una sustancia espiritual, pues, ¿cómo advertir la *certeza* de una *conexión* entre una sustancia material (las cosas) y una sustancia espiritual (el yo) cuando, en realidad, no existe dicha conexión?

IV) *El conocimiento.*

El conocimiento, según Hume, es sólo una *idea* que proviene de una *percepción,* la cual a su vez procede de la *experiencia.* No se conocen *cosas* sino solamente *ideas,* las cuales no son más que *impresiones subjetivas.* La causalidad no existe y el hombre no puede, en consecuencia, hacer *ciencia.* Tal es el legado con el que habrá de enfrentarse Kant cuando comience a filosofar.

5. **El idealismo trascendental: Manuel Kant.**—La filosofía moderna, como hemos tenido oportunidad de verlo, discurre por dos cauces diferentes: el *continental* y el *insular*, hasta llegar a Kant. Pero éste introduce una modificación tan extraordinaria y de tan graves consecuencias, que, a partir de ese momento, la filosofía va a ser algo distinto de lo que había venido siendo desde los inicios de la Edad Moderna. El idealismo racionalista inaugurado por Descartes e incólume en sus premisas fundamentales, se va a transformar ahora —sin dejar de ser ni idealismo ni racionalista— en algo, sin embargo, diferente, es decir, en idealismo *trascendental*. El significado de esta nueva palabra en el destino de la filosofía a partir de Kant es la justificación del inmenso mérito que a este pensador corresponde.

Kant surge, pues, en el momento en que el idealismo racionalista ha llegado al punto de su máxima ascensión con Leibniz-Wolff en el continente y Hume en Inglaterra [11] Y este punto de máxima ascensión es a la vez el de máxima imposibilidad de un desarrollo posterior, a menos que un cambio, un *giro* extraordinario, le haga accesible otra vez el camino que él mismo se ha cerrado. Y esta es la empresa que lleva a cabo Kant.

1) *Vida y obra.*

Manuel Kant nació en Koenigsberg en 1724. De familia humilde —su padre era guarnicionero del ejército—, fué educado en la austeridad de la religión pietista. Estudió en la Universidad de su ciudad natal y allí enseñó, desde 1758, la lógica, la moral, la metafísica, las matemáticas, la cosmografía y la geografía general. Profesor titular desde 1770, continuó en el desempeño de su cargo hasta 1797, fecha en la que se vió obligado

---

11. Como se ha hecho ver, en la filosofía de Kant confluyen, para ser sometidas a implacable crítica, el racionalismo dogmático de Leibniz-Wolff y el escepticismo que corre de Locke a Hume. Por eso dice el propio Kant que fué Hume quien logró despertarlo de su "sueño dogmático".

a dejar la enseñanza por su edad y los achaques de la salud. Murió en 1804.

La clasificación de las obras de Kant se ha hecho con arreglo a esta disposición: I) el período *precrítico* (anterior a la publicación de la *Crítica de la razón pura): El único argumento posible para la demostración de la existencia de Dios* (1763, *De mundi sensibilis atque intelligibilis causa et principiis* (1770). II) El período *crítico: Crítica de la razón pura* 1781), *Prolegómenos a toda metafísica que quiera presentarse como ciencia* (1783), *Fundamentación de la metafísica de las costumbres* (1785), *Crítica de la razón práctica* (1783), *Crítica del juicio* (1790). Su discípulo Jäsche publicó en 1800 la *Antropología* y las *Lecciones de lógica*.

II) *El punto de partida.*

Hemos dicho al comienzo que la filosofía de Kant es un idealismo *trascendental* y que en esto consiste la revolución operada por él en el seno de la filosofía. Ahora bien: ¿qué quiere decir *trascendental?*

En la consideración de los problemas del ser y su conocimiento, el término *trascendental* alude a una posición intermedia entre los términos de *trascendencia* e *inmanencia*. Ya hemos visto que el realismo se caracteriza por su adhesión a la trascendencia, mientras el idealismo hasta Kant se decide por la inmanencia, tanto en el problema del ser como en el del conocer. Vamos a examinar por separado ambas cuestiones.

I) *El ser trascendental.*

Para el realismo el ser es una cualidad *real* de las cosas, la cualidad primaria, a partir de la cual se dan las demás. Así: una rosa *es* y luego es *roja, fragante, sedosa*, etc. Este ser, además, subsiste haya o no haya quien lo conozca. Es, pues, real y está más allá de todo sujeto cognoscente: es *trascendente.*

Para el idealismo hasta Kant, si bien el ser *es* previo a todo lo demás, no es, en cambio, con independencia del sujeto cog-

HUME

KANT

noscente, sino que de él depende para subsistir. *Es y permanece* en el sujeto, o sea que es *inmanente.*

En cambio, desde el punto de vista *trascendental,* el ser no es una cualidad primaria, sino que todas las cualidades *son*, es decir, que ninguna constituye el ser más que las otras.

II) *El conocimiento trascendental.*

El ser concebido como trascendental requiere un conocimiento trascendental. Para el realismo el conocimiento es *conocimiento de cosas (res)* y éstas trascienden al sujeto. Para el idealismo hasta Kant el conocimiento es *conocimiento de ideas,* por lo que las cosas resultan inmanentes al sujeto. Para la posición trascendental el conocimiento es *conocimiento de las cosas en las ideas.* El conocimiento, en consecuencia, no lo es ni de las cosas (realismo) ni de las ideas (idealismo), sino *de las ideas de las cosas* (idealismo trascendental).

Pero las cosas que el sujeto conoce en las ideas de ellas, no son conocibles *en sí* (como tales cosas), sino *en mí*, es decir, en el sujeto. Las cosas que éste conoce son tal como se le aparecen. Son, pues, *fenómenos.*

III) *La inversión copernicana.*

Como no se trata ahora ni de un conocimiento de las cosas (realismo) ni de las ideas en sí (idealismo), sino de las ideas de las cosas, o, como dice Kant, de las *cosas en mí,* o sea afectadas por la subjetividad, resulta de esto que el *fenómeno* o la *cosa en mí* conocible es, en parte, elaborada por el sujeto. Para llevar a cabo esta elaboración hay dos elementos previos: *lo dado* (las sensaciones) y *lo puesto* por el sujeto (el espacio, el tiempo y las categorías). Al actuar en el caos de las sensaciones, el pensamiento ordena la realidad que ha de conocer. De manera que si hasta ahora se aceptaba que el pensamiento se adapta a las cosas, Kant entiende que son las cosas las que se adaptan al pensamiento. Y compara esta hazaña suya en el orden filosófico con la realizada por Copérnico en el astronómico, denominándola *inversión copernicana*.

IV) *El juicio.*

Para Kant el conocimiento y la verdad se dan a través del *juicio*, de manera que toda ciencia es un conjunto de juicios debidamente organizados. Ahora bien: un análisis de los juicios demuestra que éstos pueden ser, ante todo, *analíticos* y *sintéticos*. Un juicio *analítico* es aquél cuyo predicado está contenido en el sujeto y por tanto no añade ningún conocimiento nuevo, vbg. "los cuerpos son extensos". Y *sintético* cuando el predicado no está contenido en el sujeto y por lo mismo agrega un conocimiento nuevo, vbg. "la mesa es de hierro".

Por otra parte, resulta que todo juicio analítico es *a priori*, es decir, independiente de la experiencia; mientras que el juicio sintético es *a posteriori*, o sea dependiente de la experiencia.

Nótese, además, que así como todos los juicios analíticos son *a priori*, los juicios *a priori* son analíticos. Pero, en cambio, mientras todos los juicios *a posteriori* son sintéticos, hay juicios sintéticos que son *a priori*, porque a la vez que son universales y necesarios, aumentan el saber del sujeto. Así: $4 + 4 = 8$, es un juicio sintético *a priori*, porque aunque su predicado no está contenido en el sujeto, tampoco se funda en la experiencia. También la física y la metafísica proporcionan esta clase de juicios, vbg. "todo fenómeno tiene su causa" y "el hombre es libre".

V) *El espacio y el tiempo.*

Hemos dicho que para Kant el espacio y el tiempo están *puestos* por el sujeto para ordenar el caos sensorial. Pero, ¿qué son el *espacio* y el *tiempo*? Kant los denomina *intuiciones puras* o *formas a priori de la sensibilidad*, mediante las cuales es posible que yo perciba las cosas *aquí* y *ahora*, pues sin una "forma" de darse en el espacio y otra "forma" de ofrecerse en el tiempo, no habría conocimiento posible. La percepción del sujeto se aloja en ella.

VI) *Las categorías.*

Además del espacio y el tiempo como formas de la sensibilidad en los cuales se aloja la percepción, el entendimiento cuenta con el repertorio de las categorías mediante las cuales adquieren su *significado en general*, o sea que para que una percepción llegue a ser cosa, tiene que serlo a través de las categorías.

Pero, como tanto el conocimiento como la verdad se dan en el juicio, las categorías tienen que encontrarse en aquéllos, de los cuales se desprenden.

Tabla de los juicios.

1

Cantidad

Universales
Particulares
Singulares

2

Cualidad

Afirmativos
Negativos
Infinitos

3

Relación

Categóricos
Hipotéticos
Disyuntivos

4

Modalidad

Problemáticos
Asertóricos
Apodícticos

Tabla de las categorías.

1

Cantidad

Unidad
Pluralidad
Totalidad

2

Cualidad

Realidad
Negación
Limitación

3

Relación

Sustancia
Causalidad
Comunidad o acción recíproca

4

Modalidad

Posibilidad
Existencia
Necesidad

VII) *Los tipos de conocimiento a priori.*

En la *Crítica de la razón pura* analiza Kant el problema de los tipos de conocimiento y concluye que puede haber tres tipos de conocimiento *a priori*: la matemática, la física y la metafísica. Y, entonces, plantea los tres problemas que constituyen el contenido de la obra mencionada: ¿Cómo es posible la matemática? *(Estética trascendental)* (12), ¿Cómo es posible la física? *(Analítica trascendental)* y ¿Es posible la metafísica? *(Dialéctica trascendental).* Nótese que, respecto de la metafísica, Kant no pregunta *cómo* es posible, sino *si es* posible. Y contesta que no, que la metafísica como ciencia es imposible, porque sus objetos (Dios, libertad, inmortalidad, el alma) trascienden la esfera de la experiencia.

---

12. *Vid.* la nota (11) del capítulo VI.

Kant llama a los objetos de la metafísica *síntesis infinitas* o juicios de juicios, pues se trata de un tipo de conocimiento que el sujeto cognoscente no puede realizar dentro de las limitaciones del espacio, el tiempo y las categorías. Mediante el análisis de las llamadas pruebas ontológica, cosmológica y físico-teológica llega a la conclusión de que es imposible *demostrar racionalmente* la existencia de Dios, de la libertad, el alma y la inmortalidad.

VIII) *El problema de Dios.*

Kant analiza el concepto de *existencia* tal como se había venido aceptando hasta él y concluye que el error ha estado en considerar la existencia como *algo* que está *en la cosa*. Pero, añade, la cosa existente no contiene nada más que la cosa pensada. De este modo, en cien escudos reales no hay nada que no pueda haber en cien escudos posibles. Pero no es lo mismo tener unos que otros. Entonces, ¿en qué consiste la diferencia? Según Kant, en que los escudos reales están, aquí y ahora, en conexión con la experiencia. Por eso, cuando San Anselmo —lo mismo que Descartes— pretende que la existencia es una nota infaltable en el ser perfecto, interpreta la existencia como *algo que está en la cosa*. Cuando lo cierto es que algo puede ser o no ser perfecto aunque no exista. Por consiguiente, el argumento ontológico tampoco puede servir para la demostración de la existencia de Dios.

IX) *La metafísica.*

Si, pues, la metafísica como ciencia especulativa es imposible, queda, sin embargo, como la natural inclinación humana a lo absoluto. Los objetos metafísicos —las *Ideas*— son las categorías supremas que corresponden a las síntesis de juicios, o sea a los raciocinios. Estas ideas deben tener un *uso regulativo*, es decir, que el hombre debe actuar *como si* hubiera Dios, *como si* hubiera libertad, etc.

X) *La moral.*

En la *Crítica de la razón práctica* dice Kant que el hombre siente el deber y actúa como si fuera libre. Y si bien es cierto que la libertad no es demostrable teóricamente, en el terreno de la práctica, vale decir de la moral, vemos que la libertad es un hecho cierto, impuesto por la conciencia del deber, y que debemos admitir así, aunque no sepamos teóricamente cómo es posible. La libertad es, pues, un *postulado de la razón práctica*, o sea algo que es preciso admitir como evidente aun cuando no resulte demostrable especulativamente. De este modo, las Ideas regulativas u objetos de la metafísica se convierten en postulados de absoluta validez en el campo de la razón práctica.

I) *El imperativo categórico.*

En la *Fundamentación de la metafísica de las costumbres* establece Kant una distinción entre lo bueno en sí y lo bueno para otra cosa. Y concluye que lo único realmente bueno en sí mismo es una *buena voluntad*. De manera que la moralidad de la conducta va a residir ahora, no en la acción, sino en la voluntad que lleva a cabo dicha acción.

La ética kantiana se funda en un *imperativo* porque el propósito de su autor es el de elaborar una teoría de la conducta que tenga como lema el *deber ser*. Pero dicho imperativo no puede ser *hipotético*, como cuando se dice: "estudia... si quieres aprender", sino que no ha de estar sometido a ninguna condición, por lo que debe contener su propia obligatoriedad. Este es el *imperativo categórico*, que se puede formular del siguiente modo: *Obra de tal modo que puedas querer que lo que haces sea ley universal de la naturaleza.*

Este imperativo encierra, pues, la norma que debe regir la voluntad, de manera que ésta obre siempre *por puro respeto al deber.*

II) *La persona moral.*

En la ética kantiana hallamos, además, otros dos ingredientes, a saber: que es *autónoma* y no *heterónoma,* o sea que su ley moral no depende de nada ajeno al yo (ni castigos ni recompensas). Y es *formal* y no *material,* porque se refiere sólo a la *forma* de la acción como es el respeto al deber.

La ética kantiana culmina en el concepto de *persona moral.* Al distinguir entre el mundo de la naturaleza y el mundo de la libertad, nos dice Kant que el hombre como sujeto empírico está determinado por la causalidad natural, pero como persona moral pertenece al mundo de la libertad o al reino de los fines. El hombre es *un fin en sí mismo* y la inmoralidad consiste en tomarlo como *medio* para algo.

III) *La primacía de la razón práctica.*

Lo primero en el hombre, dice Kant, no es la *teoría,* sino la *práctica.* Según él, la filosofía culmina en el concepto de persona moral, interpretada como libertad.

6. La Ilustración.—Durante el siglo XVIII tiene lugar en Europa —particularmente en Francia, Inglaterra y Alemania— un movimiento intelectual conocido con los nombres de *Ilustración, Iluminismo* o *Epoca de las luces* [13], que surge y se difunde vigorosamente como consecuencia de la confianza cada vez mayor en el poder de la razón para impulsar el progreso, reestructurar la sociedad y conseguir la mayor felicidad para el género humano. Se puede, por lo tanto, afirmar que la Ilustración se funda en un optimismo sin restricciones que es el resultado de una ciega confianza en la eficacia de la razón. A esto se une, para complementarlo, el desarrollo alcanzado por las ciencias naturales, que tienen como meta el dominio de la naturaleza por el hombre.

---

13. La palabra Ilustración la expresan los alemanes con el vocablo *Aufklärung* y los ingleses con el de *Enlightenment.*

Las características de la Ilustración son las siguientes: I) el conocimiento y dominio de la naturaleza (ciencia y filosofía), II) el esclarecimiento de los dogmas y las leyes (religión, moral y derecho), III) el gobierno autoritario ejercido por las gentes cultas —"despotismo ilustrado"— (sociedad y política).

La Ilustración se desarrolla en Francia de un modo peculiarmente amplio y es el antecedente histórico y a la vez ideológico de la Revolución Francesa. Los pensadores que la personifican no son en realidad filósofos, pero algunos influyeron decisivamente en el destino subsecuente de la historia europea, por lo que es preciso mencionarlos aquí.

I) *El barón de Montesquieu.*

Charles de Secondat, barón de Montesquieu, nació en La Brède, cerca de Burdeos, en 1869 y murió en 1755. Recibió una esmerada educación y viajó por Italia, Bélgica, Holanda e Inglaterra. En 1748 dió a la publicidad su famosa obra titulada el *Espíritu de las leyes,* en la cual demuestra que cada grupo social tiene las leyes que concuerdan con su naturaleza y su desarrollo histórico, con lo cual, de paso, se prueba que no hay contradicción entre lo natural y lo histórico en el derecho. Las leyes tienden en su desarrollo a la realización de la libertad humana, y el ideal se logra cuando se obtiene la mayor libertad dentro de las condiciones que imponen la naturaleza y la historia. Para Montesquieu, este ideal está representado por la coexistencia y separación de los tres poderes: legislativo, ejecutivo y judicial. Si los tres poderes se unen, en un solo individuo o en el pueblo, se pierde la libertad.

II) *Juan Jacobo Rousseau.*

Nació en Ginebra en 1712, hijo de un relojero protestante, y murió en 1788. Fué de una infancia y adolescencia precoz y se vió obligado a llevar una vida azarosa, tal como se refleja en su obra maestra las *Confesiones.*

ROUSSEAU

VOLTAIRE

El pensamiento de Rousseau está expuesto sobre todo en sus *Confesiones*, en el *Discurso sobre las ciencias y las artes* y en el *Contrato Social*. En ellas aparece el hombre que, lejos de ser un pensador racionalizante, se nos ofrece como una vida en perpetua lucha con el medio, en una porfiada rebeldía contra lo establecido. Ya en su *Discurso sobre las ciencias y las artes* (que obtuvo el primer premio de la Academia de Dijón en 1750) afirma que las ciencias y las artes, en vez de depurar las costumbres y dignificar al hombre, han corrompido aquéllas y envilecido a éste. El hombre civilizado —nos dice en el *Discurso sobre los orígenes y fundamentos de la desigualdad entre los hombres*— es el resultado desolador de las impurezas que se han ido acumulando en el hombre en estado de naturaleza. Para volver a la *pureza* del hombre primitivo —y no a su estado de naturaleza— es preciso desarrollar las fuerzas que son originariamente buenas en el hombre, las cuales se manifiestan a través de sus más puros sentimientos, y con la finalidad de rehacer el orden social. El *Contrato Social* elimina las dificultades para alcanzar este *desideratum* desde el momento en que de acuerdo con dicho *Contrato*, el hombre se vincula por su libre decisión a la obediencia de leyes que emanan de una *voluntad general*. Lejos de estar dictadas por la pasión y el egoísmo, las leyes son el producto de la igualdad entre los hombres.

La filosofía de Rousseau, a través de su patético pesimismo, apunta, sin embargo, hacia el optimismo fundado en el dominio de la naturaleza, que es la suprema aspiración de la Ilustración.

III) *Voltaire*.

Francisco María Arouet Voltaire [14] nació en 1694 y murió en 1788. Fué amigo de Federico el Grande de Prusia y de Catalina la Grande de Rusia. Gozó de inmensa popularidad y fué el escritor más leído de su tiempo.

---

14. Lo del apellido *Voltaire* es un anagrama compuesto a base de su patronímico verdadero, o sea Arouet.

Voltaire es un admirable escritor, irónico y divertido, pero no es un pensador profundo. Por el contrario, es siempre superficial y demasiado anecdótico. Su ingenio no tiene paralelo en la lengua francesa más que con Rabelais. Pero en el aspecto filosófico deja mucho que desear. El *Diccionario filosófico* es una espléndida muestra de su agudeza, su ingenio y su total despreocupación por la profundidad. Como historiador es algo más importante, sobre todo con su *Le siecle de Louis XIV* y el *Ensayo sobre las costumbres y el espíritu de las naciones*. Voltaire encarna a la perfección el espíritu optimista, desenfadado y superficial de la *Ilustración*.

CAPITULO XII

1. La filosofía en los comienzos del siglo XIX.—La filosofía de Kant y el pensamiento científico-social de la Ilustración dan lugar, en el siglo XIX, a dos manifestaciones de igual importancia: el *idealismo especulativo* y el *romanticismo*.

El idealismo especulativo representa la continuación del pensamiento kantiano y se desarrolla íntegramente en Alemania durante la primera mitad del siglo XIX. Lo personifican las grandes figuras de Fichte, Schelling y Hegel. En cuanto al romanticismo, procede de ciertas actitudes como la de Rousseau y su teoría de la vuelta a la naturaleza, que, más tarde, como reacción a los excesos del idealismo especulativo, encontrará adeptos en el movimiento denominado *Sturm und Drang* (Tormenta e Impulso), como también en el *círculo romántico* de Jena al cual pertenecen los hermanos Schlegel, Tieck, Novalis, Hölderling, Schelling, etc. "Característica del pensamiento romántico —dice Ferrater Mora [1]— es la tendencia a la unificación de los contrarios, a la fusión de todos los aspectos de la realidad y de la cultura, en un propósito único, así como la tesis de la igualdad esencial de la filosofía, de la ciencia, del arte y de la religión."

2. El idealismo especulativo.

a) *Juan Teófilo Fichte.*

Nació en Rammenau en 1762, hijo de un humilde tejedor. La protección de un noble le permitió hacer estudios en el Gimnasio de Pforta y luego en las Universidades de Jena y Leipzig. Conoció a Kant en 1791, quien le hizo posible la publicación de su *Crítica de toda revelación*. De 1794 a 1799 fué profesor

---

1. J. FERRATER MORA.—*Diccionario de Filosofía*, tercera edición, p. 817.

en Jena, cargo que abandonó al entrar en discrepancias con el gobierno a causa de un artículo sobre el ateísmo, de firma ajena a la suya, pero publicado en su revista. Durante la invasión napoleónica (1807 y 1808) pronunció sus famosos *Discursos a la nación alemana*. En 1811 ocupó el cargo de rector de la Universidad de Berlín y murió tres años después (en 1814) de fiebre infecciosa.

Sus obras principales son: *Teoría de la ciencia, El destino del hombre, El destino del sabio, Primera y Segunda Introducción a la Teoría de la Ciencia*.

I) *El punto de partida.*

Fichte comienza justamente donde termina Kant, es decir, en el primado de la razón práctica sobre la teórica. Y puesto que el *yo puro* de Kant se determina a sí mismo, al realizar el imperativo categórico, según la expresión: *haz lo que quieras*, Fichte arranca del yo, cuyo imperativo moral debe ser: *llega a ser el que eres (werde, der du bist).*

II) *El yo.*

La tesis básica de la metafísica de Fichte es de sobra conocida: *el yo se pone, y al ponerse pone al no-yo*. La diferencia con Kant reside en que, para éste, *ponerse* es situarse entre las cosas, mientras que para Fichte es asumir el yo su existencia y con ella la de todo lo que no es él.

III) *El no-yo.*

Para Fichte, la realidad, o el no-yo, es pura actividad (del yo). Este crea, con su acción, el mundo en que ha de vivir. Pero, además, este mundo no es sustancia o cosa, sino puro obrar, puro actuar. Al ponerse el yo, pone al no-yo, porque, para Fichte, el acto en el cual se pone el yo permite a éste afirmarse como *idéntico a sí mismo*, y en esta constatación de su identidad es cuando advierte que hay otra cosa que él, algo residual, o sea el no-yo, que se le ofrece como *resistencia*.

FICHTE

SCHELLING

b) *Federico Guillermo Schelling.*

Nació en Württemberg en 1775. Fué condiscípulo de Hölderling y Hegel en Tubinga, donde los tres estudiaron teología. A los veinte años publicó su primer trabajo filosófico *(Del yo como principio de la filosofía)*, que deja ver la influencia de Fichte. Fué profesor en Jena y en Würzburgo y miembro de la Academia de Ciencias de Berlín. Fué profesor en Munich y después en Erlangen y finalmente en Berlín. Murió en 1854.

Entre sus obras se cuentan: *Del yo como principio de la filosofía, Ideas para una filosofía de la naturaleza, Sistema del idealismo trascendental y Sistema de la identidad.*

I) *El punto de partida.*

La tesis fichteana de que el yo (el espíritu) pone al no-yo (la naturaleza) deja subsistente, sin embargo, la sustancia entitativa del yo y el no-yo. Pero Schelling borra esta diferencia al afirmar que la naturaleza no es más que el espíritu que llega a ser, de modo que, en el fondo, ambos se identifican. Hay, pues, un momento en que el espíritu es naturaleza y ésta es espíritu: en esto consiste la *identidad* con la cual Schelling intenta explicar las relaciones constantes entre el yo y el no-yo.

II) *El conocimiento.*

No hay modo de expresar conceptualmente esta *identidad*. Su conocimiento sólo se puede lograr por medio de una *intuición intelectual*.

III) *La libertad.*

Pero Schelling tropezó en su metafísica de la identidad con la grave cuestión de la libertad. Entonces, modifica su sistema y establece que la realidad se va creando por una serie de sucesivos desarrollos, en los cuales de la naturaleza inorgánica se pasa a la orgánica y de ésta al espíritu. La meta de este gradual desarrollo es la *libertad*.

c) *Jorge Guillermo Federico Hegel.*

Nació en Sttugart en 1770 de familia protestante de la clase media. Después del gimnasio de Sttugart, fué a Tubinga, donde cursó filosofía y teología. Se dedicó a la enseñanza privada entre 1793 y 1800. En 1807 publicó la *Fenomenología del espíritu.* Después de algunas vicisitudes, es nombrado director del gimnasio de Nüremberg, donde permanece hasta 1816, en que es nombrado en la Universidad de Heidelberg. En 1818 fué designado profesor de la Universidad de Berlín, de la que llegó a ser rector. Murió el año 1831, víctima de una epidemia de cólera.

Entre sus obras se cuentan: *Fenomenología del Espíritu, Ciencia de la lógica, Filosofía del derecho, Filosofía de la religión, Filosofía de la historia universal.*

I) *El problema del espíritu.*

La filosofía del idealismo especulativo remata grandiosamente en Hegel. Recuérdese que el problema de lo que sean respectivamente el espíritu y la naturaleza y su relación efectiva se resuelve en Fichte y Schelling a favor del espíritu. Y en Hegel esta misma solución alcanza lo que llamaríamos su máxima expresión.

El espíritu —que es, pues, lo más importante de la filosofía de Hegel— reviste para este pensador tres formas diferentes de manifestación: el espíritu *subjetivo,* el *objetivo* y el *absoluto.*

I) *El espíritu subjetivo.*

Hegel considera el espíritu subjetivo como lo que se entiende comúnmente por *alma,* es decir, como un sujeto provisto de intimidad e interioridad y que se sabe a sí mismo.

II) *El espíritu objetivo.*

El espíritu objetivo son las manifestaciones concretas que adopta el espíritu subjetivo. Para Hegel son tres: el *derecho* (que se funda en las relaciones interpersonales), la *moralidad* (que se apoya en los motivos que determina la conducta individual) y la *eticidad* (que es la consumación del espíritu objetivo. Puede asumir dos formas: la *familia* o la *sociedad*).

Finalmente, las formas mencionadas del espíritu objetivo se condensan en una sola, suprema, que es el *Estado*. A su vez, el Estado se realiza a través de la *historia universal*, que es el desarrollo persistente de la dialéctica interna de la idea de Estado. Y la historia no es sino la realización del plan divino.

III) *El espíritu absoluto*.

Es la síntesis del espíritu subjetivo y el espíritu objetivo. También, nos dice Hegel, de la naturaleza y el espíritu. Ahora bien, el *absoluto* en que consiste este espíritu es algo que supera al conjunto de los otros dos y les sirve de fundamento. Este fundamento, o lo absoluto, es el *pensamiento*, en cuanto es el ser que se manifiesta a sí mismo.

Pero el absoluto es el ser puro y éste es la negación, o la *nada*. El absoluto, como pensamiento, trata de superar la nada sin salirse del ser que es él mismo, y este empeño constituye el *devenir*. Por esta razón, ser algo es *llegar a ser algo*, o, lo que es lo mismo, dejar de ser *nada* o ser absoluto. Por eso dice Hegel —con razón desde su punto de vista— que el puro ser y la pura nada se identifican. Y, en último término, ese absoluto que es el pensamiento, el ser que se manifiesta a sí mismo, culmina en la *Idea*, que para Hegel es la libertad. Porque la *libertad* consiste en una realización del devenir hasta sus últimas consecuencias.

El espíritu absoluto reconoce tres estadios o fases: el *arte* (manifestación sensible de lo absoluto), la *religión* (representación de lo absoluto), la *filosofía* (que nos da la idea de lo absoluto como un concepto).

II) *La naturaleza*.

Para Hegel la naturaleza es un momento del espíritu absoluto, que se manifiesta como *algo* contrapuesto al espíritu subjetivo. Esta naturaleza tiene tres fases: A) la *mecánica*, con sus tres momentos: el espacio y el tiempo, la materia y el movimiento, la materia libre. B) La *física*, cuyos tres momentos son: física de la individualidad general, física de la individualidad particular, física de la individualidad total. C) La *orgánica*, en la cual hay también tres momentos: la naturaleza geológica, la naturaleza vegetal y el organismo animal.

III) *La filosofía de la historia.*

Según Hegel, la historia es el autodespliegue de la Idea, es decir, la *realidad* que se va tornando *razón* a medida que la razón se va convirtiendo en realidad. Esto hace claro el sentido de la famosa frase hegeliana: *todo lo real es racional y todo lo racional es real.* Pero la falla estriba en que Hegel quiere explicar la historia como un *saber absoluto*, es decir, que no deja lugar a la contingencia.

3. La oposición al idealismo especulativo.—La consecuencia final de la filosofía del idealismo especulativo salta a la vista: "una metafísica, cuyo centro, en oposición a la metafísica prekantiana, no era el mundo, sino el yo, y para la cual lo esencial de la realidad no era la naturaleza, sino el espíritu" (2). En definitiva, una *apoteosis* del espíritu, especialmente en el caso de Hegel, quien viene a resultar uno de los que "creen ser de los elegidos a quienes Dios concede en sueños la sabiduría, y lo que en realidad conciben y paren, así, en el sueño, no son por esto sino ensueños" (3). Contra esta ensoñación, que en el propio Hegel se aproxima a veces al delirio, va a reaccionar violentamente la filosofía de la segunda mitad del siglo XIX.

a) *La reacción contemporánea con Hegel.*

Llamamos así a la actitud asumida por un grupo de pensadores alemanes contemporáneos de Hegel que se oponen resuel-

---

2. A. Messer.—*La filosofía en el siglo XIX* (trad. de J. Gaos), Revista de Occidente, Madrid, 1931, p. 7.

HEGEL

SCHOPENHAUER

tamente a su idealismo especulativo. Estos pensadores son: Jacobo Federico Fries (1773-1843), Juan Federico Herbart (1776-1841), Federico Eduardo Beneke (1798-1854), Arturo Schopenhauer (1788-1860) y Luis Feuerbach (1804-1872) Aquí vamos a ocuparnos solamente de Schopenhauer.

Arturo Schopenhauer nació en Dantzig en 1788. Su padre era un comerciante muy rico y su madre una mujer culta que tuvo algún éxito como novelista. La muerte del padre le hizo abandonar el comercio para dedicarse a la filosofía. Estudió en Gotinga y luego en Berlín con Fichte. Fué docente privado en la Universidad de Berlín, pero logró escaso éxito. Viajó con mucha frecuencia hasta 1831, año en que se radicó en Francfort del Mein hasta su muerte, ocurrida en 1860.

Sus principales obras son: *La cuádruple raíz del principio de razón suficiente, El mundo como voluntad y representación, Parerga y Paralipómena, El amor, las mujeres y la muerte.*

Schopenhauer parte de esta afirmación: el mundo es una *representación*, y ésta, a su vez, no es sino apariencia o engaño. Frente a ese mundo aparente se encuentra el *yo*, que es posible aprehender, no como fenómeno, sino como *voluntad*. Esta voluntad, en definitiva, es la sustancia de toda la realidad, puesto que toda cosa se manifiesta, dice Schopenhauer, como *voluntad de ser* [4]. Ahora bien, la voluntad implica siempre el *dolor*, de donde resulta que la entraña misma de la vida es el dolor. Como se comprende, la filosofía de Schopenhauer es un riguroso pesimismo.

Para liberarnos de este dolor no hay más salida que la *superación de la voluntad de vivir*, lo cual se logra entrando en la nada, en el *nirvana*. Con esta aniquilación consigue el hombre su verdadera salvación y alcanza el sumo bien.

---

3. J. G. F. HEGEL.—*Fenomenología del espíritu*, Introducción.
4. Spinoza entiende que la *voluntad* es "la esencia misma del hombre", que no es más que el esfuerzo presente lo mismo en la vida humana que en la infrahumana para perseverar en su ser *(conatus sese preservandi)*. Así, nos dice —*Etica*, III, 6, 7—: "Cada cosa, en lo que constituye su propio ser, no es más que la esencia real de esa cosa".

No es de extrañar que esta filosofía postule como sentimiento moral el de la *compasión:* la tendencia a aliviar el dolor ajeno.

b) *El materialismo alemán.*

Como consecuencia del progreso alcanzado por las ciencias naturales y su aplicación a la técnica e igualmente por reacción a las demasías del idealismo especulativo [5], surge en Alemania el movimiento denominado *materialismo,* que cuenta entre sus adherentes a Luis Büchner (1824-1899), muy conocido por su libro *Fuerza y materia;* Jacobo Moleschot (1822-1893), autor de *El ciclo de la vida;* y Carlos Vogt (1817-1895), cuya obra *La fe del carbonero y la ciencia* alcanzó extraordinaria resonancia.

La tesis básica del materialismo se puede expresar así: *todo lo real es corporal.* Lo psíquico es una función del cuerpo. Así, en una ocasión, se afirma que "las ideas están en la misma relación con el cerebro que, verbigracia, la bilis con el hígado".

El análisis más ponderado y minucioso del materialismo se debe a Federico Alberto Lange (1828-1875), quien escribió una *Historia del materialismo y crítica de su significado en el presente.*

c) *El positivismo.*

El movimiento más importante de la segunda mitad del siglo XIX es el *positivismo,* que surge en Francia como una oposición al *eclecticismo* de Víctor Cousin (1792-1857), fundado a su vez en el idealismo especulativo. La razón primordial del positivismo es la *negación de toda metafísica.*

I) *El fundador: Augusto Comte.*

Nació en Montpellier (Francia) en 1798, de familia católica, monárquica y conservadora. Estudió en la Escuela Politécnica

---

5. Habría que señalar también la relación que guarda este proceso con la situación política en Alemania inmediatamente posterior a 1848 (el "año loco"). Pero no es posible extenderse más sobre este asunto en la presente obra.

de París y después fungió de secretario de Saint-Simon. Obtuvo en dicha Escuela un cargo de repetidor, pero lo perdió por causa de ciertas enemistades. Tuvo siempre una vida muy desgraciada y hasta llegó a presentar síntomas de desequilibrio mental, de lo que le alivió bastante el notable alienista Esquirol. Son célebres sus amores con la poetisa Clotilde de Vaux, a la que convirtió en sacerdotisa de su *religión de la humanidad*. Murió en 1857.

Entre sus obras tenemos los *Opúsculos* (su primera obra), el *Curso de filosofía positiva* (seis volúmenes), el *Discurso sobre el espíritu positivo*, el *Catecismo positivista* y el *Sistema de política positiva*, o *Tratado de sociología que instituye la religión de la humanidad*.

I) *El punto de partida.*

Comte arranca de la siguiente consideración: el conocimiento humano ha pasado por tres etapas o estados: el *teológico*, que constituye la busca de *causas y principios*. Este estado reconoce tres fases, a saber: la *fetichista*, la *politeísta* y la *monoteísta*. Predomina en este estado la *imaginación* y es el propio de la *infancia* de la humanidad. Viene a continuación el estado *metafísico*, que es de naturaleza *crítica* y se distingue del anterior porque para explicar los principios y las causas no recurre a agentes sobrenaturales, sino a *entidades abstractas* (la sustancia, la causa, la esencia, etc.). Ahora el poder se traslada de Dios a la Naturaleza. Y en tercer lugar tenemos el estado *positivo*, que es para Comte el *definitivo* de la mente humana. En él la *observación* reemplaza a la imaginación, en lugar de creencias o abstracciones la mente se atiene a los *hechos* y sus *leyes*. El hecho, por supuesto, como lo que aparece o se manifiesta, es decir, como *fenómeno*.

II) *Relativismo y utilitarismo.*

. Puesto que el positivismo estudia solamente *hechos* o *fenómenos*, el conocimiento que se puede obtener de éstos ha de ser siempre *relativo*. Hasta las ideas, dice Comte, son fenómenos, tanto individuales como colectivos. Además, el saber tiene como última finalidad la mejor satisfacción de las necesidades humanas. Como dice el propio Comte: *Ver para prever, prever para poder*.

III) *La clasificación de las ciencias*.

El sistema de las ciencias de Comte tiene gran importancia porque él las agrupa, por una parte, según que hayan ido alcanzando el estado positivo; y por otra, atendiendo a la dependencia de cada una con respecto a las anteriores.

matemática — astronomía
física — química
biología — sociología

Además, no aparecen ni la metafísica (que el positivismo reputa imposible) ni la teología (definitivamente superada). En cuanto a la psicología (por supuesto, la psicología experimental), se diluye entre la biología y la sociología. Tampoco hace Comte un sitio a la historia y a las restantes ciencias del espíritu, por no acordar con el patrón de las ciencias naturales.

IV) *La Sociología*.

Es la ciencia fundada por Comte, quien comenzó llamándola *física social*. La sociología es para él la interpretación positiva de la realidad histórica que es la humanidad. Sin embargo, en Comte la sociología acaba convirtiéndose en una religión de la humanidad.

V) *La religión de la humanidad*.

Comte considera la humanidad como el *Gran Ser* y la moral como *altruismo*, es decir, como la vida de cada quien consagrada a los demás. El Gran Ser merece dos formas de culto: una individual y privada y otra colectiva y pública. Llevado de su entusiasmo por la *religión de la humanidad*, Comte organizó una

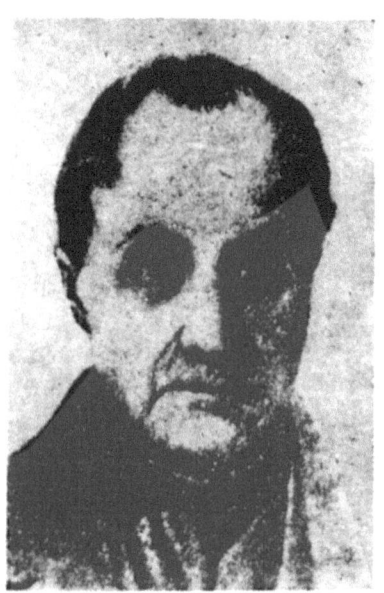

COMTE

HERDER

Iglesia con sus sacerdotes, su culto, su calendario y con un lema supremo: *el Amor por principio, el Orden por base y el Progreso por finalidad.*

Tras Comte el positivismo encontró muchos adeptos en Francia: Eduardo Littré (1801-1881), Hipólito Taine (1828-1893), Ernesto Renán (1823-1892), Emilio Durkheim (1858-1917) y Luciano Lévy-Bruhl (1857-1939). También se difunde poderosamente por Alemania e Inglaterra, como expondremos a continuación.

II) *El positivismo inglés: Herbert Spencer.*

La dirección positivista en Inglaterra presenta dos aspectos: el *utilitarismo ético* y el *evolucionismo.* El primero fué desarrollado por Jeremías Bentham (1748-1842), James Mill (1773-1836) y John Stuart Mill (1806-1873). La tesis del utilitarismo ético es la siguiente: lo *bueno* es lo *útil* y esto es lo que nos proporciona *placer,* que es el fin supremo para el hombre. Ahora bien, se debe tender al logro de *la mayor felicidad para el mayor número.*

Herbert Spencer, el filósofo inglés del *evolucionismo,* nació en el condado de Derby (Inglaterra) en 1820. Su padre y su tío eran profesores en colegios privados, pero Spencer apenas si frecuentó las aulas, si se exceptúa los tres años de escolaridad en Hinton. Trabajó muchos años como ingeniero de ferrocarriles y finalmente se consagró a la filosofía. Entre sus obras se cuentan los *Primeros Principios,* los *Principios de Biología,* los *Principios de Psicología* y los *Principios de Etica.* Esta tetralogía fué bautizada por su autor con el título general de *Sistema de filosofía sintética.*

El positivismo en Spencer, lo hemos dicho ya, es *evolucionista.* Se anticipó a Darwin en la teoría del evolucionismo, pues la obra maestra de éste *(El origen de las especies mediante la selección natural)* apareció en 1859.

La idea básica de la filosofía de Spencer es, pues, la idea de evolución natural. Explicar algo consiste en mostrar cómo lo que es ha llegado a ser. Respecto del *qué* de la realidad, de su *esencia*, entiende que es insoluble, de donde el nombre de *agnosticismo* que recibe su doctrina. Fuera de las ciencias positivas no hay conocimiento posible, pues el saber se reduce al mundo fenoménico. Sin embargo, Spencer admite que el universo tiene un *fundamento absoluto*, sólo que es incognoscible.

La evolución aplicada al cosmos es concebida por Spencer como el pasaje desde un estado más homogéneo a otro menos homogéneo; en esta progresiva *diferenciación* reside la posibilidad de la variedad que muestra la realidad.

III) *El positivismo alemán.*

En la dirección del positivismo alemán encontramos a Ernesto Laas (1837-1884), autor de *Idealismo y positivismo;* a Eugenio Dühring (1833-1921), que escribió *Lógica y teoría de la ciencia;* a Ricardo Avenarius (1843-1896), a quien debemos *La filosofía como el pensar del mundo según el principio del menor gasto de energía;* a Ernesto Mach (1838-1916), autor de *La historia y la raíz del principio de la conservación del trabajo* y *Conocimiento y error;* y a Hans Vaihinger (1852-1933), a quien se debe la famosa obra titulada *La filosofía del como si.*

d) *El neokantismo.*

Alrededor de 1860 comienza a producirse en Alemania un movimiento *de regreso* a la filosofía de Kant. Por una parte el libro ya mencionado de Lange *(Historia del materialismo)*, por otra la filosofía de Schopenhauer, quien, a la vez que atacaba sañudamente a Hegel, hacía expresa declaración de su discipulado kantiano; y, por último, la gran estima en que notables investigadores como Helmholtz y Zöllner tenían a Kant. También contribuyen a la vuelta al kantismo la *Historia de la filosofía*, de Kuno Fischer (donde se hace un ponderado e interesante estudio de la filosofía kantiana), y la obra de Otto Liebmann *(Kant y los epígonos)*, cuyos capítulos concluyen todos con la frase: *Por lo tanto, debemos volver a Kant.*

La vuelta a Kant en Alemania adoptó dos direcciones: una que aspiraba a convertir el fenomenismo de Kant en puro idealismo (el neokantismo) y otra que pretendía resolverlo en realismo crítico (Volkelt, Külpe, etc.). Diremos sólo dos palabras sobre el neokantismo.

Julián Marías [6] ha fijado con gran precisión las primordiales características del neokantismo: los neokantianos proceden del positivismo y éste se caracteriza: I) por la negación de toda posible metafísica; II) por la tendencia muy marcada a convertir la filosofía en teoría del conocimiento; III) por un gran interés hacia las ciencias positivas; IV) por la propensión a interpretar la filosofía como ciencia. Mientras que en la *Crítica de la razón pura* encontramos: I) el intento de determinar las posibilidades del conocimiento; II) una teoría filosófica de la ciencia de su tiempo (matemática y física newtoniana); III) el rechazo de la metafísica tradicional. Los neokantianos ven esto último, que es lo afín de la filosofía kantiana con el positivismo, y por eso aspiran a convertir la filosofía en una reflexión filosófica sobre el conocimiento y las ciencias positivas.

El neokantismo se escindió, casi de inmediato, en dos direcciones principales: la *escuela de Marburgo* (caracterizada por su propensión racionalista, naturalista, formalista y a las ciencias físico-matemáticas) y la *escuela de Baden* (que hizo de la historia y las demás ciencias de la cultura el tema preferente de sus investigaciones).

Entre los representantes de la escuela de Marburgo tenemos a su fundador Hermann Cohen (1842-1918), Paul Natorp, que le sucedió en la dirección de la escuela (1854-1924), Ernesto Cassirer (1874-1945), Rodolfo Stammler (1856-1938) y Karl Vörlander (1860). Pertenecen a la escuela de Baden su fundador Wilhem Windelband (1848-1915), Enrique Rickert, que le sucede en la dirección de la escuela (1863-1936), Bruno Bauch (1877-1942) y Richard Kröner (1884).

---

6. J. MARÍAS.—*Historia de la filosofía*, ed. Revista de Occidente, Madrid, 1941, p. 296.

LA FILOSOFIA EN LA EDAD
CONTEMPORANEA

CAPITULO XIII

1. La filosofía contemporánea.—Llamamos *filosofía contemporánea* al conjunto de temas que nos aluden directamente, es decir, que forman parte de nuestra problemática en general. Estas cuestiones de que consta la susodicha filosofía no tienen por qué ser forzosamente "actuales", sino que algunas de ellas datan lo menos de un siglo atrás. Pero se encuentran insertas, con una gran fuerza operativa, en la circunstancia presente. Tal es el caso de la filosofía de la vida y del existencialismo. Otras filosofías, en cambio, como el neokantismo, si bien es cierto que en cierta parte de su proceso histórico corresponden al siglo xx, pues sus efectos alcanzan hasta hace treinta años, no pertenecen *ideológicamente* a la problemática contemporánea. A esto se debe que lo hayamos situado en las postrimerías del pasado siglo, pues se acuerda perfectamente con el *ánimo* filosófico y la *concepción del mundo* propios de esa centuria.

Pero hay otro detalle que es preciso destacar por la importancia que para nosotros reviste. Algunos de los pensadores que vamos a presentar aquí, no obstante haber pertenecido al siglo xix (Kierkegaard, Nietzsche), corresponden ideológicamente a nuestra centuria, o sea a la filosofía actual, porque no significaron nada o muy poco para su tiempo, que, en algunos casos, no se enteró que existían. Por consiguiente, vivieron entonces y actúan filosóficamente ahora.

Por este último motivo es que tienen una significación tan extraordinaria para la filosofía contemporánea. Lo importante, pues, no es *situarlos* exactamente en su momento con relación al tiempo de su vida, sino en aquél en que actúan. De lo contrario, la filosofía acabaría por ser, no el estudio de una vital problemática, sino mera erudición arqueológica.

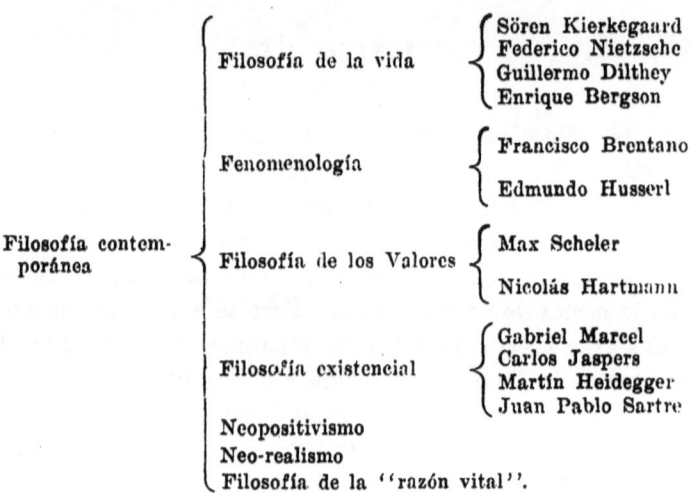

2. La filosofía de la vida.—Frente a las exageraciones del idealismo especulativo, las abstracciones neokantianas y la maniática adhesión fenomenista del positivismo, despuntan en la segunda mitad del siglo XIX algunos pensadores que intentan dar a la *vida humana* el rango de objeto principal de la filosofía.

a) *Sören Kierkegaard.*

Entre esos pensadores se cuenta el danés Sören Kierkegaard, nacido en Copenhague en 1813 y muerto prematuramente en 1855. Estudió primero teología en la Universidad de su ciudad natal y después filosofía con Schelling en Berlín. Entre sus obras se pueden citar: *Del concepto de ironía, sobre todo en Sócrates; Temor y temblor, El concepto de la angustia* y el *Tratado de la desesperación.*

Su punto de partida es la oposición terminante al idealismo alemán, especialmente Hegel, en quien ve Kierkegaard la abs-

NIETZSCHE

DILTHEY

tracción racionalista del idealismo llevada a sus últimas e intolerables consecuencias. Entiende que es preciso distinguir entre el hombre *esencial* (mera abstracción del pensamiento filosófico) y el hombre *existencial* (el ser que actúa, que sufre y que es capaz de experimentar el sentimiento de la *angustia,* que es la esencia misma de lo humano). Lo que existe, según Kierkegaard, es el *individuo* en cuanto algo concreto, pues, para él, existencia es sinónimo de individualidad.

b) *Federico Nietzche.*

Nació en Rocken (Prusia) en 1844. Hijo de un pastor protestante, a los veinticinco años, después de haber estudiado filología clásica en Bonn y Basilea, fué nombrado profesor de esa disciplina en la Universidad de Basilea, cargo que tuvo que abandonar en 1879, viviendo entonces como escritor, hasta 1899 en que perdió la razón. Murió en 1900. Entre sus obras se cuentan: *El origen de la tragedia, Humano, demasiado humano, Genealogía de la moral, Más allá del bien y del mal, La voluntad de poder.*

La filosofía de Nietzsche es también vitalista. Parte de la consideración de que sólo la vida entendida como vida sana, fuerte, dotada de una *gran voluntad de poderío,* debe ser tenida en cuenta.

En los comienzos de su filosofía establece Nietzsche una clara distinción entre los conceptos griegos de lo *apolíneo* (la serenidad, la claridad y la medida) y lo *dionisíaco* (lo impulsivo y avasallador). Para él la concepción occidental de la vida ha estado despóticamente regida por la idea de que es preciso huir de lo dionisíaco y abrazar lo apolíneo. Y Nietzsche quiere invertir los términos. Puesto a escoger entre la verdad y la vida, el filósofo se decide por esta última, haciendo buenas de esta manera las palabras de la *Casandra* de Schiller: *Sólo el error es la vida y la verdad es la muerte.*

Otro motivo de repulsa de Nietzsche es la moral cristiana con su idea del *amor al prójimo* y la *compasión.* En lugar de esta moral igualitaria y niveladora de fuertes y débiles, dice Nietzsche que debe prevalecer una *moral de los señores* y una *moral de los esclavos*, que sitúe a los poderosos (los señores) por sobre los débiles y *resentidos* (los esclavos). Por consiguiente, se impone una nueva tabla de valores, que sustituya a la vigente del cristianismo, y que ponga en primer lugar los *valores vitales* que rigen a los demás, ya que la vida es, para Nietzsche, el punto de partida de la realidad.

Porque la vida es inagotable, expresa Nietzsche, y una vez agotadas todas las posibilidades, volverá a surgir. Esta es la teoría nietzscheana del *eterno retorno,* que reconoce antecedentes en la filosofía de Heráclito y en el *corsi e ricorsi* del italiano Juan Bautista Vico.

c) *Guillermo Dilthey.*

Nació en Alemania en 1833 y murió en 1911. Fué profesor en la Universidad de Berlín durante veintinueve años. Su influencia como filósofo apenas si logró efectividad en su época. Su pensamiento corresponde plenamente a nuestro tiempo, del cual forma una parte importantís a. Sus obras completas (ya traducidas al español por Eugeni. .maz) incluyen *Introducción a las ciencias del espíritu, Introducción a la filosofía de la vida, La esencia de la filosofía, Psicología y teoría del conocimiento* y la *Poética.*

La filosofía de Dilthey está igualmente basada en la idea de la vida, pero de la *vida histórica.* Considera al ser humano *relativa* e *históricamente,* pues depende de un presente que se funda a su vez en un pasado. Además, no hay una *naturaleza* humana —como dice-Ortega y Gasset: "un modo de ser único e invariable en su última contextura"—, sino que solamente tiene *historia.*

En consecuencia, si la historia es la interpretación de la vida humana de acuerdo con los acontecimientos que la constituyen, es decir, a base de *hechos,* la filosofía, que es un aspecto de esa historia, no puede ser una *elaboración conceptual.* Lejos de esto, la filosofía es para Dilthey: 1) un análisis de lo humano por medio de una psicología descriptiva y analítica (que reemplaza a la psicología experimental, II) una teoría del saber, III) una enciclopedia de las ciencias.

En cuanto a los *sistemas absolutos* que ha elaborado el pensamiento filosófico, entiende Dilthey que no son posibles. Pues aun cuando haya leyes que determinen en cierto modo los procesos de la historia, las mismas no son ni absolutas ni *a priori*. Dilthey ensaya agrupar todos los productos de la especulación filosófica hasta su época en tres grandes epígrafes: Naturalismo, Idealismo objetivo e Idealismo de la libertad.

d) *Enrique Bergson.*

Nació en París en 1859 y murió en 1941. Fué alumno eminente de la famosa Escuela Normal Superior de París. Fué después profesor en el Liceo de Angers, más tarde en el de Clermont-Ferrand y finalmente en la Universidad de esta ciudad, de donde pasó al College Rollin y al Liceo Henri IV de París. Después ocupó una plaza de profesor en la Escuela Superior y en el *Colegio de Francia*, que es la más alta distinción académica francesa. Murió en 1941 a los ochenta y dos años.

Sus obras son: *Ensayo sobre los datos inmediatos de la conciencia, Materia y memoria, La risa, La evolución creadora, La energía espiritual, El pensamiento y lo movedizo* (con la *Introducción a la metafísica*) y *Las dos fuentes de la moral y la religión*.

Puede decirse que la filosofía de Bergson arranca de su distinción entre las dos facultades cognoscitivas del hombre: la *inteligencia* y la *intuición*. Por medio de la inteligencia el conocimiento capta la *exterioridad* de las cosas, entre las cuales se mueve, y traduce en *conceptos*, que no son más que esquemas de las cosas, no el contenido profundo de éstas, sino su manifestación externa o su apariencia. Mientras que la intuición se traslada, como dice Bergson, al interior de las cosas, para aprehender lo que hay en ellas de inefable, de inexpresable.

Además, la inteligencia tiende a detenerlo todo, a *solidificarlo*, y busca asimismo la semejanza que permite establecer una generalización en la que se funda la universalidad de los conceptos científicos. Pero la realidad viviente, el meollo de la vida, es algo dinámico, lo que Bergson llama el *élan vital* (el ímpetu de la vida), el cual determina una evolución interminable en el tiempo, evolución que es creadora, o sea que lo que aparece como dado al pensamiento, se va haciendo a medida que aparece.

Esto último implica una distinción entre el tiempo *espacial* y el tiempo *real*. El tiempo espacializado es el que marcan los relojes por medio de una serie de espacios que las manecillas recorren. O como los distintos espacios en que es posible descomponer el recorrido de un móvil entre dos puntos. Pero el tiempo real, el tiempo vivo es (para emplear el mismo ejemplo de Bergson) el que hay que esperar para que se disuelva el azúcar colocada en un vaso con agua.

Se ha querido cargar a la filosofía de Bergson con el reproche de *irracionalidad*, pero es injusto por inexacto. Más bien debe decirse que es *antirracionalista*, sobre todo porque demuestra, sin lugar a dudas, que la sustancia entrañable de la realidad se resiste a ser enmarcada en el esquematismo del concepto, que, además, no ofrece nada más que la simple exterioridad de los objetos.

3. **La fenomenología.**—Como reacción a las exageraciones del positivismo imperante a fines de la pasada centuria, especialmente en su manifestación del *psicologismo* —la ciencia, el arte, la lógica, etc., fundados en la psicología—, surge el movimiento denominado *fenomenología*, cuyo fundador es el filósofo alemán Edmundo Husserl.

a) *Francisco Brentano.*

Pero, como sucede siempre, también la fenomenología tiene sus precursores, de manera señalada uno de ellos: Francisco

Brentano, nacido en 1838, es un sacerdote católico que se separó de la Iglesia, aunque jamás abjuró de su fe. Fué profesor de las Universidades de Viena y Zurich y murió en 1917. Sus obras principales son *El origen del conocimiento moral*, la *Psicología desde el punto de vista empírico*, *El porvenir de la filosofía* y *Sobre la existencia de Dios*.

Brentano se caracteriza por derivar sus antecedentes filosóficos de la línea Leibniz-Descartes-Santo Tomás-Aristóteles. Además, se opone resueltamente al idealismo alemán y basa su filosofía en las ciencias naturales.

El punto de partida de Brentano es la *psicología*, que él, curiosa y deliberadamente, llama *empírica*, por oposición al asociacionismo psicológico que procede de la tradición empirista inglesa. Pues mientras ésta pretende derivar la *esencia* de un fenómeno de la observación de múltiples casos, para luego abstraer y generalizar, Brentano establece que *cada caso* ofrece la esencia de su propio ser. Eso, por una parte; por la otra, que los actos psíquicos son siempre *intencionales*, es decir, que se refieren a algo fuera del sujeto: la percepción es siempre percepción de algo, como el sentimiento es siempre sentimiento de algo, etc.

Brentano clasifica los actos psíquicos de este modo: I) *representaciones*, que constituyen la primera fase de todo acto psíquico (la simple referencia al objeto que motiva el acto psíquico); II) *juicios*, que son la aceptación o el rechazo que hace el sujeto de las representaciones; III) *emociones*, que constituyen una forma especial de actitud del sujeto hacia algo, para estimarlo o *valorarlo*. Finalmente, debe tenerse en cuenta la subdivisión que hace Brentano de la percepción en *interna* (de los fenómenos psíquicos) y *externa* (de los fenómenos físicos). Y en tanto que la interna es inmediata, evidente e infalible, la externa es todo lo contrario.

Otro notable aporte de Brentano a la filosofía contemporánea es su idea de la *ética*. Entiende que el criterio moral para decidir si algo es bueno o malo reside en la cosa misma. Las cosas no son buenas o malas porque se les ame o se les odie, sino al contrario: se aman o se odian porque son buenas o malas. Lo importante de todo esto es que Brentano restaura el sentido de la *objetividad*, que el positivismo niega completamente.

A los efectos de discernir adecuadamente la justa *sanción moral*, dice Brentano que el criterio en la ética debe ser el mismo que prevalece en la lógica: el de *evidencia*. Y a este respecto distingue entre los juicios *ciegos* y los de *evidencia*. Estos llevan en sí la razón de su verdad o su falsedad, mientras que aquéllos no la llevan.

b) *Edmundo Husserl.*

Nació en Prossnitz, Moravia, en 1859. Fué discípulo de Brentano, de quien recibió la inspiración y los elementos fundamentales para su gran revolución filosófica. Ocupó cátedras en Gotinga y Friburgo, lugar este último donde permaneció hasta el fin de sus días. Interesado primero en los estudios de matemáticas y física, el empeño de establecer en lo posible la verdadera naturaleza de los objetos de la matemática le llevó, primero por la influencia de Weierstrass y luego y decisivamente por la de Brentano, al campo de la filosofía, donde su aporte no reconoce igual en el pensamiento contemporáneo. Entre sus obras merecen citarse: *Filosofía de la Aritmética, Investigaciones lógicas, Ideas para una fenomenología pura y una filosofía fenomenológica y Meditaciones cartesianas.*

I) *El punto de partida.*

El creador de la fenomenología consagra su segundo libro —las *Investigaciones lógicas*— a refutar cuidadosamente el psicologismo lógico. Dice, a este respecto, que la lógica se refiere a objetos o seres *ideales*, es decir, los conceptos, juicios, raciocinios, etc. Además, cuando el psicologismo pretende demostrar que el sentido del principio de contradicción es que no se puede pensar que *A es A y no es A*, yerra lamentablemente, pues, dice Husserl, lo que el principio establece es que si *A es A, no puede*

HUSSERL

BERGSON

no ser A. Se refiere, por consiguiente, a algo que ocurre *fuera y más allá* del sujeto pensante. Como vemos, Husserl regresa a la distinción entre el ser *ideal* (intemporal, inespacial y acausal) y el ser *real* (espacio-temporal y causal). Los objetos ideales son, pues, *esencias*, o sea las *especies* a que pertenecen los objetos reales e individuales.

II) *Las vivencias*.

Quedamos, pues, en que para Husserl hay dos reinos: el de los objetos reales y el de los objetos ideales. Ahora bien, todo objeto real remite, en última instancia, a un objeto ideal que es la *especie* a que pertenece como objeto real. Así, por ejemplo, el objeto real *mesa* alude a una *esencia* u objeto ideal, que es la especie a la cual pertenece como objeto individual: *esta o aquella* mesa.

Pero como el sujeto pensante se mueve en un mundo de cosas reales, a las cuales hace objeto de su percepción, de sus sentimientos, de sus recuerdos, etc., resulta que vive entre ellas y para ellas. Tiene, pues, la *vivencia* de esas cosas.

Ahora bien, nótese que en toda vivencia encontramos: 1) la *esencia intencional* (es decir, la esencia a que alude el objeto individual). II) Los *contenidos no intencionales* (sensaciones, sentimientos, impulsos). Pues el sujeto puede ver el color, el tamaño y la forma de la mesa; palpar su aspereza o tersura, etc. Y asimismo gustarle o no la mesa. La *esencia intencional* se compone a su vez de dos partes: la *cualidad* (o sea la naturaleza del acto por el cual llego a la esencia intencional: puedo percibir a una mujer, o amarla u odiarla, o recordarla, etc.). Y la *materia*, que hace a las vivencias ser de *este objeto* y *esta manera* (la esencia mujer se me puede dar como mujer *amada*, u *odiada*, o *recordada*, etc.).

III) *La reducción fenomenológica*.

En el proceso de la *reducción fenomenológica* —o sea el pasaje del objeto real a la esencia ideal—, parte Husserl de esta atinada y aguda observación: las percepciones se fundan en la *creencia* de que el mundo real, el de *aquí y ahora (hic et nunc)*, existe de veras. Esto es lo que distingue a la percepción de la simple representación de algo, o de la imaginación o el recuerdo. Pues bien: el primer paso en el proceso de la *reducción fenomenológica* (ἐποχή) ha de consistir en dudar, en *poner entre paréntesis* —o sea suspender provisionalmente— la creencia en la realidad del mundo.

Pero, en segundo lugar, las vivencias son siempre *vivencias de un sujeto,* por lo que éste también debe ser puesto entre paréntesis como sujeto psico-físico. Queda, entonces, un *yo puro,* que es a lo que llama Husserl la *conciencia pura,* o sea un haz de vivencias. Mas, en tercer lugar, una vez obtenidas las *vivencias de la conciencia pura,* es preciso realizar una tercera reducción fenomenológica que permita pasar de las vivencias de la conciencia a las *esencias*. Y con esto llegamos a lo que Husserl llama la *reducción eidética* (de εἶδος: forma, esencia), con lo cual ya se está en el reino de los objetos ideales.

Ahora bien: ¿qué entiende Husserl por *esencia?* Dice Husserl que la esencia de la vivencia es: *el conjunto de las notas que se organizan entre sí mediante un fundamento constitutivo.* Así, por ejemplo: las notas de *equilátero* y *equiángulo* aparecen *constitutivamente* unidas entre sí para determinar la esencia de la vivencia del triángulo equilátero.

IV) *Consecuencias de la fenomenología.*

La primordial finalidad de Husserl con su método fenomenológico fué la de establecer como *modus operandi* en la filosofía una pulcra y *natural* descripción de cuanto es percibible en el seno de la realidad, sin previos supuestos o hipótesis que tanto daño han hecho a la investigación filosófica y científica, para arribar así a *lo esencial* de cada una de esas manifestaciones de la realidad. Pero, como se ha comprobado después, si la fenomenología ha de ir más allá del simple proceder manipulativo en que consiste su *método,* tiene que salirse de sí misma, es decir, de sus propios límites. Y de hecho ya esto se ha producido con las mejores derivaciones en los campos de la filosofía de los valores, del existencialismo, de la estética, etc.

4. La filosofía de los valores.—Otra dirección importante en el pensamiento contemporáneo está constituída por la *filosofía de los valores*, de la que vamos a ocuparnos sucintamente.

a) *Los antecedentes.*

En el capítulo V hemos tenido la oportunidad de referirnos al problema del objeto *valor* y de las características que le corresponden. Vamos ahora a exponer cómo ha surgido y se ha desarrollado la llamada *filosofía de los valores*.

Desde el punto de vista del comienzo de esta filosofía, en la segunda mitad del siglo pasado, puede considerarse a Brentano como el precursor. Recuérdese que, según él, los objetos son aceptados o rechazados, amados u odiados, según que haya en ellos las condiciones o *cualidades* para el amor o el odio, etc. El valor, pues, consiste en esa cualidad del objeto por la que, no solamente advertimos su presencia, sino que además nos sentimos impulsados a estimarlo, a *valorarlo*. Algo hay, entonces, que determina en el sujeto, en su relación con el objeto, una actitud estimativa. Pero, ¿qué son los *valores*?

En la interpretación de la *realidad* del valor se han producido dos tendencias opuestas entre sí, que se conocen con los nombres de *subjetivismo* y *objetivismo*. Tratemos de precisar en qué consiste cada una de ellas.

I) *El subjetivismo axiológico.*

Las primeras elaboraciones subjetivas en el problema de la naturaleza del valor corresponden a Alexius Meinong, discípulo de Brentano, quien afirma que el valor es algo subjetivo que depende del agrado que las cosas producen en el sujeto. A esta tesis hizo una aguda objeción su discípulo Christian Ehrenfels, quien aduce que si fuera válida la tesis de Meinong, entonces no habría más objetos válidos que los existentes. Pero por lo general el ser humano valora más aquello que no existe, y de aquí que desee la justicia suma, o la plena belleza, etc. Luego las cosas valiosas son las *deseables*, de manera que el valor no es sino la *proyección* de los deseos del ser humano en las cosas.

II) *El objetivismo axiológico.*

A las tesis subjetivistas aludidas se les han hecho dos objeciones considerables, a saber: I) que hay cosas no deseables, que resultan, sin embargo, valiosas. Así, por ejemplo, la pérdida de la vida por la defensa de la patria, o del honor, etc. II) Puesto a escoger entre la satisfacción del hambre y la adquisición de una obra de arte, el que uno se decida por la satisfacción de la necesidad de alimentarse no impide que reconozca en la obra de arte un valor mayor que el de la comida. La tesis fundamental del objetivismo axiológico es la siguiente: *valorar no es dar valor a algo, sino reconocer el que ya tiene.*

Entre los representantes más destacados del objetivismo axiológico hay que señalar los nombres de Max Scheler y Nicolás Hartmann.

b) *Max Scheler.*

Nació en Munich en 1874. Fué discípulo de Rodolfo Eucken, por cuyo espiritualismo estuvo muy influído. Profesó en Jena, Francfort y Munich, pasando luego a Colonia y de aquí a Berlín, donde murió en 1928. Pero su influencia decisiva le viene de la fenomenología, de la cual logró extraer una de las dos grandes derivaciones (la ética material de los valores) que el movimiento fenomenológico ha producido hasta ahora. Su obra maestra es *El formalismo en la ética y la ética material valorativa.* También escribió *Esencia y forma de la simpatía, El resentimiento en la moral, El saber y la cultura* y *El puesto del hombre en el cosmos.*

El aporte de Scheler a la filosofía de los valores está dado en su grandiosa obra *El formalismo en la ética y la ética mate-*

SCHELER

HEIDEGGER

rial valorativa. En dicho trabajo el autor, con el auxilio del método fenomenológico, comienza por señalar los inconvenientes del formalismo ético de Kant, quien, como ya se ha tenido ocasión de hacer ver, entiende que la moralidad de un acto reside en la voluntad, la que no debe estar impulsada por otro resorte que el del puro respeto al deber. Scheler opone a la tesis *formalista* de Kant la *materialidad* de su doctrina en el sentido de que lo que debe ser es precisamente el valor, es decir, que la materia del acto valioso es el valor, por lo que el acto del sujeto se debe encaminar hacia su realización.

La segunda parte de la obra la dedica Scheler a un estudio profundo del problema del valor y concluye que así como hay esencias provistas de *significación* (las esencias lógicas), las hay desprovistas de significación, o sea irracionales, y éstas son los valores, los cuales se aprehenden, no por medio de una intuición intelectual, sino de una *intuición emotiva*. Estos valores son intemporales e inespaciales, de validez absoluta y materiales *a priori*, es decir, que no son leyes ni formas, sino que tienen un contenido concreto.

Scheler también nos da una clasificación jerárquica de los diferentes valores, tal como aparece en la tabla que muestra su obra. Postula además que el espíritu es *persona* y elabora una profunda teoría sobre los sentimientos en su obra *Esencia y forma de la simpatía.*

c) *Nicolás Hartmann.*

Nació en 1882 en Riga, donde estudió primero medicina y luego filosofía, que prosiguió en la Universidad de Marburgo. En 1922 fué nombrado profesor en este lugar, de donde pasó a Colonia en 1925, a Berlín en 1931 y finalmente a Gotinga en 1945. Murió en octubre de 1950. Sus principales obras son: *La lógica platónica del ser, Para el método de la historia de la filosofía, Rasgos fundamentales de una metafísica del conocimiento, El problema del ser espiritual* y la *Etica.*

La filosofía de los valores de Hartmann está contenida en su obra capital —la *Etica*—, en la cual comienza por una fenomenología de las diferentes formas de moral positiva y de elaboraciones filosóficas de la teoría de la conducta. Luego pasa al estudio sistemático del problema del origen, la naturaleza, la aprehensión y la diversidad del valor. Hartmann es objetivista y entiende que los valores son arquetipos, formas del ser ideal, que moran en un lugar celeste como quería Platón. En relación con estos valores entendidos como arquetipos, cuya realización constituye el acto moral, se encuentra la teoría hartmanniana del espíritu, caracterizado principalmente por la objetividad y la trascendencia, mediante las cuales puede vincularse con los actos de aprehensión de los valores, que en el espíritu hallan el camino para llegar al individuo.

5. La filosofía existencial.—La dirección más importante de la filosofía contemporánea es el *existencialismo*, no sólo por la calidad de sus representantes, sino también por el poderoso y amplio arraigo que esta filosofía ha logrado en el seno de la cultura del presente.

La filosofía existencial reconoce como antecedentes en el siglo pasado, por lo menos, a Kierkegaard y a Nietzsche. La mayoría de los conceptos preferidos del existencialismo —la existencia, la angustia, la nada, la desesperación, la muerte, etc.— ya se encuentran abundantemente expuestos en los dos pensadores citados. Pero el existencialismo es algo mucho más complejo que una mera derivación del pensamiento de dos filósofos. En la actualidad, las corrientes de la filosofía existencial se pueden clasificar de acuerdo con la proyección atea o creyente del filósofo, o fenomenológica, o sociológica, o metafísica, etc. En un libro que he publicado recientemente [1] presento la clasificación de la filosofía existencial del momento actual, según se puede ver en el cuadro adjunto.

---

1. H. P. LLERA.—*Filosofía de la vida y filosofía existencial* (Publicaciones de la Sociedad Cubana de Filosofía), ed. "Lex", Habana, 1952, p. 132.

Filosofía existencial.	Alemania	Figuras mayores	M. Heidegger: *Filosofía existencial.* K. Jaspers: *Filosofía existentiva.*
		Figuras menores	Aloys Dempf. Johann Heyde. Karl Andersen. Heinrich Reiner.
	Francia	Existencialismo católico	Mauricio Blondel. Gabriel Marcel.
		Existencialismo fenomenológico	JUAN PABLO SARTRE. Maurice Merleau-Ponty. Albert Camús. Simone de Beauvoir. Albert Ollivier. N. Sarraute. Roger Grenier. Maurice Blanchot.
		Movimiento espiritualista	LUIS LAVELLE. Vladimir Jankélevitch. Jean Nogües René le Senne.
		Colegio filosófico.	Jean Wahl.
		Grupo afín al espiritualismo	Aimé Forest. Maurice Pradines. Maurice Néconcelle.
		Existencialismo "ruso"	Nicolás Berdiaeff. León Chestov.
	Italia		Nicola Abagnano. G. Della Volpe. E. Grassi. A. Guzzo. C. Luporini. C. Mazzantini. Luigui Pareyson. Guido da Ruggiero. L. Stefani.
	España		Miguel de Unamuno. José Ortega y Gasset.

En esta obra, por razones de brevedad y sencillez, nos limitaremos a exponer, muy someramente, la filosofía existencial de Martín Heidegger y Juan Pablo Sartre, porque son las dos figuras de mayor relieve en la actualidad.

a) *Martín Heidegger.*

Nació en Messerkierch (Baden) en 1889. Fué el discípulo más destacado de Husserl y sucesor de éste en la cátedra de Friburgo. Está considerado con toda razón como la primera figura filosófica del presente. Sus obras principales son: *La teoría de las categorías y las significaciones en Duns Scoto, Ser y Tiempo, Kant y el problema de la metafísica, De la esencia del fundamento, De la esencia de la verdad* y *¿Qué es metafísica?*

i) *El punto de partida.*

Heidegger parte de la reflexión acerca del *Ser*, que es para él, como concepto, el más general y el más oscuro. Ahora bien: la pregunta por el Ser es posible porque tiene sentido, y tiene sentido porque es posible, si se hace desde la única existencia que de veras lo es: la *existencia humana*. Esta, dice Heidegger, es la única que puede constituirse en una *conciencia*, es decir, que puede *reflexionar, des-hacerse* del mundo, o sea tomarlo como el objeto de su reflexión. El hecho primario de que hay que partir es, pues, el hecho de *ser- en- el- mundo*, es decir, ser simultáneamente conciencia de una existencia y existencia de una conciencia.

ii) *La existencia como preocupación.*

Pero la conciencia, a su vez, es *preocupación*, o sea la ligazón fundamental del ser humano con el mundo. Pero la preocupación, que adviene como la consecuencia del extrañamiento del hombre respecto del mundo (por efecto de la conciencia), determina en el ser humano una sensación o mejor sentimiento de infelicidad, para escapar del cual puede apelar a dos vías diferentes, que son el *miedo* y la *angustia*, los que responden a las dos formas límites y antitéticas de la existencia humana, a saber: la *banal* y la *genuina*. La existencia banal representa el existir dominado por el miedo, mientras la genuina corresponde al existir fundado en la angustia.

III) *La nada.*

La angustia, ha dicho Heidegger, es la *patencia* de la *nada*. Pero ésta, lejos de ser la negación del ser, es, por el contrario, su posibilidad, pues *Nada* no quiere decir *negación*. La nada es lo que es cuando aún no se ha producido esa escisión dualificante en la que la existencia humana toma conciencia de su existir como tal, o sea de su ser. El hombre, pues, transita de la nada al ser por medio de su conciencia como existir, o sea trascendiéndose. Y, a la inversa, pasa del ser a la nada, no por aniquilamiento o absoluta desaparición del ser, como lo pretende la tradicional interpretación de la nada, sino por disolución y desorden de lo inteligible.

b) *Juan Pablo Sartre.*

Nació en París en 1905, de familia de la clase media. Obtuvo en La Rochelle el grado de bachiller en filosofía y luego pasó a la Escuela Normal Superior, donde mereció el número uno entre los de su promoción como aspirante a la *agrégation* en filosofía. Pasó entonces como profesor al Liceo de El Havre y de allí marchó a Alemania, donde fué alumno de Husserl y Heidegger en Friburgo.

Sartre ha cultivado con la misma intensidad y maestría la literatura y la filosofía. Aquí citaremos solamente sus obras filosóficas: *La imaginación, Lo imaginario, Bosquejo de una teoría de las emociones, El ser y la nada* (su obra maestra) y *El existencialismo es un humanismo.*

Hay una diferencia esencial entre Sartre y Heidegger, pese a que ambos profesan un existencialismo fenomenológico y ateo. Esa diferencia consiste en que mientras el pensamiento de Heidegger es acusadamente *metafísico,* en Sartre predomina la preocupación práctica, de carácter *sociológico*. Además, Heidegger nunca ha intentado trasladar su filosofía al campo de la problemática social, como sí lo ha hecho Sartre a través de la literatura y el teatro.

Para Sartre, lo mismo que Heidegger, la existencia *precede* a la esencia, por lo que no hay *naturaleza humana*, sino que el hombre es "lo que él se hace". Ahora bien, la decisión en que consiste siempre el hacer del hombre, lejos de ser totalmente individual, es una decisión *colectiva*. De aquí que, para Sartre, la angustia sí reconoce una causa *física*, real, que Heidegger no suscribe. Tampoco admite Sartre la idea de Dios como existente, ya que esto implica aceptar una naturaleza esencial o arquetípica del hombre. El *modo de ser* que deba tener el hombre, él se lo da a sí mismo. Y por consiguiente está *condenado a ser libre*, o sea que no está predeterminado por normas, valores, consejeros, etc., sino que cada quien obra *conforme a* lo que le dicten sus propios sentimientos. El hombre, pues, como gusta decir Sartre, *se inventa a sí mismo*.

6. El neopositivismo.—La corriente filosófica conocida indistintamente con los nombres de *neopositivismo, positivismo lógico* y *empirismo científico*, es, como dice Ferrater Mora [2], "el intento de unir la sumisión a lo puramente empírico con los recursos de la lógica formal simbólica; la idea de la filosofía como un sistema de actos y no como un conjunto de proposiciones; la tendencia antimetafísica, pero no por considerar las proposiciones metafísicas como falsas, sino por estimarlas carentes de significación y aun contrarias a las reglas de la sintaxis lógica". El propio Ferrater Mora [3] le acredita a esta corriente filosófica los siguientes caracteres: 1) sumisión al principio de que la significación de cualquier enunciado está contenida enteramente en su verificación por medio de lo dado, con lo cual se hace necesario una depuración lógica que requiere precisa-

---

2. J. FERRATER MORA.—*Diccionario de Filosofía*, tercera edición, p. 750.
3. *Ibid.*

ORTEGA Y GASSET

 *SARTRE*

mente el instrumental lógicomatemático. II) Reconocimiento de que el citado principio no implica que sólo lo dado sea real. III) No negación de la existencia de un mundo exterior, y atención exclusiva a la significación empírica de la afirmación de la existencia. IV) Rechazo de toda doctrina del "como si" (Vaihinger). El objeto de la física no son (contra lo que pensaba Mach) las sensaciones: son las leyes... V) No oposición al realismo, sino conformidad con el realismo empírico. VI) Oposición terminante a la metafísica, tanto idealista como realista.

El neopositivismo surgió, puede decirse, con el famoso *Círculo de Viena (Der Wiener Kreis)*, fundado en 1920 por Moritz Schlick (profesor de filosofía de la ciencia en la Universidad de Viena), al que inmediatamente secundaron Otto Neurath, Rudolf Carnap, Phillip Franck, Hans Hahn, Richard von Mises, Kurt Menger, Kurt Gödel, Ernst Schrödinger, Gustav Radbruch, J. Schumpeter, Hans Kelsen y E. Silzel. Al comenzar la segunda Guerra Mundial el movimiento del neopositivismo se ha refugiado en los Estados Unidos, con el apoyo de filósofos norteamericanos como William van Quine, Ernest Nagel y Charles W. Morris.

7. El neorrealismo.—Se da este nombre a algunas tendencias de la filosofía inglesa y norteamericanas, que se caracterizan por la oposición al idealismo, la vuelta a la filosofía empirista y la preferencia por el naturalismo. Además, por el culto primordial del realismo, a lo cual deben su nombre de *neo-realismo* (renovación del realismo). Esta tendencia, que reconoce sus antecesores más inmediatos en los ingleses G. E. Moore, Hogdson, Adamson y Case, cuenta entre sus cultivadores a R. B. Perry, E. B. Holt (de la Universidad de Harvard), W. T. Marvin y E. G. Spaulding (de Princeton), W. P. Pitkin y W. P. Montague (de la Universidad de Columbia).

8. La filosofía de la "razón vital".—Entre las posiciones filosóficas contemporáneas ocupa un lugar destacado la filosofía de la *razón vital*, que reconoce como fundador al gran pensador español José Ortega y Gasset.

1) *Vida y obras.*

Nacido en Madrid en 1883, Ortega se doctoró en filosofía en esta ciudad y pasó después a Alemania, para cursar estudios en las universidades de Berlín, Leipzig y Marburgo, lugar este último donde fué discípulo del eminente neokantiano Hermann Cohen. De vuelta a España (en 1910), ganó por oposición la cátedra de Metafísica de la universidad de Madrid.

Ortega es, como se sabe, a la vez que un profundo pensador, un gran escritor. Su estilo, claro y profundo, le distingue de la generalidad de los filósofos, entre los cuales no suele ser esa dualidad la nota más acusada. Es la primera figura intelectual de la España del siglo XX y ha sido considerado en la actualidad como "uno de los doce pares de la inteligencia europea".

De su vasta producción citamos solamente lo más representativo desde el punto de vista filosófico: *Personas, obras, cosas* (1904-1912); *Meditaciones del Quijote* (1914); *El espectador* (1916-1934); *España invertebrada* (1922); *El tema de nuestro tiempo* (1923); *Kant* (1924); *Filosofía pura* (1929); *La deshumanización del arte* (1927); *La rebelión de las masas* (1930); *Ensimismamiento y alteración* (1939).

11) *La filosofía de la "razón vital".*

Entre el *realismo* (que defiende la existencia de cosas sin un yo que las conozca) y el *idealismo* (para el cual existe un yo totalmente independiente de las cosas), se sitúa Ortega en lo que él llama acertadamente la *realidad radical*, o sea ese quehacer del yo con las cosas, siempre y en toda ocasión, que podemos llamar la *vida*. Esta, en consecuencia, es eso que Ortega ha resumido en una frase que se ha hecho famosa: *Yo soy yo y mi circunstancia.*

Una cosa es, pues, la *conciencia* de mis actos (o sea la reflexión que es posible llevar a cabo sobre el recuerdo de lo vivido) y otra muy distinta es *vivir*. Cuando el hombre percibe, piensa, desea (algo), tiene forzosamente que encontrarse con *algo*, y estas actividades se desenvuelven siempre *en el tiempo*. La vida es, de consiguiente, lo que el hombre hace, con las cosas, en el tiempo. Y como la vida es pura actividad, perpetuo quehacer, resulta de esto que la vida humana no tiene un último e intransferible modo de ser, una esencia dada de una vez y para siempre, sino que es constante proceso, en el cual se va integrando la personalidad humana. La vida humana se orienta hacia el futuro y se va organizando, en cada caso, de acuerdo con el repertorio de circunstancias que el sujeto elige como *tema* de su vida.

De aquí la *autenticidad* o la *inautenticidad* de la vida humana, pues como ésta tiene que hacerse, en cada caso, en el tiempo, su realización puede ser plena o deficiente. Vida auténtica será, pues, la que se realice conforme a la original e íntima vocación de cada cual; mientras que la inauténtica será la que falte a esa insoslayable premisa de la original e íntima vocación. Luego la moralidad tiene que consistir en la autenticidad y la inmoralidad en la inautenticidad.

Ortega también distingue con todo cuidado entre lo que él llama certeramente la razón *pura* o *matemática* y la razón *vital*. Aquélla es sólo un aspecto de ésta, pues la razón vital es la que permite aprehender completamente la realidad radical en que consiste la vida, con lo cual estamos en presencia de una *metafísica de la razón vital*.

LA FILOSOFIA
EN CUBA

CAPITULO XIV

1. La filosofía en Cuba.—La filosofía cubana no constituye, en rigor de verdad, una parte del proceso histórico-ideológico de la filosofía occidental. Es una peripecia de nuestra historia nacional, de extraordinaria significación, en el siglo pasado. A los cubanos debe interesarnos por dos primordiales razones: una, *patriótica*, porque los pensadores de ese primer momento filosófico de Cuba figuran entre los precursores de nuestra nacionalidad; la otra razón es de índole *cultural*, y nos hace reconocer ese período como el más brillante de toda nuestra historia intelectual. Pero, repetimos, la filosofía cubana no es sino adaptación de diversas corrientes europeas a la problemática de nuestra circunstancia político-social en el siglo pasado. No debe, pues, figurar como una parte del proceso de la filosofía occidental, ya que es solamente una derivación y adaptación de dicha filosofía.

2. Situación cultural de Cuba al comenzar el siglo XIX.—Hasta las postrimerías del siglo XVIII la vida intelectual cubana es notoriamente pobre. En el siglo XVIII tienen lugar los tres acontecimientos con los cuales se puede decir que comienza a manifestarse nuestra cultura: el establecimiento de la imprenta (1720), de la Universidad de la Habana (1728) y del Real Seminario de San Carlos y San Ambrosio (1773).

La enseñanza que se imparte en la Universidad de la Habana, como igualmente en conventos y otros lugares de estudio, está calcada en los viejos moldes de la escolástica ya superada en Europa. No es sino cuando se establece el Seminario de San Carlos que comienza a producirse una tímida renovación en el sistema docente. En esta labor corresponde, *ab initio*, una parte altamente significativa al presbítero José Agustín Caballero.

3. El presbítero José Agustín Caballero.—Este eminente pensador y sacerdote nació en la Habana en 1762 y murió en ella en 1835. Fué ordenado sacerdote y ocupó una cátedra de Filosofía en el Seminario de San Carlos. También ocupó otra cátedra en la Universidad de la Habana y fué de los primeros redactores que tuvo el *Papel periódico de la Habana*. Entre sus obras se cuentan: *Philosophia electiva, Memoria sobre la necesidad de reformar los estudios universitarios, Elogio de Nicolás Calvo* (donde aboga por la ciencia experimental) y el *Proyecto de autonomía*.

La filosofía del presbítero Caballero tiene como finalidad la reforma de la enseñanza en Cuba. Su obra principal —*Philosophia electiva*—, escrita en latín, debe haber tenido cuatro partes: Lógica, Metafísica, Física y Etica, pero se conserva sólo la parte referente a la lógica. Es el que introduce por primera vez en Cuba la filosofía cartesiana y aboga por el método experimental. Su punto de vista en lógica es escolástico, pero no así en metafísica, en la cual se muestra partidario de las corrientes modernas.

Además, en el orden patriótico, el presbítero Caballero contribuyó con un proyecto de autonomía que tendía a cierta liberación de la metrópoli y se declaró opuesto a la esclavitud.

4. Félix Varela y Morales.

1) *Vida y obras.*

Nació en la Habana en 1787 y murió en San Agustín de la Florida en 1853. Fué discípulo del presbítero Caballero en el Seminario de San Carlos. Se recibió de presbítero y obtuvo por oposición la cátedra de Filosofía en dicho establecimiento. Protegido del obispo Espada y alentado por éste, Varela intenta una reforma de la enseñanza de la filosofía en el Seminario de San Carlos. También por esta fecha participa en la primera cátedra de *Constitución* en Cuba. Electo diputado a Cortes en 1821, pide, en 1823, que se declare incapacitado a Fernando VII, lo que le acarrea una condena a muerte y la consiguiente orden de persecución. Huyó a los Estados Unidos, donde residió primero en Nueva York y después en San Agustín de la Florida, donde murió a los sesenta y seis años, en la más absoluta pobreza.

Entre sus obras pueden citarse los *Elencos* (conjunto de proposiciones destinadas a los exámenes y que fueron hechas anualmente desde 1812 al 1816), *Instituciones de filosofía ecléctica* (cuatro volúmenes), que comprenden la Lógica, la Metafísica, la Etica (en castellano) y las ciencias naturales. Las *Lecciones de filosofía*, los *Apuntes filosóficos*, la *Miscelánea filosófica* y las *Máximas morales sociales;* también escribió diversos ensayos: *Sobre el origen de nuestras ideas, Ensayo en torno a la doctrina de Kant* y *Ensayo acerca de las doctrinas de Lammenais* (compuestos en inglés), y, finalmente, sus famosas *Cartas a Elpidio* (que tratan sobre la superstición, el fanatismo y la impiedad).

II) *La filosofía de Varela.*

Varela comienza por distinguir con cuidado entre la filosofía y la teología, pues entiende que sólo así se puede asegurar un progreso permanente al pensamiento filosófico. "No hay doctrina filosófica —nos dice— que no se quiera defender o impugnar con autoridades de las sagradas letras, las cuales, como observa el Padre San Agustín, no se dirigen a formar filósofos ni matemáticos, sino creyentes."

Se adhiere convencido al método cartesiano, que reputa el procedimiento idóneo para la busca de la verdad. "El verdadero filósofo —anota Varela—, cuando empieza una investigación, debe figurarse que nada sabe sobre aquellas materias, y entonces debe poner en ejercicio su espíritu hasta ver todos los pasos que debe dar, según enseñaba Cartesio." Acepta a Locke y a Condillac, cuya oposición a las ideas innatas comparte Varela, pero sin caer en extremos como el condillaciano de que el juicio es la reunión de dos sensaciones. Finalmente, se declara *ecléctico*, no al modo de Cousin —al cual se opuso—, sino como él mismo dice: "Lo que la filosofía ecléctica quiere es que tengas por norma la razón y la experiencia, que aprendas de todos; pero que no te adhieras con pertinencia a nadie."

5. **Manuel González del Valle.**—Nació en la Habana en 1802. Estudió abogacía y llegó a ser profesor de la Universidad de la Habana, primero en la cátedra de Prima de Leyes y después en la de Moral. Llegó a ser también decano de la Facultad de Filosofía de dicha Universidad. Murió en 1884.

Con su hermano José Zacarías, figura como ardoroso defensor del *eclecticismo* de Víctor Cousin [1], que dió motivo en Cuba a una famosa *polémica* en la cual tomaron parte distinguidas figuras de entonces, especialmente los González del Valle en un campo y Luz y Caballero en el opuesto.

6. **José Zacarías González del Valle.**—Nació en la Habana en 1820. Fué profesor de Texto Aristotélico y de Física en la Universidad de la Habana. Murió en Sevilla, a donde se había trasladado en busca de alivio para sus males, el año 1851.

Su mayor significación filosófica le proviene de su posición *eclecticista* frente a Luz y Caballero, en la *polémica* ya mencionada. En su filosofía se declara lo mismo que su hermano: anti-sensualista y anti-empirista, apriorista y partidario de un eclecticismo de tipo espiritualista.

---

1. Víctor Cousin (1792-1867) nació en París y fué profesor de la Sorbona y la Escuela Normal Superior. Su posición filosófica se puede definir como a la vez ecléctica y espiritualista. Influído por el idealismo alemán, especialmente por Hegel, Cousin elabora una teoría de las *formas de manifestación del espíritu*, que para él son cuatro, a saber: el sensualismo, el idealismo, el escepticismo y el misticismo. El eclecticismo cousiniano surge en parte de esta tetrada del espíritu, ya que Cousin entiende que el sistema ideal es aquel capaz de contener balanceadamente a los cuatro señalados y tomar de cada uno lo mejor discernible en cada caso.

7. José de la Luz y Caballero.

i) *Vida y obras.*

Nació en la Habana en 1800. Estudió con su tío, el presbítero Caballero, en el Seminario de San Carlos y estuvo a punto de ordenarse sacerdote. Se hizo abogado, aunque jamás ejerció esta profesión. Viajó en dos ocasiones a los Estados Unidos y a Europa, donde trabó amistad con hombres como Longfellow, Walter Scott, Cuvier, Michelet, Humboldt, etc. Era un admirable políglota que dominaba perfectamente el griego, latín, inglés, francés, italiano y alemán. Entre sus obras se cuentan: los *Elencos y Discursos*, la *Polémica filosófica* (2), *Aforismos* (que es una colección de pensamientos de subido nivel filosófico y moral), *De la vida íntima* (Epistolario y Diarios).

ii) *La filosofía de Luz y Caballero.*

Luz y Caballero fué un espíritu eminentemente religioso, cuya fe, lejos de aminorar o extinguirse al contacto con la razón, se aviva y robustece. Esta nota predominante de su espíritu rige también su filosofía. Religiosidad entendida en el más elevado y puro de los conceptos: como unión del hombre con Dios.

Como en Varela, encontramos también en Luz y Caballero un terminante rechazo de la *autoridad* entendida como lo que trata de imponer un criterio sin previo examen. Rechaza las ideas innatas de Descartes, cuya duda metódica comparte para afiliarse al *experimentalismo* del canciller Bacon. Es *sensualista* en lo que toca al conocimiento, pero, como Varela, no cree que las sensaciones, sin más, proporcionen el conocimiento. Se opone al *idealismo absoluto*, que reputa estéril, y propugna un *positivismo* del conocimiento, es decir, un tipo de investigación capaz de redundar en resultados provechosos para el orden social. Y con esto se pone de manifiesto la constante y nobilísima

---

2. La *Polémica filosófica* ha sido editada, junto con gran parte de la filosofía cubana del siglo XIX, por la Biblioteca de Autores Cubanos de la Universidad de la Habana. El material de la *Polémica* consta en esta edición de cinco tomos.

preocupación de Luz y Caballero por el influjo que la filosofía podía ejercer, positiva o negativamente, según los casos, en el destino de Cuba. Así, nos dice que "el positivismo, pues, no quiere decir más que rigor en la demostración, quedándose en la esfera de conjetura lo que no estuviere debidamente patentizado, por plausible que sea a nuestra razón y halagüeño a nuestras pasiones. Y si no, no hay ciencia, sino delirio, y hasta error funesto".

La parte medular de la filosofía de Luz y Caballero está contenida en los escritos suyos que corresponden a la llamada *polémica filosófica*. Este incidente de nuestra cultura, que alcanzó una duración de tres años comprende cinco cuestiones diferentes, que son las siguientes: I) la *cuestión del método* (en la cual Luz y Caballero se muestra partidario de que el estudio de la Física preceda al de la Lógica, II) sobre la *ideología* [3], en la cual opone su convicción empirista a la metafísica. III) sobre *moral religiosa* (surgida con motivo de una posible discrepancia entre la moral religiosa y la que proviene de la especulación filosófica. Y demuestra Luz y Caballero que, en lo tocante a su pensamiento, esas discrepancias no se suscitan). IV) sobre *moral utilitaria* (donde distingue la moral de la *ciencia de la moral*, y expresa que entre la diversificación del mundo moral y el universalismo tradicional, se decide por aquélla). V) sobre el *eclecticismo* de Cousin (que le sirve a Luz para impugnar victoriosamente la doctrina del filósofo francés. Luz y Caballero concluye esta quinta y última *polémica* con su famoso estudio inconcluso titulado *Impugnación a las doctrinas de Víc-

---

3. Se llama en general *ideología* a la posición filosófica surgida después del análisis de las sensaciones realizado por Condillac. El punto de partida: las *ideas*, se amplía de tal manera, que llega a campos tan distantes del psicológico y epistemológico como son los de la moral y la política. La ideología reconoce tres generaciones: I) Roederer, Lakanal, Saint-Lambert, Condorcet y Laplace. II) Cabanis y Destutt de Tracy, y también a escritores como Daunou, Benjamín Constant y Juan Bautista Say. III) Los filósofos sociales: Fourier, Leroux, Saint-Simon.

tor *Cousin*, en que se refuta su análisis del *"Ensayo sobre el entendimiento humano de Locke"*).

8. **José Manuel Mestre.**—Nació en la Habana en 1832. Se graduó primero de Bachiller en Filosofía y después de Licenciado en Jurisprudencia. Un poco más tarde obtiene el grado de Licenciado en Filosofía. Pasa entonces a ocupar el cargo de profesor suplente de Geografía e Historia en la Universidad de la Habana, y años después llegó a ser Catedrático en propiedad de Lógica, Metafísica y Moral, como sucesor de su maestro Manuel González del Valle. Entre sus trabajos se cuentan: *Consideraciones sobre el placer y el dolor*, *Discurso* (en la Sociedad Antropológica de Cuba) y sobre todo *De la filosofía en la Habana* [4], que es un enjundioso estudio histórico-crítico del proceso de la filosofía cubana desde sus orígenes hasta el momento en que su autor escribe (1861).

9. **Enrique José Varona.**

1) *Vida y obras.*

Nació en la ciudad de Camagüey (entonces Puerto Príncipe) en 1849. Se educó en el colegio de San Francisco en esa ciudad y más tarde se trasladó a la Habana, donde residió el resto de su vida, con la excepción de algunos años de exilio en Nueva York, durante la guerra de independencia, y al servicio del Partido Revolucionario Cubano fundado por Martí. Al terminar la contienda emancipadora, Varona ocupó el cargo de Secretario de Instrucción Pública y Bellas Artes. Pasó luego a la Universidad de la Habana, donde desempeñó la cátedra de Psicología, Sociología y Filosofía Moral hasta 1917. Fué también vicepresidente de la República en el primer período del general Mario García Menocal (1913-1917).

---

4. *Vid.* J. M. MESTRE.—*De la filosofía en la Habana*, estudio preliminar y notas de H. Piñera Llera, Cuadernos de Cultura del Ministerio de Educación, Novena Serie, No. 5.

La fecunda labor intelectual de Varona alcanza a cerca de dos mil artículos sobre las más variadas cuestiones (filosofía, sociología, psicología, arte, religión, literatura, política, economía, etc.). Aquí interesa destacar lo realmente filosófico, que son sus *Conferencias filosóficas* (tres cursos: Lógica, Psicología y Moral), de rotundo perfil positivista; los *Estudios literarios y filosóficos* y *Con el eslabón* (conjunto de pensamientos de tipo aforístico), donde Varela lleva al máximo su pesimismo.

II) *La filosofía de Varona.*

Varona encarna a la perfección el *ideal positivista* de su tiempo, fundado sobre todo en el rechazo terminante de toda metafísica. Se adhiere con gran entusiasmo a la concepción evolucionista que a través de Spencer y reforzada por el "prestigio" de la biología darwinista concluye en un mecanicismo y determinismo sin posible solución de continuidad. Sin embargo, Varona va mucho más allá de Comte y Spencer, al oponerse tanto a la *religión de la humanidad* de uno como al *incognoscible* del otro. Como es natural, combatió vigorosamente, con gran desdén, el idealismo alemán y sus tardíos frutos del neokantismo y el *panenteísmo* krausista. Y hasta llevó su repudio a la doctrina de Bergson, cuya filosofía calificó de "juegos malabares de palabras". En la psicología oscila entre el *experimentalismo* de Wundt y la escuela de Würzburgo y el *asociacionismo* inglés, por una parte, y el *conciencialismo* de William James por la otra. Y el mecanicismo determinista de su doctrina le impide aceptar ningún teleologismo, sino que todos los cambios se explican por las leyes naturales, que, por supuesto, como ocurre con las actitudes similares del materialismo, tiene que recurrir a un *regressus in indefinitum* cuyo final retrospectivo no le preocupa al risueño positivista.

Varona se declara determinista en la moral y afirma que el hombre es moral debido a que es social. En esto sigue la traza del evolucionismo finisecular, que tanto le subyugó, y entiende que el hombre es, moralmente considerado, un producto tardío de una filogénesis iniciada en las manifestaciones más elementales de la vida. O sea que la conducta humana es última expresión de la que empieza en los protozoos y a través de los insectos, los antropoides, etc., culminan en el ser humano.

La influencia filosófica de Varona fué enorme y se extendió durante más de medio siglo. Pero ya está decisivamente superada, como ha ocurrido con el positivismo en todas partes. A su culto filosófico, ya bastante trasnochado, sucede, sin que esto implique desconocer su excelsa calidad de pensador y hombre público, el reconocimiento y la adhesión a la filosofía propia de nuestra época.

VARELA

LUZ

VARONA

CRONOLOGIA APROXIMADA
DE AUTORES

CRONOLOGIA APROXIMADA DE AUTORES

Tales de Mileto (624 — 585).
Anaximandro (611 —   ?).
Anaximenes (588 — 524).
Pitágoras (582 — 497).
Jenófanes de Colofón (580/77 — 480).
Alcmeón de Crotona. ⎫
Euritos. ⎫
Filolao. ⎬ de Tarento.   ⎬ Pitagóricos.
Hipodamo de Mileto.
Epidamo de Ceos (550 —   ?). ⎭
Parménides de Elea (540/39 —   ?).   *Sobre la Naturaleza*
Heráclito de Efeso 534 — 475).
Cratilo de Atenas (504/501 —   ?)
Zenón de Elea (490 — 430).
Empédocles de Agrigento (490 — 430).
Meliso de Samos [1].
Anaxágoras de Clazomene (500/496 — 428/427.
Diógenes de Apolonia [2].
Leucipo de Abdera (¿   —   ?).
Demócrito de Abdera (ap. 460 — 370).
Protágoras de Abdera (485 — 410). ⎫
Antifonte (¿   —   ?).
Georgias de Leontium (483 — 375).   ⎬ Sofistas "mayores".
Hipias de Elis.
Pródico de Ceos. ⎭
Polus. ⎫
Trasímaco.
Calicles.
Eutidemo.   ⎬ Sofistas "menores".
Dionisodoro.
Eutifrón.
Alcidamas. ⎭

---

1. Floreció entre 444 y 441.
2. Contemporáneo de Anaxágoras.

Sócrates (470 — 399).
Jenofonte (444 — 354).   *Vida y doctrinas de Sócrates.*
Euclides de Megara (450 — 340).
Antístenes de Atenas (444 — 365).
Aristopo de Cirene (435 —   ?).

Eubulides.
Diodoro.
Cronos.   } escuela "megárica".
Alexius.
Estilpón.

Areta.
Aristipo el joven
Teodoro el Ateo.   } escuela "cirenaica".
Hegesias.
Anníceris.

Diógenes de Sínope (413 — 323   ?).
Crates y su mujer Hiparquia.
Metrocles.   } escuela "cínica".
Menedemo.
Menipo.

Platón (427 — 347).   *La República.*

Espeusipo [3].
Xenócrates de Calcedonia [4].
Filipo de Oponte [5].
Eudoxio de Cnidos.
Heráclides del Ponto. } la "antigua Academia".
Epinomis.
Hermodoro.
Polemón.
Crates.
Crantor.

Aristóteles (384 — 322).   *Metafísica.*

---
3. Sobrino de Platón y su sucesor en la Academia.
4. Sucesor de Espeusipo.
5. Editor de las *Leyes*.

CRONOLOGÍA APROXIMADA DE AUTORES 281

Teofrasto de Lesbos [6] (322 — 287).
Eudemo de Rodas.
Aristoxeno el Músico.
Dicearco.
Clearco de Soli.
Estratón el Físico.
Licón.
Aristón. } escuela "peripatética".
Jerónimo.
Critolao.
Diodoro.
Staceas.
Cratipo.

Andrónico de Rodas [7].
Boecio de Sidón.
Nicolás de Damasco.
Alejandro de Egea [8].
Aspasio y Adrasto de Afrodisia.
Alejandro de Afrodisia. } últimos "peripatéticos".
Porfirio.
Temistio.
Filofono.
Simplicio.

PIRRON de Elis (360 — 270).
Timón de Flionte (325 — 275).
Filón de Atenas (¿ — ?).
Nausífanes de Teos (¿ — ?).
EPICURO de Samos (341 — 270).

Metrodoro de Lampsaco.
Hermarco de Mitilene.
Poliano.
Timócrates.
Leontes.
Kolotes de Lampsaco. } escuela "epicúrea".
Idomeneo.
Polistrato.
Dionisio.
Basilides.
Zenón de Sidón.

---
6. Sucesor Aristóteles.
7. Compilador de las obras de Aristóteles.
8. Maestro de Nerón.

Zenón de Citium (334 — 262).

Perseos.
Aristón de Quíos.
Herilo de Cartago.
Clenato de Asos (304 — 233).
Crisipo de Soles (291 — 208).
Zenón de Tarso.
Diógenes de Babilonia [9].
Antipatro de Tarso.
} escuela "estoica".

Arcesilao de Pitane (315 — 241).
Carnéades (214 — 129).
Clitómaco de Cartago [10].
} escepticismo "medio".

Aristóbulo (150 — ?) [11].

Terencio Varrón (115 — 25).
Cicerón (106 — 43). *Los Oficios.*
Quinto Sexto (70 — ?).
Soción de Alejandría (¿ — ?).
Cornelio Celso (¿ — ?).
Lucio Casidio de Tarento.
Papirio Fabiano.
} eclecticismo.

Demetrio Lacónico.
Diógenes de Tarso.
Orión.
Filodemo de Gadara.
} epicureísmo "posterior".

Filón de Alejandría [12] (30 — 50). *Sobre la eternidad del mundo.*

Ptolomeo de Cirene.
Enesidemo de Cnosos.
} escepticismo "posterior".

Apolonio de Tiana (40 — 97).
Moderato de Gades [13].
Nicómaco de Gerasa (150 — 192).
Segundo de Atenas [14].
Numenio de Apamea [15].
} "neopitagóricos".

---

9. Con el académico Carnéades y el peripatético Critolao fué a Roma en el 155 a. de C.
10. Discípulo del anterior.
11. Adscripto al judeo-helenismo.
12. Conocido con el sobrenombre del "judío-helenizante".
13. Aproximadamente la misma fecha del anterior.
14. En el reinado de Adriano, ocurrido del 11 al 138.
15. En el reinado de Marco Aurelio, ocurrido del 161 al 180.

CRONOLOGÍA APROXIMADA DE AUTORES

Lucio Anneo Cornuto (20 — 66).
Persio Flaco (34 — 62).
Lucio Anneo Séneca (4 — 65). *Cartas morales.*
Claudio Musonio Rufo (65 — ?).
Epicteto de Frigia (50 — 120). *Manual o Enquiridión.*
Marco Aurelio Antonino (121 — 180). *Soliloquis.*
Plutarco de Queronea (45 — 145).

} estoicismo romano.

Tito Lucrecio Caro (96 — 55) *De la naturaleza de las cosas.*
Sexto Empírico [16].
Agrippa [17].

Eudoro y Ario Dídimo [18].
Derkílides y Trasilo [19].
Teón de Esmirna [20].
Máximo de Tiro [21].
Apuleyo de Madaura.
Albino y Severo.
Calvisio Tauro y Atico [22].
Celso.

} eclecticismo "pitagórico - platónico".

Amonio Sacas (175 — 242).
Erenio.
Longino (213 — 273).
Plotino (204 — 269). *Enéadas.*
Amelio.
Porfirio (232 — 304).

} neoplatonismo.

Jámblico (¿ — 330).
Aedesio.
Crisanto.
Máximo.
Prisco.
Eusebio.
Sopater.
Salustio.
Juliano el Apóstata.

} escuela de Jámblico.

---

16. En el siglo II d. de C.
17. En el siglo III a. de C.
18. En la época de Augusto, desde el 27 al 9.
19. En la época de Tiberio, desde el 14 al 37.
20. En la época de Trajano, desde el 98 al 117.
21. En la época de los Antoninos, desde el 138 al 180.
22. Entre 131 y 200.

Plutarco de Atenas (350 — 433).
Siriano [23].
Proclo (410 — 485).
Hierocles [24] (411 — 485).
} escuela "ateniense".

Asclepiodoto.
Ermia.
Armonio [25].
Zenodoto.
Isidoro.
BOECIO (480 — 525).   *Consolación por la filosofía.*
Juan Filoponos.
Damascio (ap. 470 —   ?).
} escuela "ateniense" postrera.

Simón el Mago.
Saturnino [26].
Cerdón [27].
Marción de Ponto [28].
Apeles [29].
Carpócrates de Alejandría.
Epifanio [30].
Basilides [31].
Isidoro [32].
Hipólito [33].
Valentín [34].
Heracleón.
Ptolomeo [35].
Marco.
Bardesanes (153 —   ?).
MANES (214 —   ?).
} Gnosticismo.

---

23. Discípulo del anterior.
24. Sucesor de Proclo.
25. Hijo de Ermia.
26. En el reinado de Adriano, ocurrido del 117 al 138.
27. Aproximadamente hacia el 40 a. de C.
28. Aproximadamente hacia el 144 d. de C.
29. Discípulo del anterior. Murió hacia el año 180.
30. Hijo del anterior. Floreció hacia el 160.
31. En el reinado de Adriano, ocurrido del 117 al 138.
32. Hijo del anterior. Floreció en el reinado de Antonino Pío, ocurrido del 138 al 161.
33. Aproximadamente en la misma fecha del anterior.
34. Murió hacia el 160 d. de C.
35. Discípulo del anterior.

CRONOLOGÍA APROXIMADA DE AUTORES 285

Marciano Arístides.
Flavio Justo (150 —   ?).
Tatiano [36].
Atenágoras [37].
Teófilo de Antioquía [38].
Melitón de Sardes [39].
Apolinar de Hierápolis [40].
Milcíades [41].
Ireneo.
Hipólito [42].   } Apologética.
Minucio Félix [43].
TERTULIANO (160 — 222).
CLEMENTE de Alejandría (160 — 215).
ORÍGENES 185 — 254).
Arnobio.
Lactancio.
Gregorio Nacianceno (301 — 394).

SAN AGUSTÍN (354 — 430).   *La Ciudad de Dios y las Confesiones.*

Sinesio de Cirene (365/70 — 430).
Nemesio [44].
Eneas de Gaza.
Zacarías [45].   } Iglesia griega a partir de San
Juan Filoponos [46].   Agustín.
Teodoreto [47]. (¿   — 457).
Máximo el Confesor (580 — 662).
Juan de Damasco.

Isidoro Hispalense (¿   — 636).
Casiodoro (477 — 562).
Marciano Capella.   } Iglesia occidental después
Claudiano Mamerto (¿   — 477).   de San Agustín.
ALCUÍNO DE YORK (735 — 804).
BEDA EL VENERABLE (674 — 735).

36. Florece entre el 172 y el 173 d. de C.
37. Florece en el 177 d. de C.
38. Florece hacia el 180 d. de C.
39. Florece hacia el 170 d. de C.
40. Florece hacia el 172 d. de C.
41. Llamado el *rethor* (orador) *cristiano.*
42. Presbítero de 199 a 212 d. de C.
43. Florece aproximadamente hacia el 160 d. de C.
44. Obispo de Fenicia. Continuador del anterior.
45. Obispo de Mitilene.
46. Comentarista de Aristóteles.
47. Obispo de Ciros.

JUAN ESCOTO ERIUGENA [48]. (810 — 877).   *De la división de la naturaleza.*

Gerberto de Aurillac (¿   — 1003).
Alano de Lille (¿   — 1023?).
Lanfranco [49] (1005 — 1089).
Pedro Damián (1007 — 1072).
Othon de Saint - Emmeram (1010 — 1070).
Manegold de Lautenbach.
SAN ANSELMO DE CANTERBURY [50] (1033 — 1109)   *Monologion y Proslogion.*

ROSCELINO DE COMPIEGNE [51] 1050 — 1120?).
PEDRO ABELARDO (1079 — 1142).   *Sic et Non.*

Fulberto [52].
Gilberto de la Porrée (1076 — 1154).
Guillermo de Conches (1084 — 1145).
Juan de Salisbury (1110? — 1180).
Bernardo de Chartres (¿   — 1124/1130).   } escuela de Chartres.
Thierry de Chartres (¿   — 1155).
Adelardo de Bath.
Bernardo Silvestre o de Tours.

Nicolás de Amiéns.
PEDRO LOMBARDO (¿   — 1160/64).   *Los cuatro libros de las sentencias.*

Gautier de Saint - Victor.
San Bernardo de Claraval.
Guillermo de Saint - Thierry
Hugo de Saint - Victor (1096 — 1141).   } abadía de San Victor.
Isaac Stella (1147 — 1169).
Ricardo de Saint - Victor.
Alquero de Claraval.

David de Dinant (¿   — 1200).
Alejandro de Hales (1180 — 1240).
Alain de Lille ¿   — 1203).
Pedro Hispano (1226 — 1277).

---

48. Con él comienza realmente la filosofía medieval.
49. Adversario de Berengario de Tours.
50. Creador del *argumento ontológico.*
51. Fundador del *nominalismo.*
52. Fundador de la *escuela de Chartres.* Florece aproximadamente en el siglo XI.

CRONOLOGÍA APROXIMADA DE AUTORES

Alkendi (800 — 872).
Alfarabi (¿ . — 950).
Avicena (979 — 1037).
Algazali (1059 — 1111).
Avempace (¿ — 1138).
Ibn Tofäil (1100 — 1185).
AVERROES (1126 — 1198). *Compendio de metasífica.*

} filosofía árabe.

Isaac Israeli (855 — 955).
Saadia Ben Joseph da Fayoum (892 — 942).
Salomón Ibn Gabirol (1021 — 1058).
Ibn Pakuda.
Ibn Caddiq de Córdoba (1080 — 1149).
Ibn Daoud (1110 — 1180).
Judá Haleví (1080 — 1143).
MOISÉS BEN MAIMON (1135 — 1204). *Guía de los indecisos.*

} filosofía judía.

Anselmo de Laón (1171 — ?).
Alejandro de Hales (1180 — 1245).
SAN BUENAVENTURA (1221 — 1274). *Itinerario de la mente hacia Dios.*
Mateo de Aquasparta (1233/40 — 1302).
Rogero de Marston.
Ricardo de Middletown (¿ — 1300).
Juan Olivi (1247 — 1298).
Enrique de Gante (¿ — 1293).

} nuevo agustinismo.

Guillermo de Auvergne (¿ — 1249).
Alberto el Magno (1206 — 1280).
SANTO TOMÁS DE AQUINO (1224/25 — 1274). *Suma Teológica.*

Singer de Brabante.
Juan de Jaudum.
} averroísmo latino.

Tomás de York (¿ — 1260).

Roberto de Groseteste (1175 — 1253).
ROGERIO BACON (1210/14 — 1293).
Witelo.
Meister Dietrich (1250 — 1331?).
Enrique Bate de Malinas (1224 — 1300?).

} tradicionalismo científico.

---

53. Maestro de San Buenaventura.

RAIMUNDO LULIO (1235 — 1315).   *Ars Magna* o *Ars inveniendi.*
JUAN DUNS SCOTUS (1266/74 — 1308).   *Quaestiones in quator libros sententiarum.*

Durando de San Porciano.
Pedro Oriol (¿   —1322).
GUILLERMO DE OCKAM (ap. 1300 — 1349/50).   *Summa totius logicae.*
Juan Pecham o Peckam (¿   — 1292).

Robert Holkot [54]. (¿   —1349).
Adam Woodham [55] (¿   — 1358).
Gregorio de Rimini [56] (¿   — 1358).   } ockamismo filosófico.
Nicolás de Autrecourt (¿   — 1350).
Pedro de Ailly (1350 — 1420).
Juan Gerson (1363 — 1429).

JUAN DE BURIDAN [57]. (1300 — 1358).
Alberto de Sajonia [58]. (¿   — 1390).   } ockamismo científico.
Nicolás de Oresme [59]. (¿   — 1382).
Marsillo de Inghen [60] (¿   — 1396).

Marsilio de Padua (¿   — 1336/1343).
Juan de Jaudun.
Juan Baconthorp (¿   — 1346).   } el amerroísmo.
Pedro de Abano (¿   — 1250/1315).
Cayetano de Thiene (¿   — 1645).

JUAN ECKEHART (1260 — 1327).
Juan Taulero (1300 — 1361).
Enrique Susón (1300 — 1365).   } misticismo especulativo.
Juan Ruysbroeck (1293 — 1381).

DANTE ALIGHIERI (1265 — 1321).
FRANCESCO PETRARCA (1304 — 1374).
Johannes Malpighi.
Leonardo Aretino (1369 — 1444).   } ¿Platonismo?
Georgios Gemistos Plethon (1355 — 1450).
Besarion de Trapezunt (1403 — 1472).
MARSILLO FICINO (1433 — 1499).

54. Franciscano.
55. Dominico.
56. General de la Orden.
57. Se le atribuye la famosa conseja del "asno".
58. Discípulo del anterior.
59. Rector de la Universidad de Viena.
60. Primer Rector de la Universidad de Heidelberg.

CRONOLOGÍA APROXIMADA DE AUTORES

Juan Pico de la Miranda (1463/94 — 1533).
Johann Reuclin (1455 — 1522).
León Hebreo (1460 — 1250/35?) *Diálogos de amor.*
Enrique C. Agripa de Nettessheim. *De incertidudine et vanitate scientiarum.*
} ¿Platonismo?

Georgios Scholarius (¿ — 1453).
Pietro Pomponazzi (1462 — 1525).
Jacobo Faber (1455 — 1537).
Hermolao Barbaro (1454 — 1493).
Angelo Poliziano (1454 — 1494).
Johannes Argyropoulos (¿ — 1486).
Lorenzo della Valla (1407 — 1457).
Teodoro de Gaza (1400? — 1478).
Georgios Trapezuntius (1396 — 1484).
} ¿Aristotelismo?

Rodolfo Agricola (1442 — 1485).
Desiderio Erasmo (1476 — 1536) *Elogio de la locura.*
Muciano Rufo (¿ — 1526).
Alejandro de Afrodisia.
Nicolás Tomaseus (1456 — 1497).
Nicoletto Vernias.
Alejandro Aquilino (¿ — 1518).
Agostino Nifo (1473 — 1546).
Simón Porta (¿ — 1555).
Gaspar Contarini (1483 — 1542).
Jacobo Zabarella (1532 — 1589).
Francesco Piccolomini (1520 — 1604).
Cesare Cremonini (1522 — 1631).
} ¿Humanismo?

Justo Lipsio (1547 — 1606).
Tomás Gatakes (1574 — 1654).
Gaspar Schoppe (1576 — 1649).
Daniel Heinsius (1580 — 1655).
Salmacio (1588 — 1635).
} estoicismo.

Claude Bérigard (1578 — 1663).
Pedro Gassendi (1592 — 1655) *Syntagma philosophicae Epicuri.*

Jean Magnis.
B. della Valla.
Daniel Sennet.
} epicureísmo.

Miguel de Montaigne (1533 — 1592).   *Ensayos.* ⎫
Pedro Charron (1541 — 1603).   ⎬ escepticismo.
Francisco Sánchez (1562 — 1632).   *Que nada*   ⎭
                                                                   se sabe.

Francisco de la Mothe le Vayer (1586 — 1672). ⎫
Simón Foucher (1644 — 1696).   ⎪
Samuel Sorbiere (1615 — 1670).   ⎪
José Glanville (¿   — 1680).   ⎬ escepticismo.
Abate Jerónimo Hirnhaym (¿   — 1679).   ⎪
Pedro Daniel Huet (1633 — 1721).   ⎪
Pierre Bayle (1647 — 1706).   *Diccionario*   ⎭
                                             histórico y
                                             crítico.

Martín Lutero (1483 — 1586).   ⎫
Melanchthon (1497 — 1560).   ⎬ protestantismo y filosofía.
Zwinglio (1484 — 1531).   ⎪
Calvino (1509 — 1564).   ⎭

Enrique de Gorkum (¿   — 1460). ⎫
Petrus Nigri (¿   — 1475).   ⎪
Dominico de Flandria (¿   — 1500). ⎪
Cardenal Cayetano 1439 — 1534).   ⎪
Francisco de Vitoria (1480 — 1556). ⎪
Dominico Soto (¿   — 1560).   ⎪
Jacobo Ledesma (¿   — 1575).   ⎪
Francisco Toletus (1532 — 1596).   ⎬ Nueva escolástica
Pedro Fonseca (¿   —1599).   ⎪   católica.
Enmanuel Goes (¿   — 1593).   ⎪
Francisco Suárez (1548 — 1617)   *Disputaciones* ⎪
                                                        metafísicas.   ⎪
Gabriel Vázquez (¿   — 1604).   ⎪
Paulo Vallius (¿   — 1692).   ⎪
B. Pereira.   ⎪
Pedro Hurtado de Mendoza (1578 — 1651). ⎭

Juan Luis Vives (1492 — 1540).   *Diálogos.*
Mario Nizolius (1498 — 1576).
Pedro de la Ramee (1515 — 1572).

Johannes Sturm [61] (1507 — 1589).
Tomás Freigius [62] (¿   — 1583).   } Ramistas.
Franz Fabricius [63] (¿   — 1573).
Joseph Cramer [64]

Nicolás Frisehlin.
Cornelius Martini.
Johannes H. Alsteed (1588 — 1638).   } Antiramista.
RODOLFO GOCLENIUS [65] (1547 — 1628).   *Lexicon*
                                    Philosophicum.

NICOLÁS DE CUSA (1401 — 1464).   *De la docta*
                                    ignorancia.
LEONARDO DA VINCI (1452 — 1519).
PARACELSO (1493 — 1541)   *Philosophia magna.*
Roberto Fludd (1574 — 1637).
JOHANNES B. VAN HELMONT (1577 — 1644).
Franz Van Helmont [66] (1618 — 1699).
Marcus von Kronland [67] (¿   — 1655).
JERÓNIMO CARDAN (1501 — 1576).
JULIO CÉSAR SCALIGERO (1484 — 1558).
BERNARDINO TELESIO (1508 — 1588).   Filosofía
Francisco Patricio (1529 — 1576/93).   } natural y
Sebastián Basso.   teosofía.
Claude Guillerme de Berigard.
Daniel Sennert (1572 — 1637).
Andreas Cesalpino (1519 — 1603).
GIORDANO BRUNO (1548 — 1600).   *De la causa,*
                                    principio y uno.
GALILEO GALILEI (1564 — 1641).
Johannes Kepler (1571 — 1630).
TOMASO CAMPANELLA (1568 — 1639).   *La Ciudad*
                                    del Sol.
Lucilio Vanini (1585 —   ?).

Sebastián Franck (1499 — 1542).
Valentín Weigel (1533 — 1594).   } Mezcla de filosofía
JAKOB BOEHME (1575 — 1624).   *Aurora.*   natural y teosofía.

61. De Strasburgo.
62. De Altdorf.
63. De Düsseldorf.
64. De Leipzig.
65. Es el primero que emplea el término *Ontología*.
66. Hijo del anterior. Polemizó con Descartes y Spinoza.
67. Renueva la teoría de las *ideas seminales*.

Nicolás Taurellus (1547 — 1606).
NICOLÁS MAQUIAVELO (1469 — 1527). *El Príncipe.*
TOMÁS MORO (1480 — 1527). *Utopía.*
Juan Bodino (1530 — 1596).
Johannes Althusius (1557 — 1638).
Alberico Gentili (1551 —   ?).
HUGO GROCIO (1583 — 1645). *De jure belli et ac pacis.*

} filosofía del derecho y del estado

Gómez Pereira (1500 — 1588).
Fr. Alonso de la Vera - Cruz (1504 — 1584).
Sebastián Fox Morcillo (1526 — 1600).
FRANCIS BACON (1561 — 1626). *Novum Organum.*
Herbert de Cherbury (1581 — 1648).
TOMAS HOBBES (1588 — 1679). *Leviathan.*
RENATO DESCARTES (1596 — 1650). *Discurso del método.*
Marin Mersenne (1588 — 1648).
Baltasar Gracián (1601 — 1658).
Robert Greville [68] (1608 — 1643).
Ralph Cudworth [69] (1617 — 1688).
Henry Moore [70] (1614 — 1687).
Antoine Arnauld (1612 — 1694).
BLAS PASCAL (1623 — 1662). *Pensamientos.*
Arnol Geuclincx (1625 — 1669).
BARUCH DE SPINOZA (1632 — 1677). *Ethica more geometrico demonstrata.*
NICOLÁS MALEBRANCHE (1638 — 1715).
ISSAC NEWTON (1642 — 1727).
JOHN LOCKE (1632 — 1704). *Ensayo sobre el entendimiento humano.*
Ehrenfeld von Tschirnhaus (1651 — 1708).
Bernard de Mandeville (1670 — 1733). *Fábula de las abejas.*
GEORGE BERKELEY (1684 — 1753).

Robert Boyle (1627 — 1691).
John Norris (1657 — 1711).
Arthur Collier (1680 — 1732).
David Hahtley (1704 — 1757).
Abraham Tucker (1705 — 1774).
Erasmus Darwin (1731 — 1802).
Joseph Priestley (1733 — 1804).

} materialismo y psicologismo.

---
68. Lord Brooke.
69. Platónico.
70. Cabalista.

John Toland (1670 — 1722).
Anthony Collins (1676 — 1729).
Mathews Tindall (1636 — 1733).
Henry St. John [71] (1662 — 1751).
} deísmo inglés.

Richard Cumberland (1632 — 1719).
William Wollaston (1659 — 1724).
ANTONY ASHLEY COOPER [72] (1671 — 1713).
Samuel Clarke (1675 — 1729).
Joseph Butler (1692 — 1752).
Francis Hutcheson (1694 — 1747).
Henry Home (1696 — 1782).
Adam Ferguson (1724 — 1716).
EDMUND BURKE (1728 — 1797).
} filosofía moral inglesa.

GODOFREDO GUILLERMO LEIBNIZ (1646 — 1716)   *Monadología.*

Angel Silesio [73] (1624 — 1667).
Samuel von Pufendorff (1632 — 1694).
Christian Tomasius (1623 — 1684).
Nicolás J. Gundling (1671 — 1729).
Heinri von Cocceji (1644 — 1719).
Samuel von Cocceji (1679 — 1775).
} contemporáneos de Leibniz.

JUAN BAUTISTA VICO (1688 — 1744).   *Ciencia Nueva.*
CHRISTIAN WOLFF (1679 — 1754).

Johannes J. Lange 1670 — 1744.
Franz Bude (1667 — 1729).
Andreas Rüdiger (1671 — 1731).
Christian A. Crusius (1712 — 1755).
Jean P. de Crousaz (1663 — 1748).
} opositores de Leibniz - Wolff.

Leonhard Euler (1707 — 1783).
Roger Boscovich (1711 — 1787).
Hans B. Merian (1729 — 1807).
} afines monadología.

Johannes G. Reinbeck (1682 — 1741).
George Bernhard Bilfinger (1693 — 1750).
Ludwig P. Thumig (1697 — 1728).
Johannes Ch. Gottsched (1700 — 1766).
Martin Knudsen (¿   — 1751).
} wolfianos notables.

---

71. Lord Brolingbroke.
72. El Conde de Shaftesbury.
73. Su verdadero nombre es Johann Scheffer.

ALEXANDER BAUMGARTEN [74] (1714 — 1762). *Estética.*

Gottfried Ploucquet (1716 — 1790).
Goerges F. Meier (1718 — 1777). } discípulos de Baumgarten.
Johannes H. Lambert (1728 — 1777).

Hermann S. Reimann (1694 — 1768).
Johannes G. Sulzer (1720 — 1779).
Johannes B. Basedow (1723 — 1790).
Carl Casimir von Creus (1724 — 1770).
MOSES MENDELSOHNN (1729 — 1786).
GOTHROLD EPHRAIM LESSING (1729 — 1781). *Laocoonte.*
Christian F. Nikolai (1733 — 1811).
Johannes N. Tetens (1736 — 1805).
Johannes A. Eberhard (1738 — 1809).
Gothilf S. Steinbart (1738 — 1809).
Johannes G. H. Feder (1740 — 1821).
Johannes J. Engel (1741 — 1802).
Christian Garve (1742 — 1798).
Karl T. von Dalberg (1744 — 1817).
JOHANNES HEINRICH PESTALOZZI (1745 — 1827).
Joachim H. Campe (1746 — 1818).
Karl Friedrich Barth (1747 — 1792).
JOHANN WOLFGANG GOETHE (1749 — 1832). *Fausto.*
Karl Philippe Moritz (1757 — 1793).

} Ilustración alemana y filosofía popular.

La Rochefoucauld (1616 — 1680).
LA BRUYERE (1639 — 1696). *Los Caracteres.*
Nicolás Fréret (1688 — 1749).
CHARLES DE SECONDAT [75] (1689 — 1755). *El espíritu de las leyes.*
FRANCISCO MARÍA AROUET [76] (1694 — 1778). *Diccionario filosófico.*
Quesnay (1697 — 1774).
Buffon (1707 — 1788).
Juien Offroy de La Mettrie (1709 — 1751). *El hombre máquina.*
JUAN JACOBO ROUSSEAU (1712 — 1788). *El Contrato Social.*
Dionisio Diderot (1713 — 1784). *Pensamientos filosóficos.*

} Filosofía francesa del XVIII

---

74. Creador de la disciplina denominada *Estética*.
75. El barón de Montesquieu.
76. Voltaire.

ETIENNE BONNOT DE CONDILLAC (1715 — 1780) *Ensayo sobre el origen de los conocimientos humanos.*

Claude Adrien Helvetius (1715 — 1771).
Lucien Clapier [77] (1715 — 1820).
Charles F. de St. Lambert (1716 — 1803).
JEAN LEROND D'ALEMBERT (1717 — 1783). *Discurso preliminar de la Enciclopedia.*

Charles Bonnet (1720 — 1793).
Paul H. D. von Holbach (1723 — 1789). *Sistema de la naturaleza.*

Georges Leroy (1723 — 1789).
Juan Antonio Condorcet (1743 — 1794).
Turgot (1727 — 1781).
Pierre Laromiguiere (1756 — 1837).
Constantin F. Volney (1757 — 1820).

} *Filosofía Francesa del XVIII*

DAVID HUME (1711 — 1796). *Investigación sobre el entendimiento humano.*

Thomas Reid (1710 — 1796).
ADAM SMITH (1723 — 1790).
James Oswald (¿   — 1793).
James Beattie (1735 — 1803).
Dugald Stewart (1753 — 1828).
Tomás Brown (1778 — 1820).

} Opositores de Hume.

ENMANUEL KANT (1724 — 1804). *Crítica de la razón pura.*

Niels Treschow (1751 — 1833).

Christian Gottlieb Selle (1748 — 1800).
Adam Weishaupt (1748 — 1830).

} Opositores de Kant.

---

77. El marqués de Vauvenargues.

Karl L. Reinhold (1758 — 1823).
Karld Ch. Schmid (1761 — 1812).
Gottlieb B. Jäsche [78] (1762 — 1824).
Johannes H. Abicht (1762 — 1804).
Karl H. Heydenrich (1764 — 1801).   Adherentes a Kant.
Friedrich Bouterwek (1766 — 1828).
Johannes G. E. Maas (1766 — 1823).
Wilhem T. Krug (1770 — 1842).

Johannes G. Haman (1730 — 1788).
Friedrich H. Jacobi (1743 — 1819).
JOHANNES G. HERDER (1744 — 1803). *Ideas para la filosofía de la historia de la humanidad.*
Salomón Maimón (1754 — 1800).
FRIEDRICH SCHILLER (1759 — 1805). *La educación estética del hombre.*   Otros filósofos alemanes del XVIII.
Jakob S. Beck (1761 — 1840).
Christoph G. Bardili (1761 — 1808).
Jean P. F. Richter. (1763 — 1825).
Jakob F. Fries (1773 — 1843).

Claude H. de Saint - Simon (1760 — 1825).
JOHANNES G. FICHTE (1762 — 1814). *Discursos a la nación alemana.*
Jeremías Bentham [79] (1748 — 1832).
Luis de Bonald (1754 — 1840).
Destutt de Tracy (1754 — 1836). *Ideología.*
Pierre de Cabanis (1758 — 1808).
Giovanni Romagnosi (1761 — 1835).
Pierre Royer - Collard (1763 — 1843).
Franz Baader (1765 — 1841).
FRANCOIS P. MAINE DE BIRAN (1766 — 1824).
Friedrich Schleiermacher (1768 — 1834.
JORGE G. F. HEGEL (1770 — 1831). *Filosofía del Espíritu.*
Pasquale Gallupi (1770 — 1846).
Friedrich Schlegel (1772 — 1829).
Charles Fourier (1772 — 1837).
FRIEDRICH W. SCHELLING (1725 — 1854). *Sistema del idealismo trascendental.*
Andrés María Ampere (1775 — 1836).

78. El discípulo de Kant que edita sus lecciones de *Lógica*.
79. El más destacado expositor y sistematizador del *utilitarismo* inglés.

JOHANNES F. HERBART (1776 — 1841). *Pedagogía general.*
Nils Fredik (1776 — 1827).
Josef M. H. Wronski (1778 — 1853).
KARL CH. KRAUSE (1781 — 1832). *El ideal de la humanidad.*
BERNARDO BOLZANO (1781 — 1832).
Andrés Bello (1781 — 1865).
Alfonso Testa (1784 — 1880).
Felipe Mainländer (1796 —   ?).
ARTURO SCHOPENHAUER (1788 — 1860). *El mundo como voluntad y representación.*
Félix Varela (1788 — 1853). *Instituciones de filosofía ecléctica.*
William Hamilton (1788 — 1856).
VÍCTOR COUSIN [80] (1792 — 1857). *De lo verdadero, lo bello y lo bueno.*
William Whewell (1794 — 1866).
TOMÁS CARLYLE (1795 — 1881). *Sartor resartus.*
Teodoro Jouffroy (1796 — 1842).
Juan Crisóstomo Lafinur (1797 — 1824).
Antonio Rosmini - Serbati (1797 — 1855).
Christopher J. Böstrom (1797 — 1866).
Federico E. Beneke (1798 — 1854).
AUGUSTO COMTE (1798 — 1857). *Discurso sobre el espíritu positivo.*
Terencio Mamiani (1799 — 1885).
Federico J. Stahl (1801 — 1861).
LUDWIG FEUERBACH (1804 — 1872). *La esencia del cristianismo.*
JOHN STUART MILL (1806 — 1873). *Sistema de lógica.*
Federico Th. Vircher (1807 — 1883).
DAVID F. STRAUSS (1808 — 1874). *Vida de Jesús.*
José Proudhon (1809 — 1865).

Rudolf Wagner (1805 — 1864).
Carlos Vogt (1817 — 1895). *La fe del carbonero y la ciencia.*
LUDWIG BÜCHNER (1824 — 1899). *Fuerza y materia.*
Jacobo Moleschott (1822 — 1893).
} materialismo alemán.

HERBERT SPENCER (1820 — 1903). *Primeros principios.*
Federico Alberto Lange (1828 — 1875). *Historia del materialismo y crítica de su significado en el presente.*

---

80. El filósofo francés que propugnó un *eclecticismo* al cual se opuso brillantemente Luz y Caballero.

Joseph Dietzgen (1828 — 1888).
Eugenio Dühring (1833 — 1921).
Wilhem Schuppe (1836 — 1913).
Ernesto Laas (1837 — 1884).
ERNESTO MACH (1838 — 1916). *Conocimiento y error.*
Ricardo Avenarius (1843 — 1896).
Johann Behemke (1848 —   ?).
Teodoro Lipps (1851 — 1914).
HANS VAIHINGER (1852 — 1933). *La filosofía del como si.*
Richard von Schubert - Soldern (1852 —   ?).
Richard Wahle (1857 —   ?).
Teodoro Ziehen (1862 —   ?).
Hans Cornelius (1863 —   ?).

} Positivismo alemán.

OTTO LIEBMANN (1840 — 1912). *Kant y los epígonos.*
HERMANN COHEN (1842 — 1917). *Lógica del conocimiento puro.*
August Standdler (1850 — 1910).
PAUL NATORP (1854 — 1924).
Karl Vorlander (1860 —   ?).
Walter Kinkel (1871 —   ?).
ERNESTO CASSIRER (1871 — 1945). *Filosofía de la Ilustración.*
NICOLÁS HARTMANN (1882 - 1950). *Etica.*
Arthur Liebert (1878 — 1946).

} Neokantismo de Marburgo.

Kurt Lassewitz.
Oswald Weidenbach.
Wilhem Koppelmann.

} Afines al neokantismo de Marburgo.

Kuno Fischer (1824 — 1907).
HERMANN LOTZE (1817 — 1881). *Microcosmos.*
WILHEM WINDELBAND (1848 — 1915). *Historia de la filosofía.*
FERNANDO TÖNNIES (1855 — 1936). *Comunidad y Sociedad.*
Hugo Münsterberg (1863 — 1916).
ENRIQUE RICKERT (1863 — 1936). *Ciencia cultural y ciencia natural.*

MAX WEBER (1864 — 1920). *Economía y Sociedad.*
Jonás Cohn (1869 — 1947).
Alfred Vierkandt 1867 —   ?).
EMIL LASK (1875 — 1915). *Lógica de la filosofía.*   } Neokantismo de
Bruno Bauch (1877 — 1942).   Baden.
Ricardo Kroner.
Jorges Mehlis (¿   —   ?).

JOSÉ DE LA LUZ Y CABALLERO [81] (1800 — 1862). *Polémica filosófica.*
GUSTAVO TH. FECHNER (1801 — 1877).
Vincenzo Gioberti (1801 — 1852).
Christian H. Weisse (1801 — 1866).
Carlo Cattaneo (1081 — 1869).
Antonio A. Cournot (1801 — 1877).
John H. Newman (1801 — 1890).
Friedrich H. Trendenlenburg (1802 — 1872).
RALPH W. EMERSON (1803 — 1882). *Hombres representativos.*
ALFONSO GRATRY (1805 — 1872). *El conocimiento de Dios.*
James Martineau (1805 — 1900).
MAX STIRNER (1806 — 1856). *El Unico y su Propiedad.*
Augusto de Morgan (1806 — 1878).
Etienne Vacherot (1809 — 1897).
Jaime L. Balmes (1810 — 1848).
Giuseppe Ferrari (1812 — 1876).
SOEREN KIERKEGAARD (1813 — 1855). *El concepto de la angustia.*
Augusto Vera (1813 — 1885).
Félix Ravaisson - Mollien (1813 — 1900).
Jules Lequier (1814 — 1862).
EDUARDO ZELLER (1814 — 1908). *Compendio de historia de la*
                              filosofía griega.
Charles Secrétan (1815 — 1895).
CHARLES RENOUVIER (1815 — 1903). *Los dilemas de la metafísica pura.*
George Boole (1815 — 1864).
ARTHUR DE GOBINEAU (1816 — 1882). *Ensayo sobre la desigualdad de las*
                                  razas humanas.
George H. Lewes (1817 — 1878).
Bertrando Spaventa (1817 — 1883).
KARL MARX (1818 — 1883). *El Capital.*
Alexander Bain (1818 — 1903).
Enrique Czolbe (1819 — 1873).
Francisco J. Llorens y Barba (1820 — 1872).
GABINO BARREDA (1820 — 1881).

---

81. El más notable de todos los filósofos cubanos.

Cornelius W. Opzoomer (1821 — 1892).
Hermann Hemholtz (1821 — 1894).
ERNESTO RENAN (1823 — 1892).   Vida de Jesús.
Tomás H Huxley (1825 — 1895).
FRIEDRICH UEBERWEG [82] (1826 — 1871).   Historia de la filosofía.
Luigi Ferri (1826 — 1925).
HIPÓLITO TAINE (1828 — 1893).   Filosofía del arte.
Albert Ritschl (1829 — 1889).
Robert Ardigó (1828 — 1920).
Simón S. Laurie (1829 — 1909).
Francesco Bonatelli (1830 — 1911).
Julio Bahnsen (1830 — 1881).
Christopher Sigwart (1830 — 1904).
Gustav Teichmüller (1832 — 1888).
Leslie Stephen (1832 — 1900).
Shadworth Hodgson (1832 — 1912).
Jules Lachelier (1832 — 1918).
GUILLERMO WUNDT (1832 — 1920).   Sistema de filosofía científica.
GUILLERMO DILTHEY (1833 — 1911).   La esencia de la filosofía.
George H. Howison (1834 — 1916).
Edward Caird (1835 — 1908).
Tomás Hill Green (1836 — 1882).
Gustavo Class (1836 — 1908).
Guillermo Schuppe (1836 — 1913).
Ernesto Laas (1837 — 1895).
African Spir (1837 — 1890).
Henry Sidgwick (1838 — 1900).
Alfredo Foullée (1838 — 1912).
FRANCISCO BRENTANO [83] (1838 — 1917).   El origen del conocimiento moral.
Tobías Barreto (1839 — 1889).
León Ollé - Laprune (1839 — 1899).
Augusto Sabatier (1839 — 1901).
Charles S. Peirce (1839 — 1914).
Francisco Gener de los Ríos (1839 — 1915).
Teódulo Ribot (1839 — 1916).   Las enfermedades de la personalidad.
Ernesto Schröder (1841 — 1902).
WILLIAM JAMES 1842 — 1910).   El Pragmatismo.
EDUARDO VON HARTMANN (1842 — 1906).   Filosofía del inconsciente.

---

82. Iniciador de la *Historia de la Filosofía* más completa y rigurosa que se conoce.
83. El maestro de Husserl.

Antonio Labriola (1843 — 1903).
GABRIEL TARDE (1843 — 1904).   *Las leyes de la imitación.*
ERNESTO HAECKEL (1843 — 1919).   *Los enigmas de la vida.*
Harald Höffding (1843 — 1931).   *Soeren Kierkegaard.*
FEDERICO NIETZSCHE (1844 — 1800).   *La voluntad de poder.*
Alois Riehl (1844 — 1924).
Tomás Case (1844 — 1925).
William H. Clifford (1845 — 1879).
Borden P. Bowne (1845 — 1910).
George Cantor (1845 — 1918).
EMILIO BOUTROUX (1845 — 1921).   *De la contingencia de las leyes de la naturaleza.*
Federico Paulsen (1846 — 1908).
Francis H. Bradley (1846 — 1924).
RODOLFO EUCKEN (1846 — 1926).   *La vida, su valor y su significación*
Basilio Conta (1846 — 1882).
Anton Marcy (1847 — 1914).
GEORGE SOREL (1847 — 1922).   *Reflexiones sobre la violencia.*
George Jh. Romanes (1848 — 1894).
Karl Boehm (1848 — 1911).
BERNARD BOSANQUET (1848 — 1923).   *Historia de la Estética.*
Gottlob Frege (1848 — 1925).
Arthur J. Balfour (1848 — 1930).
Johannes Volkelt (1848 — 1930).
Johannes Rehmke (1848 — 1930)
Carveth Reid (1848 — 1931).
CARL STUMPF (1848 — 1936).   *Sobre el origen psicológico de la representación del espacio.*
VÍCTOR BROCHARD (1848 — 1907).   *Los escépticos griegos.*
Friedrich Jodl (1849 — 1914).
Fritz Mantner (1849 — 1923).
ENRIQUE JOSÉ VARONA (1849 — 1933).   *Conferencias filosóficas.*
IVAN PAVLOV (1849 — 1936).   *Los reflejos condicionados.*
Alejandro Deústua (1849 — 1945).
Hermann Schell (1850 — 1906).
Jean - Jacques Gourd (1850 — 1909).
Christian Ehrenfels (1859 — 1932).
Bernardino Varisco (1859 — 1933).
Thomas G. Massaryk (1850 — 1937).
Alfred Sidgwick (1850 —   ?).
Jules Lagneau (1851 — 1894).
Benno Erdmann (1851 — 1921).
DESIRE MERCIER (1851 — 1926).

Robert Adamson (1852 — 1902).
Enrico Morselli (1852 — 1929).
Hans Vaihinger (1852 — 1933).   La filosofía del "como si".
Conway Ll. Morgan (1852 — 1936).
Richard von Schubert - Soldern (1852 —   ?).
Vladimir Solovieff (1853 — 1900).
Alexius von Meinong (1853 — 1921).
Alois Höfler (1853 — 1922).
Wilhem Otswald (1853 — 1934).
Jean - Marie Guyau (1854 — 1888).
Heinri Poincare (1854 — 1912).   La ciencia y el método.
G. P. Bolland (1854 — 1922).
Wilhem Jerusalem (1854 — 1923).
Josiah Royce (1855 — 1916).
Arthur Hannequin (1856 — 1905).
Octave Hamelin (1856 — 1907).
Marcelino Menéndez y Pelayo (1856 — 1912).
Rudolf Stammler (1856 — 1938).
Sigmund Freud (1856 — 1939).   Introducción al psicoanálisis.
Lucien Levy - Bruhl (1857 — 1939).   La moral y la ciencia de las costumbres.
Alfred Loisy (1857 — 1940).
Maurice de Wulf (1857 — 1947).   Introducción a la filosofía 'o-escolástica.
Alessandro Chiapelli (1857 — 1932).
Richard Wahle (1857 —   ?).
Edmund König (1858 —   ?).
Emile Durkheim (1858 — 1917).   Las reglas del método sociológico.
Giuseppe Peano (1858 — 1932).
George Simmel (1858 — 1938).   Cultura femenina.
Jean de Gaultier (1858 — 1942).
Melchior Palágyi (1859 — 1924).
Ambroise Gardel (1859 — 1931).
Emile Meyerson (1859 — 1933).   Identidad y realidad.
Samuel Alexander (1859 — 1938).   Espacio, Tiempo y Dios.
Edmundo Husserl [84] (1859 — 1938).   Investigaciones lógicas.
Henri Bergson (1859 — 1940).   Ensayo sobre los datos inmediatos de la conciencia.
John Dewey (1859 — 1950).   Experiencia y naturaleza.

---

[84]. El creador de la *Fenomenología*.

Lucien Laberthonniere (1860 — 1932).
John S. Haldane (1860 — 1936).
ALEJANDRO KORN (1860 — 1936).   *Influencias filosóficas en la evolución nacional.*
George F. Stout (1860 — 1944).
ALFRED N. WHITEHEAD (1860 — 1947).   *Principia Mathematica.*
Frédéric Rauh (1861 — 1909).
Pierre Duhem (1861 — 1916).
Joseph Mausbach (1861 — 1931).
Karl Groos (1861 — 1945).
MAURICE BLONDEL (1861 — 1949).   *La Acción.*
William R. Inge (1861 —   ?).
John Laird (1861 —   ?).
OSWALD KÜLPE (1862 — 1915).   *Introducción a la filosofía.*
Raimundo Farías Brito (1862 — 1917).
Joseph Petzold (1862 — 1929).
George D. Hicks (1862 — 1941).
GEORGE SANTAYANA (1862 — 1952).   *El sentido de la belleza.*
Theodor Ziehen (1862 —   ?).
Max Werworn (1863 — 1921).
Joseph Gredt (1863 — 1940).
Henry Start (1863 — 1946).
Hans Cornelius (1863 —   ?).
Leonhard T. Hobhouse (1864 — 1929).
MIGUEL DE UNAMUNO (1864 — 1936).   *El sentimiento trágico de la vida.*
Ferdinand C. S. Schiller (1864 — 1937).
Hermann Schwarz (1864 —   ?).
Friedrich Lipps (1865 —   ?).
ERNST TROELSCH (1865 — 1923).   *El historicismo y su superación.*
John E. McTaggart (1866 — 1925).
Kasimir Twardoski (1866 — 1938).
León Chestov 1866 — 1946).
BENEDETTO CROCE (1866 — 1952)   *Estética.*
G. M. Manser (1866 — 1950).
HEINRICH MAYER (1867 — 1937).   *Sócrates: su obra y su significación histórica.*
Augusto Messer (1867 — 1937).
Frederick J. E. Woodbridge (1867 — 1940).
HANS DRIESCH (1867 — 1941).   *Metafísica.*
Max Dessoir (1867 — 1947).
ANDRÉ LALANDE (1867 —   ).   *Vocabulario técnico y crítico de la filosofía.*

Ezequiel A. Chávez (1868 — 1946).
Eduardo Emilio Chartier (1869 — 1951).
Joseph de Tonquédec (1869 —   ?).
Annibale Pastore (1868 —   ?).
Rudolf Otto (1869 — 1938).
León Brunschwicg (1869 — 1943).   La modalidad del juicio.
Alfred E. Taylor (1869 — 1945).
Joseph Geyser (1869 — 1948).
John E. Boodin (1869 —   ?).
Robert Reininger (1869 —   ?).
Vladimir I. U. Lenin (1870 — 1924).   Materialismo y empiriocriticismo.
Alexander Pfander (1850 — 1941).   Lógica.
Nikolai O. Losskij (1870 —   ?).
Dominique Parodi (1870 —   ?).
T. P. Nunn (1870 —   ?).
Eduard Le Roy (1870 —   ).
Raúl Richter (1871 — 1912).
William McDougall (1871 — 1938).
Giuseppe Renzi (1871 —   ).
Enrique Molina (1871 —   ).
Carlos Vaz Ferreira (1871 —   ).   Lógica viva.
Theodor Lessing (1872 — 1933).
Ludwig Klages (1872 —   ?).   Para la teoría de la expresión y la caracterología.
Bertrand Russell (1872 —   ).   Problemas de la filosofía.
Heinrich Gomperz (1873 — 1944).   La concepción de la vida de los filósofos griegos y el ideal de la libertad interna.
Francesco Orestano (1873 — 1945).   Los valores humanos.
William E. Hocking (1873 —   ?).
George E. Moore (1873 —   ?).
Arthur O. Lovejoy (1873 —   ?).
William P. Montague (1873 — 1947).
Félix Krueger (1874 — 1948).
Nicoás Berdiaeff (1874 — 1948).   Una nueva Edad Media.
Rudolf Eisler (1875 —   ).   Diccionario de conceptos filosóficos.
Max Scheler (1875 — 1928).   El formalismo en la ética y la ética material valorativa.
Giovanni Gentile (1875 — 1944).
Richard Hönigswald (1875 — 1947).
Bratislav Petronievitch (1875 —   ?).
Giuseppe Zamboni (1875 —   ).

Albert Schweitzer [85] (1874 —). *Civilización y ética.*
Karl G. Jung (1875 —).
Martin Grabmann (1875 — -949).
Ralph Barton Perry (1876 —).
José Ingenieros (1877 — 1925). *El hombre mediocre.*
Pantaleo Caraballese (1877 — 1948).
William D. Ross (1877 —).
Pierre Rouselot (1878 — 1915).
Max Frischeisen - Köhler (1878 — 1923).
Joseph Marechal (1878 — 1941).
Arthur Liebert (1878 — 1946).
Paul Haberlin (1878 —).
John Watson (1878 —). *El conductismo.*
Armando Carlini (1878 —).
Otmar Spann (1878 —).
Martin Buber (1878 —).
Georg Misch (1878 —).
Hans Hanns (1889 — 1934).
Oswald Spengler (1880 — 1936). *La decadencia de Occidente.*
Moritz Geiger (1880 — 1937).
Eberhard Grisebach (1880 — 1943).
Hermann von Keyserling (1880 — 1946). *Análisis espectral de un continente.*
Morris R. Cohen (1880 — 1947).
Theodor Litt (1880 —).
Hugo Dingler (1881 —).
Gunther Jacoby (1881 —).
Leonhard Nelson (1882 — 1937).
Erich Becher (1882 — 1929).
Moritz Schlick (1882 — 1936).
Otto Neurath (1882 — 1945).
Richard Müller - Frienfels (1882 — 1949).
Louis Lavelle (1882 — 1951). *El tiempo y la eternidad.*
Eduard Spranger (1882 —). *Formas de vida.*
Hans Pichler (1882 —).
Jacques Maritain (1882 —).
Eugenio de Ors (1882 —).
Adolph Reinach (1883 — 1916).
Albert Spaier (1883 — 1934).
Roland Gosselin (1883 — 1934).
Antonio Caso (1883 — 1946). *Filósofos y moralistas franceses.*

---

85. Laureado con el Premio Nóbel de la Paz en 1953.

Erich Jaensch (1883 — 1940).
Leonardo de Coimbra (1883 —   ).
Clarence I. Lewis (1883 —   ).
René Le Senne (1883 —   ).
José Ortega y Gasset (1883 —   ).   *La rebelión de las masas.*
Karl Jaspers (1883 —   ).   *El ambiente espiritual de nuestro tiempo.*
Alexander Horvath (1884 —   ).
Etienne Gilson (1884 —   ).   *La filosofía en la Edad Media.*
Gastón Bachelard (1884 —   ).
Karl Barth (1886 —   ).
Paul Decoster (1886 — 1939).
Maximilian Beck (1887 — 1950).
Antonio Banfi (1887 —   ).
Charles D. Broad (1887 —   ).
Hans Freyer (1887 —   ).
Reginald Garrigou - Lagrange (1887 —   ).
Manuel García Monte 1888 — 1942).   *Lecciones priliminares de filosofía.*

Erich Rothacker (1888 —   ).
Robin G. Collingwood (1889 — 1943).   *Idea de la naturaleza.*
Arnold J. Toynbee (1889 —   ).   *A Study of History.*
Martin Heidegger (1889 —   ).   *El ser y el tiempo.*
Eric Przywara (1889 —   ).
Gallo Galli (1889 —   ).
Emil Brunner (1889 —   ).
Oskar Becker (1889 —   ).
Ferdinand Gonseth (1890 —   ).
Ciril E. M. Joad (1891 — 1953).
Francisco Romero (1891 —   ).   *Teoría del hombre.*
Hans Reichenbach (1899 — 1953).   *Atomo y Cosmos.*
Edith Stein (1891 — 1942).
Rudolf Carnap (1891 —   ).
Román Ingarden (1893 —   ).
Joaquín Xirau (1895 — 1946).
L. T. Reid (1895 —   ).
Francesco Olgiati (1896 —   ).
Ugo Spirito (1896 —   ).
Anathon Aall (1897 — 1943).
Xavier Zubiri (1898 —   ).   *Naturaleza, Historia, Dios.*
Gabriel Marcel (1899 —   )   *Diario Metafísico.*

---

86. La figura más destacada de la filosofía hispanoamericana en el presente.

H. H. Price (-1899—).
Nicolás Abaggnano (1901—).
Carmelo Ottaviano (1905—).
JEAN PAUL SARTRE (1905—).   *El ser y la nada.*
Simone de Beauvoir (1912—).
MAURICE MERLEAU - PONTY (1912—).   *Fenomenología de la percepción.*
JOSÉ FERRATER MORA (1912—).   *Diccionario de Filosofía.*
JULIÁN MARÍAS (1914—).   *Historia de la filosofía.*
Maurice Pradines (1914—).

BIBLIOGRAFIA

BIBLIOGRAFIA

CAPITULO I

EL HOMBRE Y LA REALIDAD

W. Jaeger: PAIDEIA, Volumen I (trad. de J. Xirau), ed. Fondo Cultura Económica, México, 1942, *El pensamiento filosófico y el descubrimiento del cosmos,* pp. 171 - 206.

C. E. M. Joad: GUÍA DE LA FILOSOFÍA (trad. de María R. Lida), ed. Losada, B. A. 1940, Cap. I: *¿Qué es lo que conocemos del mundo exterior?*

A. Weber: HISTORIA DE LA FILOSOFÍA EUROPEA (trad. de M. Núñez Arenas), ed. Jorro, Madrid, 1914, Introducción: *Filosofía, metafísica y ciencia.*

MITO FILOSOFIA Y RELIGION

W. Dilthey: LA ESENCIA DE LA FILOSOFÍA (traducciones de Samuel Ramos, ed. de "Filosofía y Letras", México, 1944, y de Elsa Tabernig, ed. Losada, B. A., 1944), Capítulo I, 3: *Los miembros intermediarios entre la filosofía y la religiosidad, literatura y poesía,* Capítulo II; 2: *Teoría de la intuición del mundo, religión y poesía en sus relaciones con la filosofía.*

J. Ferrater Mora: DICCIONARIO DE FILOSOFÍA, tercera edición, Editorial Sudamericana, B. A., 1951, artículo *Religión,* pp. 805 - 807.

E. Rohde: PSIQUE (trad. de W. Roces), ed. Fondo de Cultura Económica, México, 1948, Capítulo IV: *La idea de la inmortalidad del alma en los filósofos y poetas.*

EL ORIGEN DE LA PALABRA FILOSOFIA

M. T. CICERÓN: CUESTIONES TUSCULANAS, libro V, Capítulos 7 a 11.

D. Laercio: VIDAS, OPINIONES Y SENTENCIAS DE LOS FILÓSOFOS MÁS ILUSTRES, libro I, *Proemio.*

W. Windelband: HISTORIA DE LA FILOSOFÍA (trad. de F. Larroyo), ed. Pallas, México - Quito, 1941, *La filosofía de los griegos,* Capítulo I: *nombre y concepto de la filosofía.*

PRELUDIOS FILOSÓFICOS (trad. de W. Roces), ed. Santiago Rueda B. A., 1949, *Sobre el concepto y la historia de la filosofía,* pp. 1 - 38.

LA FILOSOFIA Y LA CIENCIA

W. Dilthey: LA ESENCIA DE LA FILOSOFÍA, *op. cit.,* Capítulo IV *Filosofía y ciencia.*

H. Poincaré: EL VALOR DE LA CIENCIA (trad. de A. Besio y J. Banfi), ed. Espasa - Calpe Argentina, B. A., 1946, Tercera parte, XI: *La ciencia y la realidad.*

S. M. Neuschlosz: Análisis del Conocimiento Científico, ed. Losada, B. A., 1949, Capítulo III: *Saber práctico y saber teórico, saber a priori y saber a posteriori*, etc.

LA FILOSOFIA Y LA CULTURA

W. Dilthey: Historia de la Filosofía (trad. de E. Imaz), ed. Fondo 1945, Sección 1, 2: *Investigaciones sobre la facultad creadora de obras de arte y de poesía*.

W. Jaeger: Paideia volumen I, *op. cit.*, Introducción: *Posición de los griegos en la historia de la educación humana*, pp. 1 - 16.

F. Romero: Filósofos y Problemas, ed. Losada, B. A., 1947, *La filosofía, la cultura y el hombre*, pp. 143 - 157.

El Hombre y la Cultura, ed. Espasa - Calpe Argentina B. A., 1950, *El hombre y la cultura*, pp. 9 - 16; *Dos notas de introducción a la filosofía*, pp. 85 - 101.

M. Scheler: El Saber y la Cultura (trad. de J. de la Serna), ed. Espasa - Calpe Argentina, B. A., 1938, pp. 19 - 34 y 52 - 60.

G. Simmel: Cultura Femenina y otros Ensayos, ed. Espasa - Calpe Argentina, B. A., 1938, *Cultura femenina*, pp. 7 - 60.

W. Windelband: Preludios Filosóficos, *op. cit.*, *Qué es y qué vale la tradición en la vida cultural*, pp. 387 - 404.

CAPITULO II

LA ACTITUD FILOSOFICA

R. Frondizi: El Punto de Partida del Filosofar, ed. Losada, B. A., 1945, *Primera parte*.

M. García Morente: Lecciones Preliminares de Filosofía, ed. Losada, B. A., 1941, Sección II, *El método de la filosofía*, pp. 16 - 17 - 18.

A. Müller: Introducción a la Filosofía (trad. de J. Gaos), ed. Espasa - Calpe Argentina, B. A., 1937, Preliminares, 5: *Sobre la psicología del filósofo*.

EL VOCABULARIO FILOSOFICO

E. Goblot: Vocabulario Filosófico (trad. de F. Susanna), ed. Joaquín Gil, B. A., 1945, Introducción: *La lengua que hablan los filósofos*.

F. Romero: Qué es la Filosofía, ed. Columba, B. A., 1953, Capítulo XXIII: *La bibliografía filosófica*.

EL METODO CIENTIFICO

F. Challaye: Metodología de las Ciencias (trad. de E. Huidobro y E. T. de Huidobro, ed. Labor, Barcelona - Madrid, 1935, Capítulo II: *La ciencia. El conocimiento vulgar y el conocimiento científico*.

W. C. Dampier Dampier - Whetham: HISTORIA DE LA CIENCIA (trad. de M. P. Urruti), ed. Aguilar, Madrid, 1931, *Introducción*.

J D. García Bacca: INVITACIÓN A FILOSOFAR, ed. Fondo Cultura Económica, México, 1940, Capítulo II: *Filosofía y ciencia*, pp. 31 - 32 - 33.

F. Romero: FILÓSOFOS Y PROBLEMAS, ed. Losada, B. A., 1947, *Los límites de la teoría*, pp. 159 - 171.

J. A. Thompson: INTRODUCCIÓN A LA CIENCIA (trad. de J. A. Calvo Alfaro), ed. Labor, Madrid - Barcelona, 1949, Capítulo III: *El método científico*.

LOS METODOS DISCURSIVOS

M. Granell: LÓGICA, ed. Revista de Occidente, Madrid, 1949, Capítulo I: *De la génesis de la lógica al formalismo kantiano*, pp. 9 - 29.

C. E. M. Joad: GUÍA DE LA FILOSOFÍA (trad. de María R. Lida), ed. Losada, B. A., 1940, Capítulo XV: *Bosquejo de la filosofía de Hegel*.

H. Piñera Llera: LA FILOSOFÍA Y LA CULTURA (en el volumen FILOSOFÍA Y SOCIEDAD), ed. de la Comisión Nacional Cubana de la Unesco, Habana, 1953, pp. 66 - 78.

Platón: TEETETES.

LA REPÚBLICA, Libro VII.

LOS METODOS INTUITIVOS

M. García Morente: LECCIONES PRELIMARES DE FILOSOFÍA, *op. cit.*, Sección III: *La intuición como método en la filosofía*, pp. 32 - 48.

J. Hessen: TEORÍA DEL CONOCIMIENTO (trad. de J. Gaos), ed. Losada, B. A., 1938, *El problema de la intuición y su historia*, pp. 104 - 116.

E. Husserl: IDEAS (relativas a una fenomenología pura y una filosofía fenomenológica) (trad. de J. Gaos), ed. Fondo Cultura Económica, México, 1949, Capítulo I, 3: *Intuición esencial e intuición individual;* 4: *Intuición esencial y fantasía.*

M. Scheler: ETICA (trad. de H. Rodríguez Sanz), ed. Revista de Occidente, Madrid, 1942, tomo I: *El percibir sentimental y el sentimiento*, pp. 24 - 37.

J. Xirau: LA FILOSOFÍA DE HUSSERL, ed. Losada, B. A., 1941, *Evidencia, intuición*, pp. 66 - 70; *La intuición sensible*, pp. 70 - 75.

CAPITULO III

LA VERDAD

M. Heidegger: EL SER Y EL TIEMPO (trad. de J. Gaos), ed. Fondo Cultura Económica, México, 1951, *El concepto tradicional de la verdad y sus fundamentos ontológicos*, pp. 246 - 264.

DE LA ESENCIA DE LA VERDAD (trad. de H. Piñera Llera), Revista Cubana de Filosofía, volumen II, número 10.

J. Ortega y Gasset: Esquema de las Crisis, ed. Revista de Occidente Argentina, B. A., 1942, *La verdad como coincidencia del hombre consigo mismo.*

F. Romero: Filosofía de la Persona, ed. Losada, B. A., 1944, *Teoría y práctica de la verdad, la claridad y la precisión,* pp. 64 - 81.

TRASCENDENCIA E INMANENCIA

J. Ferrater Mora: Diccionario de Filosofía, tercera edición, ed. Sudamericana, B. A., 1951, artículo *Inmanencia,* pp. 484 - 485.

A. Müller: Introducción a la Filosofía (trad. de J. Gaos), ed. Espasa - Calpe Argentina, B. A., 1937, *La cuestión de la trascendencia,* pp. 120 - 122.

J. Wahl: Introducción a la Filosofía (trad. de J. Gaos), ed. Fondo Cultura Económica, México, 1950, Capítulo XVIII: *Lo perfecto, lo infinito, lo uno, lo absoluto, lo trascendente.*

SUJETO Y OBJETO

E. Husserl: Ideas (relativas a una fenomenología pura y una filosofía fenomenológica) (trad. de J. Gaos), ed. Fondo Cultura Económica, México, 1949, *Intuición esencial e intuición individual,* pp. 20 - 23; *Objetos independientes y dependientes, El concreto y el individuo,* pp. 41 - 43.

E. Kant: Crítica de la Razón Pura. tomo II, *Lógica trascendental y Dialéctica trascendental* (trad. de F. L. Alvarez), ed. Sopena Argentina, B. A., 1943, Lógica trascendental, Capítulo III: *Principios de la distinción de todos los objetos del entendimiento en fenómenos y nóumenos* pp. 5 - 12.

A. Müller: Introducción a la Filosofía, *op. cit.,* Capítulo I: *Los problemas de la Ontología* (para la cuestión del objeto), pp. 29 - 37.

EL YO

R. Frondizi: Substancia y Función en el Problema del Yo, ed. Losada, B. A., 1952, Segunda Parte, Capítulo I: *El problema de la existencia del yo.*

E. Husserl: Ideas, *op cit.,* Sección Segunda, Capítulo I: *El mundo de la actividad natural, yo y mi mundo circundante,* pp. 64 - 69. Sección Segunda, Capítulo II: *El ser como conciencia y como realidad en sentido estricto,* pp. 94 - 97.

E. Kant: Crítica de la Razón Pura (trad. de J. del Perojo), ed. Losada, B. A., 1943, Analítica trascendental, Capítulo II, Sección Tercera: *De la unidad primitivamente sintética de la apercepción,* pp. 250 - 257.

LA ONTOLOGIA

Aristóteles: Metafísica, libro IV: *Del ser en tanto que ser,* etc.

J. Ferrater Mora: Diccionario de Filosofía, *op. cit.,* artículo *Ontología,* pp. 684 - 686.

M. García Morente: LECCIONES PRELIMINARES DE FILOSOFÍA, ed. Losada, B. A., 1941, Lección IV: *Ingreso en la Ontología.*

E. Husserl: IDEAS, *op. cit.,* Sección Primera, Capítulo I, parágrafo 9: *Región y eidética regional,* pp. 30 - 32.

D. J. Mercier: METAFÍSICA GENERAL U ONTOLOGÍA, ed. Nueva Biblioteca Filosófica, Madrid, 1935, tomo I, Primera parte, parágrafo 2: *Análisis general de la noción de sustancia;* parágrafo 3: *La existencia;* parágrafo 4: *El ser esencial: esencia, quididad.*

LA PSICOLOGIA

P. Guillaume: LA PSICOLOGÍA DE LA FORMA (trad. de Angela Beret), ed. Argos, B. A., 1947, *La teoría de la forma,* pp. 26 - 30; *La posición filosófica de la teoría de la forma,* pp. 230 - 263.

D. J. Mercier: PSICOLOGÍA, ed. Anaconda, B. A., 1942, Tercera parte (completa).

Para mostrar en qué consiste la psicología racional o filosófica.

J. B. Soto: LAS LEYES MECANICISTAS DEL APRENDIZAJE Y LA NUEVA PSICOLOGÍA ALEMANA, ed. Espasa - Calpe, Madrid, 1933, pp. 14 - 66 (para la psicología asociacionista).

LA RELIGION

J. B. Bossuet: DEL CONOCIMIENTO DE DIOS Y DE SÍ MISMO (trad. de E. Palacio), ed. Losada, B. A., 1945, Capítulo IV: *De Dios, creador del alma y del cuerpo y autor de su unión.*

J. F. Mora: DICCIONARIO DE FILOSOFÍA, *op. cit.,* artículo *Religión,* pp. 804 - 807.

M. Scheler: DE LO ETERNO EN EL HOMBRE, ed. Espasa - Calpe Argentina, 1942.

B. de Spinoza: TRATADO TEOLÓGICO POLÍTICO (trad. de J. de Vargas y A. Zozaya), Biblioteca Económica - Filosófica, Madrid, 1890, tomo III, *De la naturaleza de la fe,* pp. 5 - 14.

AXIOLOGIA Y ETICA

F. Brentano: EL ORIGEN DEL CONOCIMIENTO MORAL (trad. de M. García Morente), ed. Revista de Occidente, Madrid, 1932.

E. García Máynez: ETICA, ed. de la Universidad Nacional Autónoma, México, 1944, Capítulo IX: *La filosofía de los valores.*

A. Messer: LA ESTIMATIVA O LA FILOSOFÍA DE LOS VALORES EN LA ACTUALIDAD (trad. de P. Caravia), Madrid, 1932.

TEORIA DEL CONOCIMIENTO

E. Cassirer: EL PROBLEMA DEL CONOCIMIENTO (trad. de W. Roces), ed. Fondo de Cultura Económica, México, 1948, *Introducción y planteamiento,* pp. 9 - 34.

J. Hessen: TEORÍA DEL CONOCIMIENTO (trad. de J. Gaos), ed. Losada, B. A., 1938, *Introducción*.

M. Wentscher: TEORÍA DEL CONOCIMIENTO, ed. Labor, Barcelona - Madrid, 1930, *Introducción*.

CAPITULO IV

PRIORIDAD DE LA TEORIA DEL CONOCIMIENTO

G. Berkeley: TRATADO SOBRE LOS PRINCIPIOS DEL CONOCIMIENTO HUMANO (trad. de R. Frondizi), ed. Losada, B. A., 1939, *Introducción del autor*, pp. 5 - 35.

D. Hume: ·INVESTIGACIÓN SOBRE EL ENTENDIMIENTO HUMANO (trad. de J. A. Vázquez), ed. Losada, B. A., 1939, Sección primera: *De las diferentes clases de filosofía*, pp. 41 - 52.

E. Kant: CRÍTICA DE LA RAZÓN PURA (trad. de J. del Perojo), ed. Losada, B. A., 1938, *Prefacio de la primera edición*, pp. 117 - 124.

A. Petzall: JOHN LOCKE (selección de textos y estudio preliminar) (trad. de L. Dujovne), ed. Sudamericana, B. A., 1940, *Etica y Teoría del Conocimiento*, pp. 100 - 151.

FENOMENOLOGIA DEL CONOCIMIENTO

G. Gurvitch: LAS TENDENCIAS ACTUALES DE LA FILOSOFÍA ALEMANA (trad. de P. Almela Vives), ed. Losada, B. A., 1939, *La filosofía de Nikolai Hartmann* (La "fenomenología del conocimiento"), pp. 209 - 230.

J. Hessen: TEORÍA DEL CONOCIMIENTO, *op. cit.*, Primera parte: *Investigación fenomenológica preliminar*, pp. 26 - 36.

EL ESCEPTICISMO

V. Brochard: LOS ESCÉPTICOS GRIEGOS (trad. de V. Quintero), ed. Losada, B. A., 1945, *Introducción*, pp. 9 - 46.

R. Mondolfo: EL PENSAMIENTO ANTIGUO (trad. de S. A. Tri), ed. Losada, B. A., 1942, volumen II, *El escepticismo*, pp. 145 - 172.

M. de Montaigne: ENSAYOS (trad. de C. Román, ed. El Ateneo, B. A., 1948, Capítulos VII, XVIII, XIX, XXI, XXVII, XXXIII. Libro Segundo, Capítulos I, VII, IX, X, XII, XIV, XIX, XXIII.

F. Sánchez: QUE NADA SE SABE, ed. Nova, B. A., 1944, *Que nada se sabe, La Ciencia, La demostración, Otra prueba de la ignorancia, Otra causa de nuestra ignorancia, De cómo la imperfección humana excluye un conocimiento perfecto*.

SUBJETIVISMO, RELATIVISMO Y PRAGMATISMO

Aristóteles: METAFÍSICA, libros IV y XI (subjetivismo de Protágoras).

W. James: EL PRAGMATISMO (trad. de V. D. Quinteros), ed. Emecé, B. A., 1945, conferencia II. *Significado del pragmatismo;* Conferencia VI. *Concepción de la verdad según el pragmatismo*.

F. Nietzsche: LA VOLUNTAD DE PODER, libro III, aforismos 268, 269, 270, 271, 272, 273.
LA GAYA CIENCIA, libro III, aforismos 110, 121.
MÁS ALLÁ DEL BIEN Y DEL MAL, Capítulo I.
Platón: TEETETES, 166 - 7.
EUTIDEMO, 286.
O. Spengler: LA DECADENCIA DE OCCIDENTE (trad. de M. García Morente), ed. Espasa - Calpe, S. A., Madrid, 1940, *Introducción*.

EL RACIONALISMO

R. Descartes: DISCURSO DEL MÉTODO, Partes I y IV.
G. Leibniz: TRATADOS FUNDAMENTALES (primera serie) (trad. de V. P. Quintero), ed. Losada, B. A., 1946, *Discurso de Metafísica*, pp. 93 - 148.

EL CRITICISMO

E. Kant: CRÍTICA DE LA RAZÓN PURA, *op. cit.*, Prefacio de la Segunda edición pp. 125 - 144.

EL INTELECTUALISMO

Aristóteles: TRATADO DEL ALMA (trad. de A. Ennis, S. I.), ed. Espasa - Calpe Argentina, B. A., 1944, libro III, Capítulo IV: *El entendimiento pasivo;* Capítulo V: *El entendimiento activo.*

T. de Aquino: SUMA TEOLÓGICA (selección, introducción y notas por Ismael Quiles), ed. Espasa - Calpe Argentina, B. A., 1942, Primera parte, III, c. pp. 77 - 81, 85 - 87, 90 - 94.

EL OBJETIVISMO

E. Husserl: INVESTIGACIONES LÓGICAS (trad. de M. García Morente y J. Gaos), ed. Revista de Occidente, Madrid, 1935, *Investigación Segunda, Introducción y* Capítulo I.
Platón: LA REPÚBLICA, libros VI y VII.

EL REALISMO

Demócrito: DOCTRINAS FILOSÓFICAS Y REFLEXIONES MORALES (introducción de M. Solovine), ed. Ercilla, Santiago de Chile, 1938, *Las cualidades sensibles,* pp. 97 - 117; *Las percepciones,* pp. 117 - 121.
W. Dilthey: INTRODUCCIÓN A LAS CIENCIAS DEL ESPÍRITU (trad. de E. Imaz), Fondo de Cultura Económica, México, 1944, Capítulo IV.
W. Dilthey: PSICOLOGÍA Y TEORÍA DEL CONOCIMIENTO (trad. de E. Imaz), ed. Fondo de Cultura Económica, México, 1951, Sección IV: *La realidad del mundo exterior* (Impulsión y resistencia), pp. 140 - 164; *Apéndices: La vivencia,* pp. 362 - 365.

A. Messer: LA FILOSOFÍA ACTUAL (trad. de J. Xirau), ed. Espasa-Calpe Argentina, B. A., 1938, Capítulo V, 5:*El realismo crítico*.

EL IDEALISMO

S. Agustín: OBRAS COMPLETAS, Biblioteca de Autores Cristianos, Madrid, tomo I, 1946, *Soliloquios*, libro II, Capítulo 19.
A. Messer: LA FILOSOFÍA ACTUAL, *op. cit.*, Capítulo IV, 2: *Enrique Rickert;* Capítulo V, 3: *El idealismo crítico*.
P. Natorp: EL A B C DE LA FILOSOFÍA CRÍTICA.

EL FENOMENALISMO

R. Avenarius: LA FILOSOFÍA COMO EL PENSAR DEL MUNDO DE ACUERDO CON EL PRINCIPIO DEL MENOR GASTO DE ENERGÍA (trad. de Najmen Grinfeld), ed. Losada, B. A., 1947, *Parte introductiva, A, La raíz de la filosofía.*

E. Kant: CRÍTICA DE LA RAZÓN PURA, tomo II, *Lógica trascendental y Dialéctica trascendental* (trad. de F. L. Alvarez), ed. Sopena Argentina, B. A., 1943, Lógica trascendental, Capítulo III: *Principio de la distinción de todos los objetos del entendimiento en fenómenos y nóumenos,* pp. 5-12.

CAPITULO V

ONTOLOGIA

J. Ferrater Mora: DICCIONARIO DE FILOSOFÍA, tercera edición, ed. Sudamericana, 1951, artículo *Ontología*, pp. 684-686.

D. J. Mercier: METAFÍSICA GENERAL U ONTOLOGÍA, ed. Nueva Biblioteca Filosófica, Madrid, 1935, tomo I, pp. 7-17.

F. Romero: FILOSOFÍA CONTEMPORÁNEA, ed. Losada, B. A., 1941, *Actualidad de la Ontología*, pp. 191-196.

J. P. Sartre: EL SER Y LA NADA (ensayo de ontología fenomenológica) (trad. de M. A. Virasoro), ed. Iberoamericana, B. A., 1848, *Introducción: A la búsqueda del ser,* pp. 11-40.

OBJETO

M. Granell: LÓGICA, ed. Revista de Occidente, Madrid, 1949, Capítulo VIII, parágrafo 2: *Esencia del objeto logístico;* Parte Cuarta Capítulo I, parágrafo 2: *La vieja pregunta sobre el ser.*

E. Husserl: INVESTIGACIONES LÓGICAS (Abreviaturas), ed. Revista de Occidente, Argentina, B. A., 1949, Investigación Segunda, Capítulo I: *Los objetos universales y la conciencia de la universalidad,* pp. 195-202

IDEAS (relativas a una fenomenología pura y una filosofía fenomenológica) (trad. de J. Gaos), ed. Fondo de Cultura Económica, México, 1949, Sección Cuarta, parágrafos 128-129-130-131.

REALIDAD

M. Granell: LÓGICA, op. cit., Parte Cuarta, Capítulo I, parágrafo 4: *Realidad, ideas, creencias.*

E. Meyerson: IDENTIDAD Y REALIDAD.

F. Romero: FILOSOFÍA CONTEMPORÁNEA, op. cit., *Dos concepciones de la realidad*, pp. 57 - 80.

J. Wahl: INTRODUCCIÓN A LA FILOSOFÍA (trad. de J. Gaos), ed. Fondo de Cultura Económica, México, 1951, Capítulo III: *El ser, la existencia, la realidad.*

VIDA

W. Dilthey: TEORÍA DE LA CONCEPCIÓN DEL MUNDO (trad. de E. Imaz), ed. Fondo de Cultura Económica, México, 1945, *La filosofía y el enigma de la vida*, pp. 93 - 108; *Vida y concepción del mundo*, pp. 130 - 139.

R. Eucken: LA VIDA, SU VALOR Y SU SIGNIFICACIÓN (trad. española de 1912), *Primera parte.*

J. Ortega y Gasset: GUILLERMO DILTHEY Y LA IDEA DE LA VIDA, Revista de Occidente, Madrid, números XLII y XLIII, años de 1933 - 1934.

J. Roura Parella: SPRANGER Y LAS CIENCIAS DEL ESPÍRITU, ed. Minerva, México, 1944, Capítulo III, 1: *Relieve de la vida*, etc.

G. Simmel: INTUICIÓN DE LA VIDA (trad. de J. Rovira Armengol), ed. Nova, B. A., 1950, Capítulo I: *La trascendencia de la vida;* Capítulo II: *De la vida a la idea.*

E. Spranger: FORMAS DE VIDA, ed. Revista de Occidente, Madrid.

TIEMPO

S. Agustín: CONFESIONES, libro XI, Capítulos 11 al 24.

M. Heidegger: EL SER Y EL TIEMPO (trad. de J. Gaos), ed. Fondo de Cultura Económica, México, 1951, Segunda Parte, Capítulo VI: *La temporalidad y la intratemporalidad como origen del concepto vulgar del tiempo.*

E. Husserl: IDEAS, *op. cit., El tiempo fenomenológico y la conciencia del tiempo*, pp. 191 - 196; *Posiciones actuales y potenciales* [sobre el tiempo primitivo,] pp. 265 - 269.

E. Kant: CRÍTICA DE LA RAZÓN PURA (trad. de J. del Perojo), ed. Losada, B. A., 1943, Estética trascendental, Sección Segunda: *Del tiempo*, pp. 179 - 196.

J. P. Sartre: EL SER Y LA NADA, *op. cit.*, Parte Segunda, Capítulo II: *La temporalidad.*

LA ANGUSTIA

L. Chestov: KIERKEGAARD Y LA FILOSOFÍA EXISTENCIAL (trad. de J. Ferrater Mora), ed. Sudamericana, B. A., 1947, Capítulo VIII: *La angustia y la nada;* Capítulo XI: *La angustia y el pecado original.*

M. Heidegger: EL SER Y EL TIEMPO (trad. de J. Gaos, ed. Fondo de Cultura Económica, México, 1951, *El temor como el modo del "encon-*

trarse", pp. 162 - 165; *El fundamental encontrarse de la angustia*, etc. pp. 212 - 220.

¿QUÉ ES METAFÍSICA? (trad. de J. Zubiri), ed. Séneca, México, 1941.

S. Kierkegaard: EL CONCEPTO DE LA ANGUSTIA, ed. Espasa - Calpe Argentina, B. A., 1946, Capítulo I, 5: *El concepto de la angustia;* Capítulo II, 1: *La angustia objetiva*, 2: *La angustia subjetiva;* Capítulo IV, 1: *La angustia del mal*, 2: *La angustia del bien.*

J. P. Sartre: EL EXISTENCIALISMO ES UN HUMANISMO (trad. de Victoria Prati), ed. Sur, B. A., 1947, *La angustia, angustia y mala fe, Kierkegaard y la angustia, La angustia no conduce a la inacción, Angustia y responsabilidad*, pp. 25 - 35.

A. de Waehlens: LA FILOSOFÍA DE MARTIN HEIDEGGER (trad. de R. Ceñal), ed. del Consejo Superior de Investigaciones Científicas, Madrid, 1945, *La angustia, vía de acceso hacia la estructura indiferenciada del "Dasein"*, pp. 125 - 132.

MONISMO, DUALISMO Y PLURALISMO

J. Ferrater Mora: DICCIONARIO DE FILOSOFÍA, op. cit., artículo *Dualismo*, pp. 248 - 249.

DICCIONARIO DE FILOSOFÍA, *op. cit.*, artículo *Pluralismo*, p. 740.

E. Goblot: VOCABULARIO FILOSÓFICO (trad. de F. Susanna), ed. Joaquín Gl, B. A., 1945, artículo *Dualismo*, p. 206.

VOCABULARIO FILOSÓFICO, *op. cit.*, artículo *Pluralismo*, p. 408.

VOCABULARIO FILOSÓFICO, *op. cit.*, artículo *Monismo*, p. 366.

J. Hessen: TEORÍA DEL CONOCIMIENTO (trad. de J. Gaos), ed. Losada, B. A., 1938, *Soluciones teológicas:* a) *La solución monista y panteísta*, b) *La solución dualista y teísta*, pp. 100 - 103.

C. E. M. Joad: GUÍA DE LA FILOSOFÍA (trad. de M. R. Lida), ed. Losada, B. A., 1940, *Monismo e idealismo objetivo*, pp. 146 - 147.

A. Messer: LA FILOSOFÍA EN EL SIGLO XIX (trad. de J. Gaos), ed. Revista de Occidente, Madrid, 1931, Capítulo V: *El monismo naturalista*.

MATERIALISMO Y ESPIRITUALISMO

L. Büchner: FUERZA Y MATERIA.

A. Cresson: LOS SISTEMAS FILOSÓFICOS, ed. Cultura, Santiago de Chile, Capítulo II: *Los espiritualismos.*

W. Dilthey: INTRODUCCIÓN A LAS CIENCIAS DEL ESPÍRITU (trad. de E. Imaz), ed. Fondo de Cultura Económica, 1944, Sección IV, Capítulo III: *Las ciencias del espíritu.*

C. E. M. Joad: GUÍA DE LA FILOSOFÍA, *op. cit.*, Capítulo XVII: *La filosofía del materialismo dialéctico;* Capítulo XVIII: *El materialismo científico.*

F. A. Lange: HISTORIA DEL MATERIALISMO Y CRÍTICA DE SU SIGNIFICACIÓN EN EL PRESENTE.

A. Messer: LA FILOSOFÍA EN EL SIGLO XIX, *op. cit.*, *El Materialismo*, pp. 66 - 75.

A. Müller: INTRODUCCIÓN A LA FILOSOFÍA (trad. de J. Gaos), ed. Espasa - Calpe Argentina, B. A., 1937, *El materialismo*, pp. 259 - 261; *El espiritualismo*, pp. 262 - 263.

J. Ortega y Gasset: VITALIDAD, ALMA, ESPÍRITU, en *El Espectador*, tomo V, año de 1927.

F. Romero: FILOSOFÍA DE LA PERSONA, ed. Losada, B. A., 1944, pp. 7 - 40.

M. Scheler: EL PUESTO DEL HOMBRE EN EL COSMOS, ed. Losada, B. A., 1938, *Esencia del espíritu*, pp. 76 - 94.

MECANICISMO Y TELEOLOGISMO

Aristóteles: FÍSICA (trad. de E. G. Blanco), Librería Bergua, Madrid, 1935, libro II, Capítulo VIII: *La finalidad en la naturaleza*.

J. F. Mora: DICCIONARIO DE FILOSOFÍA, *op. cit.*, artículo Teleología, pp. 915 - 916.

DICCIONARIO DE FILOSOFÍA: artículo *Mecanicismo*, pp. 604 - 605.

R. Hainard: NATURALEZA Y MECANICISMO.

E. Kant: CRÍTICA DE LA RAZÓN PURA, ed. Sopena Argentina, B. A., tomo II, 1943 (trad. de F. L. Alvarez), *Del fin de la dialéctica natural de la razón humana*, pp. 149 - 151.

CRÍTICA DEL JUICIO (trad. de M. García Morente), Madrid, 1924, Sección primera: *Analítica del juicio teleológico*, Capítulo 78: *Si la teleología debe ser tratada como una parte de la física*.

A. Schopenhauer: EL MUNDO COMO VOLUNTAD Y REPRESENTACIÓN (trad. de E. Ovejero Maury), ed. Biblioteca Nueva, B. A., Apéndice al libro III, Capítulo 26: *Sobre la teleología*.

DIOS

T. de Aquino: COMPENDIO DE TEOLOGÍA (trad. de L. Carbonero y Sol, Madrid, 1880), ed. Cultural, B. A., 1943, Capítulo III: *Hay un Dios;* Capítulo IV: *Dios es inmutable;* Capítulo V: *Dios es eterno;* Capítulo VI: *Es necesario que Dios exista por sí mismo;* Capítulo VII: *Dios existe siempre;* Capítulo X: *Dios es su propia esencia*.

J. Bossuet: DEL CONOCIMIENTO DE DIOS Y DE SÍ MISMO (trad. de E. Palacio), ed. Losada, B. A., 1945, Capítulo IV: *De Dios, creador del alma y del cuerpo y autor de su unión*.

R. Descartes: DISCURSO DEL MÉTODO, Cuarta parte.

MEDITACIONES METAFÍSICAS, III: *De Dios, que existe*.

LOS PRINCIPIOS DE LA FILOSOFÍA, Primera parte, artículo 14.

A. Gratry: DEL CONOCIMIENTO DE DIOS (trad. de J. Marías), ed. Pegaso, Madrid, 1941, Capítulo VIII: *De los atributos de Dios*, pp. 289 - 306.

E. Kant: CRÍTICA DEL JUICIO, *op. cit.*, Segunda parte, Capítulo 86: *De la prueba moral de la existencia de Dios*.

G. Leibniz: TEODICEA (trad. de P. de Azcárate), ed. Claridad, B. A., 1946, *Ensayos sobre la bondad de Dios, la libertad del hombre y el origen del mal* Primera parte, pp. 107 - 172.

J. Marías: SAN ANSELMO Y EL INSENSATO, ed. Revista de Occidente, Madrid, 1944, *Sobre la cuestión de Dios*, pp. 1 - 117.

G. Simmel: LA PERSONALIDAD DE DIOS, Revista de Occidente, Madrid, número CXXVII, pp. 41 - 64.

X. Zubiri: NATURALEZA, HISTORIA, DIOS, ed. Nacional, Madrid, 1944, *En torno al problema de Dios*. También en Revista de Occidente, año XIII, número CXLIX, pp. 129 - 159.

EL ARGUMENTO ONTOLOGICO

T. de Aquino: SUMA TEOLÓGICA, ed. Biblioteca de Autores Cristianos, Madrid, 1947, tomo I, Primera parte, Cuestión 2a., artículo 1*.

R. Descartes: DISCURSO DEL MÉTODO, Cuarta Parte.

R. Descartes: MEDITACIONES METAFÍSICAS, III: *De Dios, que existe*.

R. Descartes: LOS PRINCIPIOS DE LA FILOSOFÍA, Primera parte, artículo 14.

D. Hume: INVESTIGACIÓN SOBRE EL ENTENDIMIENTO HUMANO (trad. de J. A. Vázquez), ed. Losada, B. A., 1939, Sección XI: *De una providencia particular y de un estado futuro*.

E. Kant: CRÍTICA DE LA RAZÓN PURA, *op. cit.*, Dialéctica trascendental, Sección tercera: *De las pruebas fundamentales de la razón especulativa que sirven para deducir la existencia de un ser supremo;* Sección cuarta: *De la imposibilidad de una prueba ontológica de la existencia de Dios*.

G. Leibniz: TRATADOS FUNDAMENTALES (primera serie) (trad. de V. P. Quintero), ed. Losada, 1946, *Meditaciones sobre el conocimiento, in fine*, pp. 156 - 157.

N. Malebranche: CONVERSACIONES SOBRE LA METAFÍSICA (trad. española de 1912), I, v - vii.

EL ALMA

S. Agustín: OBRAS COMPLETAS, ed. Biblioteca de Autores Cristianos, Madrid, 1946, libro I, Capítulo IV: *Los ojos del alma con que se percibe a Dios;* Capítulo XIV: *Cómo la sabiduría cura los ojos del alma y los dispone a la visión;* Capítulo XV: *Conocimiento del alma y confianza en Dios.* Libro II, Capítulo XII: *Colígese la inmortalidad del alma.*

T. de Aquino: COMPENDIO DE TEOLOGÍA, *op. cit.*, Capítulo 84: *El alma humana es incorruptible;* Capítulo 87: *El entendimiento activo y el entendimiento pasivo tienen su fundamento en la esencia del alma;* Capítulo 88: *De qué modo estas dos potencias están unidas en la misma esencia del alma;* Capítulo 89: *Todas las potencias radican en la esencia del alma;* Capítulo 90: *No hay más que una sola alma en un cuerpo.*

Aristóteles: TRATADO DEL ALMA (trad. de A. Ennis, S. I.), ed. Espasa - Calpe Argentina, B. A., 1944, libro I, Capítulo I: *Dignidad, utilidad y dificultad del tratado acerca del alma;* Capítulo II: *Opiniones de los anteriores filósofos sobre el alma.* Libro II, Capítulo I: *Primera definición del alma;* Capítulo II: *Segunda definición del alma.*

M. Beck: Psicología (Esencia y realidad del alma) (trad. de F. Ayala y Otto Langfelder), ed. Losada, B. A., 1947, *Observación preliminar*, pp. 7 - 9; Capítulo II: *La esencia del alma*, pp. 62 - 89.

J. B. Bossuet: Del Conocimiento de Dios y de sí Mismo, *op. cit.*, Capítulo III: *De la unión del alma y el cuerpo*.

R. Descartes: Las Pasiones del Alma. (trad. de M. de la Revilla), ed. Elevación, B. A., 1944, Primera parte, artículos 2, 3, 4, 5, 17, 20, 25, 27, 30, 32, 34, 36, 38, 41, 43, 45, 46, 47, 48, 49, 50.

E. Kant: Crítica de la Razón Pura, *op. cit.*, Dialéctica trascendental, libro segundo, Capítulo I: *Reflexión sobre la semejanza de la psicología pura como consecuencia de estos paralogismos*, [de la razón pura].

E. Rohde: Psique (trad. de W. Roces), ed. Fondo Cultura Económica, México, 1948, I. *La fe en el alma y el culto del alma en los tiempos prehoméricos*, pp. 7 - 27; XI. *La idea de la inmortalidad del alma en los filósofos y poetas*, pp. 189 - 211.

M. Scheler: El Puesto del Hombre en el Cosmos, *op. cit.*, Capítulo V. *Identidad del alma y el cuerpo*.

CAPITULO VI

LA ANTROPOLOGIA

M. Buber: ¿Qué es el Hombre? (trad. de E. Imaz), ed. Fondo Cultura Económica, México, 1949.

E. Cassirer: Antropología Filosófica (trad. de E. Imaz), ed. Fondo de Cultura Económica, México, 1945.

W. Dilthey: Hombre y Mundo en los Siglos XVI y XVII (trad. de E. Imaz), ed. Fondo de Cultura Económica, México, 1944, *La función de la antropología en la cultura de los siglos* XVI *y* XVII.

R. Frondizi: Substancia y Función en el Problema del Yo, ed. Losada, B. A., 1952, *Segunda parte*.

J. M. Gallegos Rocafull: El Hombre y el Mundo (de los teólogos españoles de los siglos de oro), ed. Stylo, México, 1946, *Dios y el hombre*, pp. 61 - 77; *La libertad del hombre*, pp. 77 - 115.

B. Groethuysen: Antropología Filosófica (trad. de J. Rovira Armengol), ed. Losada, B. A., 1951, II. *Platón, el hombre como ser genérico, El filósofo y el hombre promedio, El mito - cósmico - político*, pp. 37 - 43; III. *Aristóteles, La figura humana, La esfera de lo humano, El hombre y la naturaleza*, pp. 58 - 68; VIII. *Disolución de la antropología mítica, La ciencia del hombre, Mundo, hombre e individuo, Ficción y realidad*, pp. 242 - 253.

E. Nicol: La Idea del Hombre, ed. Stylo, México, 1946, Introducción: *La historia y la verdad. El problema del ser en el tiempo*, pp. 15 - 46.

R. Roa. Historia de las Doctrinas Sociales, Imprenta de la Universidad de la Habana, 1949, I, 1. *Naturaleza y socialidad: la doble dimensión de la vida humana*, pp. 1 - 3; I, 2. *Ciencias de la naturaleza y ciencias de la cultura*, etc., pp.3 - 6.

F. Romero: TEORÍA DEL HOMBRE, ed. Losada, B. A., 1952, Primera parte, Capítulo II. *La comunidad humana como comunidad objetivante;* Capítulo V. *Yo y mundo. El hombre natural;* Capítulo VIII. *Dualidad;* Capítulo IX. *Enmascaramiento, justificación y conciencia de sí.*

M. Scheler: EL PUESTO DEL HOMBRE EN EL COSMOS, ed. Losada, B. A., 1938, Introducción: *El problema en la idea del hombre,* pp. 29 - 33; Capítulo II. *Diferencia esencial entre el hombre y el animal.*

LIBERTAD Y DETERMINISMO

S. Agustín: OBRAS COMPLETAS, ed. Biblioteca de Autores Cristianos, Madrid, 1947, *Del libre albedrío,* libro segundo, Capítulo I. *¿Por qué nos ha dado Dios la libertad, causa del pecado?;* Capítulo II: *Objeción: si el libre albedrío ha sido dado para el bien, ¿cómo es que obra el mal?*

T. de Aquino: SUMA TEOLÓGICA, ed. Biblioteca de Autores Cristianos, Madrid, 1947, tomo I, Cuestión XIX, artículo 4º: *Si la voluntad de Dios es causa de las cosas;* artículo 6º: *Si se cumple siempre la voluntad de Dios.*

T. de Aquino: COMPENDIO DE TEOLOGÍA (trad. de L. Carbonero, Madrid, 1880), ed. Cultural, B. A., 1943, Capítulo 29: *Sólo Dios y no las cosas creadas, es el que mueve la voluntad del hombre.*

E. Boutroux: SELECCIÓN DE TEXTOS (trad. de D. Ñáñez), ed. Sudamericana, B. A., 1943, I. *Crítica del determinismo y la necesidad;* II y III *La filosofía da la contingencia;* IV. *Conclusión.*

J. Ferrater Mora: DICCIONARIO DE FILOSOFÍA, tercera edición, ed. Sudamericana, B. A., 1951, artículo *Determinismo,* pp. 223 - 224.

E. García Máynez: ETICA, ed. de la Universidad Nacional Autónoma, México, 1944, Capítulo XIII: *El problema de la libertad moral.*

E. Goblot: VOCABULARIO FILOSÓFICO (trad. de F. Susanna), ed. Joaquín Gil, B. A., 1945, artículo *Determinismo,* pp. 192 - 193.

E. Kant: CRÍTICA DE LA RAZÓN PRÁCTICA (trad. de V. E. Lollini), ed. Librería Perlado, B. A., 1939, Primera parte, Capítulo II: *Del concepto de un objeto de la razón pura práctica* [en relación con la libertad].

A. Lalande: LAS TEORÍAS DE LA INDUCCIÓN Y LA EXPERIMENTACIÓN (trad. de J. Ferrater Mora), ed. Losada, B. A., 1944, Capítulo XI: *El determinismo.*

M. Planck: ¿A DÓNDE VA LA CIENCIA? (trad. de F. Jiménez de Azúa), ed. Losada, B. A., 1941, Capítulo V: *Causalidad y libre albedrío.*

Ch. Renouvier: LOS DILEMAS DE LA METAFÍSICA PURA (trad. de J. Ferrater Mora), ed. Losada, B. A., 1944, Capítulo IV: *El determinismo, La libertad.*

F. Romero y E. Pucciarelli: LÓGICA Y NOCIONES DE TEORÍA DEL CONOCIMIENTO, ed. Espasa - Calpe Argentina, B. A., 1942, quinta edición, Capítulo XI, parágrafo 125: *Determinismo, indeterminismo, indeterminación.*

B. de Spinoza: ETICA, libro V: *De la potencia del entendimiento o de la libertad del hombre.*

ETICA

Aristóteles: ETICA A NICÓMACO (trad. de P. de Azcárate), ed. Espasa-Calpe Argentina, B. A., 1942, Libro VI: *Teoría de las virtudes intelectuales*.

E. García Máynez: ETICA, *op. cit., Introducción*, pp. 13 - 50 [sobre las cuatro formas primordiales de manifestación ética].

E. García Máynez: ETICA, *op. cit.*, Cuarta parte: *Etica valorativa*, pp. 205 - 269.

D. Hume: INVESTIGACIÓN SOBRE LA MORAL. (trad. de J. A. Vázquez), ed. Losada, B. A., 1945, Sección primera: *De los principios generales de la moral;* Primer apéndice: *Acerca del sentimiento moral*.

Th. Litt: LA ETICA MODERNA (trad. de E. Imaz), ed. Revista de Occidente, Madrid, 1932, Capítulo II: *Los comienzos del Renacimiento;* Capítulo IX: *La renovación filosófica*.

E. Molina: LA HERENCIA MORAL DE LA FILOSOFÍA GRIEGA, ed. Nascimento, Santiago de Chile, 1938, Primera parte: *Los filósofos presocráticos*.

R. Mondolfo: MORALISTAS GRIEGOS (trad. de O. Caletti), ed. Imán, B. A., 1941, Capítulo I: *Responsabilidad y conciencia moral de Homero a Epicuro*.

L. Robin: LA MORAL ANTIGUA (trad. de R. H. Prematt), ed. Argos, B. A., 1947, Capítulo III: *Las condiciones psicológicas de la acción moral*.

J. Romano Muñoz: EL SECRETO DEL BIEN Y DEL MAL, ed. Pedro Robredo, México, 1938, Capítulo III: *El problema de la esencia del mal;* Capítulo IV: *El problema del origen de la moral;* Capítulo V y VI: *El problema de la obligatoriedad moral*.

M. Scheler: ETICA (trad. de H. Rodríguez Sanz), ed. Revista de Occidente, Madrid, tomo I, Primera parte, Sección II: *Formalismo y apriorismo*, pp. 79 - 122.

ESTETICA

B. Bosanquet: HISTORIA DE LA ETICA (trad. de J. Rovira Armengol), ed. Nova, B. A., 1949, Capítulo I: *Nuestro método y su enlace con la definición de la belleza;* Capítulo II: *La creación del mundo poético y su primer encuentro con la reflexión*.

M. Geiger: ESTÉTICA (trad. de R. Lida), ed. Argos, B. A., 1946, Introducción: *Los adversarios de la Estética,* 2. *Dificultades del método estético,* 3. *Dos métodos de la estética*.

E. Kant: LO BELLO Y LO SUBLIME (trad. de A. S. Rivero), ed. Espasa-Calpe Argentina, B. A., 1946, Capítulo I: *Sobre los diferentes objetos del sentimiento de lo sublime y de lo bello;* Capítulo II: *Sobre la diferencia entre lo sublime y lo bello en la relación recíproca de ambos sexos*.

Ch. Lalo: NOCIONES DE ESTÉTICA (trad. de N. Pinilla), ed. Nascimento, Santiago de Chile, 1935, Capítulo I: *Objeto y método de la estética*.

E. Meumann: SISTEMA DE ESTÉTICA (trad. de F. Vela), ed. Espasa-Calpe Argentina, B. A., 1947, Capítulo VII: *Lo específicamente estético*, etc.

CAPITULO VII

FILOSOFIA DE LA NATURALEZA

Aristóteles: Física (trad. de E. González Blanco), Librería Bergua, Madrid, 1935, Libro II: *La naturaleza y las causas*.

E. Cassirer: El Problema del Conocimiento (trad. de W. Roces), ed. Fondo Cultura Económica, México, 1948, Libro Segundo: *El ideal del conocimiento en la biología y sus vicisitudes*.

R. G. Collingwood: Idea de la Naturaleza (trad. de E. Imaz), Fondo Cultura Económica, México, 1950, *Introducción*.

E. Kant: Crítica del Juicio (trad. de M. García Morente), Madrid, 1924, Parte Segunda, Capítulo LX: *De la finalidad objetiva de la naturaleza*; Capítulo LXI: *De la finalidad objetiva, que es simplemente formal, a diferencia de la que es material*.

J. von Uexküll: Ideas Para una Concepción Biológica del Mundo (trad. de R. M. Tenreiro), ed. Espasa - Calpe Argentina, B. A., 1945, Segunda parte: *Sobre lo invisible en la naturaleza*, pp. 49 - 60; Tercera parte: *La imagen del mundo en la biología*, pp. 174 - 224.

A. N. Whitehead: Naturaleza y Vida (trad. de R. Frondizi), Publicaciones de la Facultad de Filosofía y Letras de la Universidad de Buenos Aires, 1941, Primera y Segunda parte, pp. 31 - 88.

COSMOLOGIA

R. Collingwood: Idea de la Naturaleza, *op. cit.*, Primera parte, Capítulo II, 3: *La cosmología de Platón: el Timeo*.

J. Ferrater Mora: Diccionario de Filosofía, tercera edición, ed. Sudamericana, B. A., 1951, artículo *Cosmología*, p. 187.

E. Kant: Crítica de la Razón Pura, tomo II, *Lógica trascendental y Dialéctica trascendental* (trad. de F. L. Alvarez), ed. Sopena Argentina, B. A., 1943, Dialéctica trascendental, libro segundo, Capítulo II, sección 6ª *Del idealismo trascendental como clave de la solución dialéctica cosmológica;* sección 7ª: *Decisión crítica del conflicto cosmológico de la razón en sí misma;* sección 8ª: *Principios reguladores de la razón con relación a las ideas cosmológicas*.

FILOSOFIA DE LA RELIGION

H. Bergson: Las Dos Fuentes de la Moral y de la Religión (trad. de M. G. Fernández), ed. Sudamericana, B. A., 1946, III. *La religión dinámica*.

D. Hume: Diálogos Sobre Religión Natural (trad. de E. O'Gormann), ed. el Colegio de México, 1942, Parte X. *Sobre la base existencial de la religiosidad*.

W. James: LAS VARIEDADES DE LA EXPERIENCIA RELIGIOSA (trad. española de 1912).
R. Otto: LO SANTO (trad. española de 1925).
M. de Unamuno: LA AGONÍA DEL CRISTIANISMO, ed. Losada, B. A., 1938, Capítulo III: *¿Qué es el cristianismo?*

FILOSOFIA DE LA HISTORIA

N. Berdiaeff: EL SENTIDO DE LA HISTORIA.
J. Burckhardt: REFLEXIONES SOBRE LA HISTORIA UNIVERSAL (trad. de W. Roces), ed. Fondo Cultura Económica, México, 1943, Capítulo I, Introducción, 1. *Nuestro objetivo,* 2. *Los estudios históricos,* pp. 159 - 204.
E. Cassirer: EL PROBLEMA DEL CONOCIMIENTO, op. cit., libro tercero: *Formas y direcciones fundamentales del conocimiento histórico.*
B. Croce: LA HISTORIA COMO HAZAÑA DE LA LIBERTAD.
W. Dilthey: EL MUNDO HISTÓRICO (trad. de E. Imaz), ed. Fondo Cultura Económica, México, 1944, *Estructura del mundo histórico por las ciencias del espíritu,* pp. 99 - 108; *La vivencia y la autobiografía,* pp. 215 - 226; *El conocimiento de la conexión histórico - universal,* pp. 277 - 293.
G. F. Hegel: LECCIONES SOBRE LA FILOSOFÍA DE LA HISTORIA UNIVERSAL (trad. de J. Gaos), ed. Revista de Occidente Argentina, B. A., 1946, *Introducción general* pp. 17 - 38.
M. Heidegger: EL SER Y EL TIEMPO (trad. de J. Gaos), ed. Fondo Cultura Económica, México, 1951, Sección Segunda, Capítulo V: *Temporalidad e historicidad.*
J. Marías: SAN ANSELMO Y EL INSENSATO, ed. Revista de Occidente, Madrid, 1944, *El hombre y la historia,* pp. 159 - 204.
J. Ortega y Gasset: LA HISTORIA COMO SISTEMA, ed. Espasa - Calpe Argentina B. A., 1942.
M. Scheler: LA IDEA DEL HOMBRE Y LA HISTORIA, Revista de Occidente, Madrid tomo XIV, número 41, año de 1926. También en EL PORVENIR DEL HOMBRE, ed. Espasa - Calpe Argentina, B. A., 1942, pp. 19 - 98.
G. Simmel: PROBLEMAS DE FILOSOFÍA DE LA HISTORIA (trad. de E. Tabernig), ed. Nova, B. A., 1950, Capítulo III: *El sentido de la historia.*

CAPITULO VIII

LA FILOSOFIA Y SU HISTORIA

E. Bréhier: HISTORIA DE LA FILOSOFÍA (trad. de D. Ñáñez), ed. Sudamericana B. A., 1943, tomo I, *Prólogo de José Ortega y Gasset.*
W. Dilthey: LA ESENCIA DE LA FILOSOFÍA (trad. de E. Tabernig), ed. Losada, B. A., 1944, Primera parte: *Procedimiento histórico para la determinación de la esencia de la filosofía.*

J. Gaos: ANTOLOGÍA FILOSÓFICA, ed. la Casa de España en México, 1940, Introducción, I. *El historicismo y la enseñanza de la filosofía,* pp. 3 - 38.

P. Masson - Oursel: LA FILOSOFÍA EN ORIENTE (trad. de D. Ñáñez), ed. Sudamericana, B. A., 1947, Prólogo de Emile Bréhier, pp. 13 - 18.

W. Windelband: PRELUDIOS FILOSÓFICOS (trad. de W. Roces), ed. Santiago Rueda, B. A., 1949, *Sobre el concepto y la historia de la filosofía,* pp. 1 - 37.

ORIGENES DE LA ACTIVIDAD FILOSOFICA

W. Dilthey: LA ESENCIA DE LA FILOSOFÍA (trad. de S. Ramos), ed. de laFacultad de Filosofía y Letras, México, 1944, *Nacimiento del nombre en Grecia y lo que se designaba con él,* pp. 18 - 30.

W. Dilthey: HISTORIA DE LA FILOSOFÍA (trad. de E. Imaz), ed. Fondo Cultura Económica, México, 1951, Primera parte: *El comienzo de una ciencia completa del cosmos en las colonias griegas.*

W. Durant: HISTORIA DE LA FILOSOFÍA (trad. de A. González), ed. Letras, Santiago de Chile, 1937, Capítulo I. *El ambiente de Platón,* pp. 21 - 25.

W. Jaeger: PAIDEIA (trad. de J. Xirau), tomo I, ed. Fondo Cultura Económica, México, 1942, *El pensamiento filosófico y el descubrimiento del cosmos,* pp. 171 - 206.

R. Mondolfo: EL PENSAMIENTO ANTIGUO (trad. de S. A. Tri), ed. Losada, B. A., 1942, Introducción: *Los orígenes y los elementos preparatorios de la filosofía griega,* pp. 11 - 16.

A. Weber: HISTORIA DE LA FILOSOFÍA (trad. de M. Núñez Arenas), ed. Daniel Jorro, Madrid, 1914, I. *Filosofía griega, origen de la filosofía griega,* pp. 13 - 16.

W. Windelband: HISTORIA DE LA FILOSOFÍA (trad. de F. Larroyo), ed. Pallas, México - Quito, 1941, *El período cosmológico,* pp. 83 - 90.

LAS ETAPAS DE LA FILOSOFIA

F. Brentano: EL PORVENIR DE LA FILOSOFÍA (trad. de X. Zubiri), ed. Revista de Occidente, Madrid, 1936, *Las cuatro fases de la filosofía y su estado actual,* pp. 1 - 10.

J. Ferrater Mora: DICCIONARIO DE FILOSOFÍA, tercera edición, ed. Sudamericana, B. A., 1951, artículo *Filosofía griega, pp.* 362 - 364.

W. Windelband: HISTORIA DE LA FILOSOFÍA, *op. cit. La filosofía de los griegos,* pp. 75 - 79.

X. Zubiri: NATURALEZA, HISTORIA, DIOS, ed. Editora Nacional, Madrid, 1944, *Grecia y la pervivencia del pasado filosófico.*

RELIGION Y FILOSOFIA

W. Dilthey: LA ESENCIA DE LA FILOSOFÍA, *op. cit.,* Primera parte, III. *Términos intermedios entre filosofía y religiosidad;* Segunda parte, II, 1. *La concepción religiosa del mundo y su relación con la filosófica.*

R. Mondolfo: MORALISTAS GRIEGOS (trad. de O. Caletti), ed. Imán, B. A., 1941, *Responsabilidad y conciencia moral de Homero a Demócrito*, pp. 11 - 57.

E. Nicol: LA IDEA DEL HOMRRE, ed. Stylo, México, 1946, *De la religión a la filosofía como forma de vida*, pp. 165 - 198.

FILOSOFIA Y CRISTIANISMO

E. Gilson: LA FILOSOFÍA EN LA EDAD MEDIA (trad. de M. M. y J. C.), ed. Sol y Luna, B. A., 1940, *La filosofía medieval*, pp. 11 - 18; *Balance de la filosofía medieval*, pp. 289 - 297.

J. Marias: HISTORIA DE LA FILOSOFÍA, ed. Revista de Occidente, Madrid, 1941, *Cristianismo y filosofía*, pp. 113 - 114; *La Escolástica*, pp. 131 - 146; *El Renacimiento*, pp. 195 - 200; *El comienzo de la filosofía moderna*, pp. 201 - 202; *La vuelta a la tradición metafísica*, pp. 354 - 355.

A. Weber: HISTORIA DE LA FILOSOFÍA, *op. cit.*, *Renacimiento de las letras*, pp. 257 - 282.

CAPITULO IX

LOS "FISICOS"

J. Burnet: LA AURORA DEL PENSAMIENTO GRIEGO (trad. de O. Muñoz), ed. Argos, México, 1944, Introducción: *Carácter cosmológico de la filosofía griega primitiva*, pp. 1 - 34; *La escuela milesia*, pp. 49 - 96.

R. G. Collingwood: IDEA DE LA NATURALEZA (trad. de E. Imaz), ed. Fondo Cultura Económica, México, 1950, *La ciencia jónica de la naturaleza*, pp. 43 - 55.

D. Laercio: VIDAS, OPINIONES Y SENTENCIAS DE LOS FILÓSOFOS MÁS ILUSTRES (trad. de J. Ortiz Sanz), Librería Perlado, B. A., 1940, *Tales*, libro I, pp. 11 - 21; *Anaximandro*, libro II, pp. 65; *Anaximenes*, libro II, pp. 66 - 67.

R. Mondolfo: EL PENSAMIENTO ANTIGUO (trad. de S. A. Tri), ed. Losada, B. A., 1942, tomo I, *Los jonios*, pp. 40 - 46.

LOS "METAFISICOS"

J. Burnet: LA AURORA DEL PENSAMIENTO GRIEGO, *op. cit.*, *Pitágoras de Samos* pp. 102 - 137.

J. Burnet: LA AURORA DEL PENSAMIENTO GRIEGO, *op. cit.*, *Jenófanes de Colofón*, pp. 137 - 157.

J. Burnet: LA AURORA DEL PENSAMIENTO GRIEGO, *op. cit.*, *Parménides de Elea*, pp. 207 - 239.

J. Burnet: LA AURORA DEL PENSAMIENTO GRIEGO, *op. cit.*, *Zenón y el pitagorismo*, pp. 382 - 390; *Meliso de Samos*, pp. 39 - 399.

J. Burnet: LA AURORA DEL PENSAMIENTO GRIEGO, *op. cit., Heráclito de Efeso*, pp. 159 - 205.

R. G. Collingwood: IDEA DE LA NATURALEZA, *op. cit., Los pitagóricos*, pp. 64 - 70.

D. Laercio: VIDAS, OPINIONES Y SENTENCIAS DE LOS FILÓSOFOS MÁS ILUSTRES, *op. cit., Pitágoras*, libro VIII, pp. 397 - 416.

D. Laercio: VIDAS, OPINIONES Y SENTENCIAS DE LOS FILÓSOFOS MÁS ILUSTRES, *op. cit., Jenófanes*, libro IX, pp 446 - 447.

D. Laercio: VIDAS, OPINIONES Y SENTENCIAS DE LOS FILÓSOFOS MÁS ILUSTRES, *op. cit., Parménides*, libro IX, pp. 448 - 450.

D. Laercio: VIDAS, OPINIONES Y SENTENCIAS DE LOS FILÓSOFOS MÁS ILUSTRES *op. cit., Heráclito*, libro IX, pp. 439 - 445.

R. Mondolfo: EL PENSAMIENTO ANTIGUO, *op. cit., Desarrollo del pitagorismo en la edad de Filolao*, tomo I, pp. 59 - 73.

R. Mondolfo: EL PENSAMIENTO ANTIGUO, *op. cit., Los eleatas. El precursor: Jenófanes de Colofón*, tomo I, pp. 74 - 78.

R. Mondolfo: EL PENSAMIENTO ANTIGUO, *op. cit., Los eleatas. El fundador: Parménides de Elea*, tomo I, pp. 78 - 83.

R. Mondolfo: EL PENSAMIENTO ANTIGUO, *op. cit., Heráclito de Efeso (el oscuro)*, tomo I, pp. 47 - 52.

Parménides: EL POEMA (trad. de J. D. García Bacca), ed. Universidad Nacional Autónoma, México, 1943, *Proemio*, pp. 5 - 7; *Poema ontológico*, pp. 11 - 15; *Poema fenomenológico*, pp. 19 - 21.

Pitágoras: LOS VERSOS DE ORO. (HIEROCLES) (trad. de J. M. Q.), ed. Nueva Biblioteca filosófica, Madrid, 1929, pp. 13 - 18.

Platón: PARMÉNIDES (diálogo).

Presocráticos (los): POEMA DE JENÓFANES (trad. de J. D. García Bacca), ed. El Colegio de México, 1943, tomo I, pp. 3 - 9.

Presocráticos (los), *op. cit.*, tomo II, *Fragmentos del libro de Zenón "Sobre la naturaleza"*, pp. 65 - 66; *Fragmento filosófico de Meliso*, pp. 73 - 77.

Presocráticos (los), *op. cit.*, tomo II, *Fragmento de Heráclito*, pp. 23 - 33.

O. Spengler: HERÁCLITO (trad. de A. de Mondolfo), ed. Espasa-Calpe Argentina, B. A., 1947, pp. 105 - 153.

J. Wahl: ESTUDIO SOBRE EL PARMÉNIDES DE PLATÓN (trad. de J. M. Q.), ed. Nueva Biblioteca Filosófica, Madrid, 1929.

LOS "ECLECTICOS"

J. Burnet: LA AURORA DEL PENSAMIENTO GRIEGO, *op. cit., Anaxágoras de Clazomene*, pp. 305 - 333.

J. Burnet: LA AURORA DEL PENSAMIENTO GRIEGO, *op. cit., Leucipo de Mileto*, pp. 401 - 424.

D. Laercio: VIDAS, OPINIONES Y SENTENCIA DE LOS FILÓSOFOS MÁS ILUSTRES, *op. cit., Empédocles*, libro XIII, pp. 417 - 426.

D. Laercio: VIDAS, OPINIONES Y SENTENCIA DE LOS FILÓSOFOS MÁS ILUSTRES, op. cit., Anaxágoras, libro II, pp. 68 - 72.

D. Laercio: VIDAS, OPINIONES Y SENTENCIA DE LOS FILÓSOFOS MÁS ILUSTRES, op. cit., Leucipo, libro IX, pp. 456 - 457; Demócrito, libro IX, pp. 458 - 465.

R. Mondolfo: EL PENSAMIENTO ANTIGUO, op. cit., Empédocles de Agrigento, tomo I, pp. 92 - 100.

R. Mondolfo: EL PENSAMIENTO ANTIGUO, op. cit., Anaxágoras de Clazomene, Tomo I, pp. 100 - 107.

R. Mondolfo: EL PENSAMIENTO ANTIGUO, op. cit., Los atomistas: Leucipo y Demócrito, tomo I, pp. 108 - 122.

Presocráticos (los): POEMA DE EMPÉDOCLES (trad. de J. D. García Bacca), ed. El Colegio de Céxico, 1943, tomo I, Proemio, pp. 41 - 46; Primera parte, pp. 49 - 67; Segunda parte, pp. 71 - 78; Tercera parte, pp. 81 - 82.

Presocráticos (los), op. cit., tomo II, Del libro de Anaxágoras "Sobre la naturaleza", pp. 95 - 100.

Presocráticos (los), op. cit., tomo II, Fragmentos filosóficos de Leucipo, pp. 125; Fragmentos filosóficos de Demócrito, pp. 135 - 161.

A. Weber: HISTORIA DE LA FILOSOFÍA (trad. de M. Núñez), ed. Jorro, Madrid, 1914, Explicación del devenir, parágrafo 12, 3: Los atomistas, pp. 49 - 53.

LOS SOFISTAS

Aristóteles: LÓGICA, Refutación de los sofistas, Capítulo I. Sobre toda refutación sofística; Capítulo II. Sobre los géneros de argumentación; Capítulo III. Sobre lo que se propone la argumentación sofística.

Aristóteles: METAFÍSICA, libro Once, Capítulo VI. De la opinión de Protágoras, según la que el hombre es la medida de todas las cosas.

E. García Máynez: ETICA, ed. Universidad Nacional Autónoma, México, 1944, La teoría de Calicles sobre el derecho del más fuerte, pp. 59 - 66.

W. Jaeger: PAIDEIA, tomo I (trad. de J. Xirau), ed. Fondo Cultura Económica, México, 1942, Los sofistas, pp. 303 - 346.

E. Molina: LA HERENCIA MORAL DE LA FILOSOFÍA GRIEGA, ed. Nascimento, Santiago de Chile, 1938, Los sofistas, pp. 39 - 56.

L. Robin: LA MORAL ANTIGUA (trad. de R. H. Prematt), ed. Argos, B. A., 1947, Los presocráticos, los sofistas, Demócrito, pp. 25 - 33.

A. Weber: HISTORIA DE LA FILOSOFÍA, op. cit., Pitágoras, pp. 54 -58.

SOCRATES

V. Brochard: ESTUDIO SOBRE SÓCRATES Y PLATÓN (trad. de L. Ostrov), ed. Losada, B. A., 1940, La obra de Sócrates, pp. 13 - 25.

E. García Máynez: ETICA, op. cit., La ética socrática, pp. 125 - 130.

W. Jaeger: PAIDEIA, tomo II (trad. de W. Roces), ed. Fondo Cultura Económica, México, 1944, *La herencia de Sócrates: El problema socrático; Sócrates, educador*, pp. 3 - 30.

E. Molina: LA HERENCIA MORAL DE LA FILOSOFÍA GRIEGA, *op. cit.*, pp. 57 - 92.

• R. Mondolfo: EL PENSAMIENTO ANTIGUO, *op. cit.*, tomo I, pp. 149 - 172.

Platón: APOLOGÍA DE SÓCRATES (diálogo).

L. Robin: LA MORAL ANTIGUA, *op. cit., Sócrates* pp. 33 - 40.

CINICOS Y CIRENAICOS

D. Laercio: VIDAS, OPINIONES Y SENTENCIAS DE LOS FILÓSOFOS MÁS ILUSTRES, *op. cit., Aristipo*, libro II, pp. 95 - 109; *Antístenes*, libro VI, pp. 255 - 261.

E. Molina: LA HERENCIA MORAL DE LA FILOSOFÍA GRIEGA, *op. cit., Los cínicos y los cirenaicos*, pp. 143 - 151.

R. Mondolfo: EL PENSAMIENTO ANTIGUO, *op. cit.*, tomo I, *La escuela cirenaica*, pp. 172 - 180; *La escuela cínica*, pp. 180 - 187.

L. Robin: LA MORAL ANTIGUA, *op. cit., Cínicos y cirenaicos, pp.* 40 - 43.

A. Weber: HISTORIA DE LA FILOSOFÍA, *op. cit., Aristipo y el hedonismo. Antístenes y el cinismo*, pp. 65 - 69.

PLATON

V. Brochard: ESTUDIOS SOBRE SÓCRATES Y PLATÓN, *op. cit., Los mitos en la filosofía de Platón*, pp. 26 - 41; *La teoría platónica de la participación según el Parménides y el Sofista*, pp. 103 - 144; *La moral de Platón*, pp. 166 - 224.

E. García Máynez: ETICA, *op. cit., La ética platónica*, pp. 140 - 142.

W. Jaeger: PAIDEIA, *op. cit.*, tomo II, *Platón y la posteridad*, pp. 92 - 102.

A. Koyré: INTRODUCCIÓN A LA LECTURA DE PLATÓN (trad. de J. M. Cajica), ed. Cajica, Puebla, México, 1947, *El diálogo*, pp. 7 - 17; *Política y filosofía*, pp. 89 - 117.

L. Robin: LA MORAL ANTIGUA, *op. cit.*, pp. 43 - 53.

A Weber: HISTORIA DE LA FILOSOFÍA, *op. cit., Platón*, pp. 69 - 96.

ARISTOTELES

Aristóteles: METAFÍSICA, libro I, (naturaleza de la ciencia y doctrinas de los antiguos), libro IV (del Ser), libro VII (de la sustancia), libro XII (de Dios).

M. García Morente: LECCIONES PRELIMINARES DE FILOSOFÍA, ed. Losada, B. A., 1941, Lección VII: *El realismo aristotélico*.

C. E. M. Joad: GUÍA DE LA FILOSOFÍA (trad. de M. R. Lida), ed. Losada, B. A., 1940, Capítulo XI. *La crítica de Aristóteles: El mundo de la subsistencia: filosofía escolástica.*

R. Mondolfo: El Pensamiento Antiguo, *op. cit.*, tomo II, *Aristóteles*, pp. 9 - 82.

L. Robin: La Moral Antigua, *op. cit., Aristóteles*, pp. 53 - 59.

ESTOICOS Y EPICUREOS

K. Barth: Los Estoicos, ed. Revista de Occidente, Madrid, 1950.

Estoicos (los): Epicteto: Máximas, Marco Aurelio: Pensamientos, Boecio: de la Consolación por la Filosofía, ed. Bergua, Madrid.

D. Laercio: Vidas, Opiniones y Sentencias de los Filósofos más Ilustres, *op. cit., Zenón Citieo*, libro VII, pp. 317 - 378; *Crisipo*, libro VII, pp. 386 - 394.

J. Marías: San Anselmo y el Insensato, ed. Revista de Occidente, Madrid, ed. Revista de Occidente, Madrid, 1944, *Marco Aurelio o la exageración*, pp. 187 - 198.

R. Mondolfo: El Pensamiento Antiguo, *op. cit.*, tomo II, *El epicureísmo*, pp. 93 - 110; *El estoicismo*, pp. 113 - 144.

Séneca: Tratados Morales (trad. de P. F. Navarrete), ed. Espasa-Calpe Argentina, B. A., 1943, libro I. *De la divina providencia*, libro V. *De la brevedad de la vida*.

Séneca: Cartas Morales (trad. de J. M. Gallegos Rocafull), ed. Universidad Nacional Autónoma, México, 1951, Carta V. *Del modo de filosofar honestamente*. Carta IX. *De la filosofía y de la amistad*, Carta XVI. *De la utilidad de la filosofía*, Carta XXIII. *Del verdadero gozo que proporciona la filosofía*, Carta XXXIII. *Sobre las máximas de los filósofos*, Carta XL. *Sobre el estilo propio del discurso filosófico*, Carta LXIV. *Sobre la tarea de los filósofos*, Carta LXXII. *De que los negocios se oponen a la filosofía*.

ESCEPTICOS

V. Brochard: Los Escépticos Griegos (trad. de V. Quinteros), ed. Losada, B. Aires, 1945, I. *Los orígenes del antiguo escepticismo*, II. *Pirrón*, pp. 55 - 98; Libro segundo, I. *Los orígenes de la Academia nueva*, II. *Arcesilao*, III. *Carnéades*, pp. 117 - 152; Libro tercero, III *Enesidemo, Su escepticismo*, pp. 208 - 331; Libro cuarto, *Los médicos escépticos. Menódoto y Sexto Empírico*, pp. 377 - 403.

D. Laercio: Vidas, Opiniones y Sentencias de los Filósofos más Ilustres, *op. cit., Pirrón*, libro IX, pp. 474 - 491; *Timón* libro IX, pp. 492 - 494; *Acesilao*, libro IV, pp. 193 - 201; *Carnéades*, libro IV, pp. 210 - 211.

R. Mondolfo: El Pensamiento Antiguo, *op. cit., El escepticismo*, tomo II, pp. 145 - 172.

ECLECTICOS

Cicerón: Los Oficios (trad. de M. de Valbuena), ed. Espasa-Calpe Argentina, B. A., 1943. Libro I, Capítulos 1, 2; Libro II, Capítulos 1, 2, 5, 10; Libro III, Capítulos 1, 2, 3, 10, 20.

R. Mondolfo: El Pensamiento Antiguo, *op. cit.*, *El eclecticismo: Cicerón*, pp. 173 - 182.

NEOPLATONISMO

J. D. García Bacca: Introducción General a las Enéadas, ed. Losada, B. A., 1948.

G. Mehlis: Plotino (trad. de J. Gaos), ed. Revista de Occidente, Madrid, 1931, *La esencia de la filosofía de Plotino y su relación con el pasado*, pp. 55 - 84; *La teoría del conocimiento*, pp. 165 - 180.

Plotino: Enéadas (trad. de J. M. Q.), ed. Nueva Biblioteca Filosófica, Madrid, 1930, Sexta, libro VI, cap. 13; Quinta, libro 1, cap. 5; Quinta, libro IV, cap. 1; Quinta, libro III, cap. 12; Sexta, libro IX; cap. 1 (todo esto sobre el *Uno* o el *Bien*). Quinta, libro 1, cap. 6 y Sexta, libro VII, cap. 25 (el movimiento en cuanto presupone un fin: el *Bien*). Quinta, Libro IV, cap. 1 y Sexta, libro IX, cap. 6 (se refiere a lo *Uno* en cuanto simplicidad, autosuficiencia y trascendencia). Sexta, libro VIII, cap. 6 (se refiere al *Uno* como autocreador). Quinta, libro III, cap. 15; Quinta, libro IV, cap. 1 y Quinta, libro I, cap. 6 (se refiere a la teoría de la *emanación*). Quinta, libro III, cap. 3 (la relación de intelecto y alma). Cuarta, libro III, cap. 20 y Cuarta, libro III, cap. 22 (al alma en el cuerpo). Sexta, Libro IV, cap. 16 (descenso del alma en el cuerpo).

CAPITULO X

CRISTIANISMO Y FILOSOFIA

H. Heimsoeth: Las Conquistas del Idealismo Alemán, Revista de Occidente, Madrid, 1936, número CVIII.

J. Marías: La Filosofía en sus Textos, ed. Labor, Madrid, 1950, tomo I, *El cristianismo y la filosofía*, *La forma intelectual de la Patrística*, pp. 233 - 237.

J. Ferrater Mora: Diccionario de Filosofía, tercera edición, ed. Sudamericana, B. A., 1951, artículo *Cristianismo*, pp. 197 - 199.

X. Zubiri: En Torno al Problema de Dios, Revista de Occidente, Madrid, año XIII, número CXLIX, pp. 129 - 159.

APOLOGETICA Y PATRISTICA

J. Marías: La Filosofía en sus Textos, *op. cit.*, tomo I, San Justino: *Apologías*, pp. 239 - 244; San Ireneo: *Contra los herejes*, pp. 245-246; Tertuliano: *De la carne de Cristo* pp. 247 - 248; *El Apologético*, pp. 248 - 253; *Las creencias de los cristianos*, pp. 253 - 258.

J. Marías: La Filosofía en sus Textos, *op. cit.*, tomo I, Clemente de Alejandría: *Stromata*, pp. 259 - 262; Orígenes: *Sobre los principios*, pp. 263 - 281.

Q. S. Tertuliano: APOLOGÍA CONTRA LOS GENTILES (trad. de Fr. P. Manero), ed. Espasa - Calpe Argentina, B. A., 1947.
A Weber: HISTORIA DE LA FILOSOFÍA (trad. de M. Núñez Arenas), ed. Jorro Madrid, 1914, *Cristianismo y filosofía. Platonismo cristiano. Orígenes*, pp. 175 - 182.

SAN AGUSTIN

S. Agustín: LA CIUDAD DE DIOS, libro Octavo, Capítulo IV. *Contenido y valor de la filosofía platónica,* Capítulo VIII. *Sobre el Sumo Bien platónico,* Libro Undécimo, Capítulo XVI, Teoría agustiniana del *Si fallor sum.*
S. Agustín: OBRAS COMPLETAS, ed. Biblioteca de Autores Cristianos, Madrid, 1947, *De la naturaleza del Bien,* Capítulo I (teoría agustiniana del Sumo Bien), Capítulo IV (sobre el mal).
S. Agustín: CONFESIONES, Libro XI, Capítulos 11 al 24 (sobre el tiempo).
S. Agustín: OBRAS COMPLETAS, *op. cit.,* tomo IV, 1948, *De la verdadera religión,* Capítulo XXXIX (sobre la intimidad o interioridad).
G. Papini: SAN AGUSTÍN (trad. de H. F. Miri), ed. Cóndor, B. A., 1940.
W. Windelband: HISTORIA DE LA FILOSOFÍA (trad. de F. Larroyo), *La filosofía en la Edad Media,* ed. Antigua Librería Robredo, México, 1942, *La metafísica de la experiencia interna,* pp. 61 - 80.

FILOSOFIA MEDIEVAL Y ESCOLASTICA

J. Ferrater Mora: DICCIONARIO DE FILOSOFÍA, *op. cit.,* artículo *Escolástica,* pp. 278 - 281.
E. Gilson: LA FILOSOFÍA EN LA EDAD MEDIA (trad. de M. M. y J. C.), ed. Sol y Luna, B. A., 1940, *El problema de los universales en el siglo IX,* pp. 32 - 34.
J. Marías: HISTORIA DE LA FILOSOFÍA, ed. Revista de Occidente, Madrid, 1941, I. *La escolástica,* pp.131 - 136; II. *Los grandes temas de la Edad Media,* pp. 137 - 146.
J. Maritain: ARTE Y ESCOLÁSTICA (trad. de J. A. González), ed. La Espiga de Oro, B. A., 1945, I. *Los escolásticos y la teoría del Arte,* pp. 13 - 15; IV. *El arte es una virtud intelectual,* pp. 21 - 37; VIII. *Arte cristiano,* pp 87 - 95.
A. Weber: HISTORIA DE LA FILOSOFÍA, *op. cit., La escolástica,* pp. 195 - 198.
W. Windelband: HISTORIA DE LA FILOSOFÍA, *La filosofía en la Edad Media, op. cit.,* tercera parte: *La filosofía en la Edad Media,* pp. 37 - 45; *El período inicial,* pp. 49 - 52.
M. de Wulff: HISTORIA DE LA FILOSOFÍA MEDIEVAL, tomo III (trad. de J. Toral Moreno), ed. Jus, México, 1949, *Guillermo de Ockam,* pp. 29-49; *Los maestros Franciscanos,* pp. 68 - 88; *Los místicos,* pp. 177 - 184; *El balance del patrimonio escolástico,* pp. 229 - 239.

FILOSOFOS ANTERIORES A SANTO TOMAS

Anselmo de Canterbury (San): La Razón y la Fe (trad. de R. Labrousse), ed. Yerba Buena, B. A., 1945, *Proslogion,* pp. 9-59; *Libro de Gaunilo,* pp. 67-79; *San Anselmo contra Gaunilo,* pp. 87-113.

Buenaventura (San): Itinerario de la Mente a Dios, ed. Biblioteca de Autores Cristianos, Madrid, 1945, pp. 543-629.

E. Gilson: La Filosofía en la Edad Media, *op. cit., Abelardo. Los Victorinos,* pp. 72-88; *Alberto Magno,* pp. 157-166.

J. Marías: La Filosofía en sus Textos, *op. cit., Ricardo de San Víctor, Tractatus excerptionum,* pp. 378-382.

SANTO TOMAS

Tomás de Aquino (Santo): El Ente y la Esencia (trad. de J. R. Sepich), ed. del Instituto de Filosofía de la Universidad de Buenos Aires, 1940.

Tomás de Aquino (Santo): Suma Contra Gentiles (trad. de A. Pérez Masegosa), en J. Marías: La Filosofía en sus Textos, *op. cit.,* tomo I, Libro primero, Capítulo I a IX.

Tomás de Aquino (Santo): Compendio de Teología (trad. de L. Carbonero y Sol, Madrid, 1880), ed. Cultural, B. A., 1943, Capítulos 1 a 36 y 76 a 100; también en J. Marías: La Filosofía en sus Textos, *op. cit.,* los mismos capítulos.

Tomás de Aquino (Santo): Suma Teológica, en J. Marías: La Filosofía en sus Textos, *op. cit.,* y en Biblioteca de Autores Cristianos, Madrid, 1947, Primera parte, *Prólogo, Cuestión 1ª, artículos 1 a 10; Cuestión 2ª, artículos 1, 2, 3; Cuestión 16ª, artículos 1 a 8; Cuestión 75ª, artículos 1 a 7; Cuestión 76ª, artículos 1 a 8; Cuestión 90ª artículos 1 a 4; Cuestión 93ª, artículos 1 a 9.*

Fr. S. Ramírez: La Suma Teológica de Santo Tomás, en Suma Teológica, ed. Biblioteca de Autores Cristianos, Madrid, 1947, tomo I, pp. 183-213.

J. R. Sepich: Estudio Preliminar de El Ente y la Esencia, *op. cit.,* pp. 15-30.

FRANCISCANOS

W. C. Dampier Dampier-Whetham: Historia de la Ciencia (trad. de M. Pérez Urrutia), ed. Aguilar, Madrid, 1939, *Roger Bacon,* pp. 110-114.

E. Gilson: La Filosofía en la Edad Media, *op. cit., Rogerio Bacon,* pp. 201-211.

J. Marías: La Filosofía en sus Textos, *op. cit.,* tomo I, Juan Duns Scotus; *Tratado del principio primero de todas las cosas,* pp. 651-670.

J. Marías: La Filosofía en sus Textos, *op. cit.,* Guillermo de Ockam: *Summa totius logicae,* pp. 671-677.

ECKEHART

J. Marías: LA FILOSOFÍA EN SUS TEXTOS, *op. cit.*, tomo I, Eckehart: *El varón noble, De la plenitud del Divino Ser, La razón penetra hasta llegar a la raíz de la Divinidad, De la chispa del alma, Del retiro*, pp. 678 - 691.

CAPITULO XI

EL RENACIMIENTO

E. Bréhier: LA NOCIÓN DE RENACIMIENTO EN LA HISTORIA DE LA FILOSOFÍA (trad. de H. Piñera Llera), Revista Cubana de Filosofía, La Habana, 1951, número 8, pp. 30 - 44.

J. Burckhardt: LA CULTURA DEL RENACIMIENTO EN ITALIA (trad. de R. Gómez de la Serna y Espina), ed. Losada, B. A., 1942, Parte tercera: *La resurrección del mundo antiguo;* Parte cuarta: *El descubrimiento del hombre y el mundo*.

W. Dilthey: HOMBRE Y MUNDO EN LOS SIGLOS XVI Y XVII (trad. de E. Imaz), ed. Fondo Cultura Económica, México, 1944, *El Renacimiento, Petrarca, Maquiavelo, Montaigne*, pp. 27 - 49.

H. Piñera Llera: EL ESCEPTICISMO EN EL RENACIMIENTO, Revista Cubana, enero - junio de 1948, pp. 76 - 89.

EL HUMANISMO

W. Dilthey: HOMBRE Y MUNDO EN LOS SIGLOS XVI Y XVII, *op. cit., Antropología y conducta de la vida en la época del Renacimiento y de la Reforma* (Vives, Cardano, Escalígero, Telesio, Montaigne, Bruno), pp. 405-429.

D. Erasmo: ELOGIO DE LA LOCURA (trad. de F. L. Alvarez), ed. Sopena Argentina, B. A., 1941. También en la edición de la Librería Bergua, 1936, pp. 22 - 146.

D. Erasmo: EL ENQUIRIDIÓN O MANUAL DEL CABALLERO CRISTIANO (trad. de Arcediano del Alcor), en J. Marías: LA FILOSOFÍA EN SUS TEXTOS, *op. cit.*, tomo I, pp. 730 - 738.

J. Ferrater Mora: DICCIONARIO DE FILOSOFÍA, tercera edición, ed. Sudamericana, B. A., 1951, artículo *Academia florentina*, p. 22.

L. Hebreo: DIÁLOGOS DE AMOR (trad. del Inca Garcilaso de la Vega), colección Los Místicos, B. A., 1944.

F. A. Lange: LUIS VIVES, ed. Americalee, B. A., 1944.

N. de Maquiavelo: EL PRÍNCIPE, ed. Espasa - Calpe Argentina, B. A., 1941.

M. de Montaigne: ENSAYOS (trad. de C. Román Salamero), ed. El Ateneo, B. A., 1948.

T. Moro: UTOPÍA (trad. de C. Roquette), ed. Sopena Argentina, B. A., 1941.

J. L. Vives: DIÁLOGOS, librería Bergua, Madrid, 1936, pp. 147 - 317.

J. L. Vives: TRATADO DEL ALMA, en J. Marías: LA FILOSOFÍA EN SUS TEXTOS, *op. cit.*, tomo I, pp. 739 - 760.

CUSANO

N. de Cusa: DE DOCTA IGNORANTIA (trad. de D. Ñáñez y R. Warshaver), ed. Lautaro B. A., 1948, Libro I, Capítulos 1, 2, 3, 11, 12, 13, 14, 15, 21, 22, 23; Libro II Capítulos 1, 2, 3, 4; Libro III Capítulos 1, 2, 3, 4, 11, 12.

N. de Cusa: DE DOCTA IGNORANTIA, en J. Marías: LA FILOSOFÍA EN SUS TEXTOS, *op. cit.*, tomo I, pp. 702 - 728.

BRUNO

G. Bruno: DE LA CAUSA, PRINCIPIO Y UNO (trad. de A. Vasallo), ed. Losada, B. A., 1941, *Diálogo quinto*. Lo mismo en J. Marías: LA FILOSOFÍA EN SUS TEXTOS, *op cit.*, tomo I, pp. 838 - 845.

SUAREZ

F. Suárez: DISPUTACIONES METAFÍSICAS, Disputación Segunda (Sobre la razón esencial o el concepto del ente) (trad. de X. Zubiri), ed. Revista de Occidente, Madrid, 1935.

F. Suárez: DISPUTACIONES METAFÍSICAS, Disputación Primera (Introducción a la Metafísica) y Disputación Segunda (Sobre la razón esencial o el concepto del ente), en J. Marías: LA FILOSOFÍA EN SUS TEXTOS, *op. cit.*, pp. 767 - 810 y 810 - 837.

F. Suárez: DISPUTACIONES METAFÍSICAS, Disputación Primera (Introducción a la Metafísica) (trad. de J. Adúriz), ed. Espasa- - Calpe Argentina, B. A., 1943.

DESCARTES

R. Descartes: DISCURSO DEL MÉTODO Y MEDITACIONES METAFÍSICAS (trad. de M. García Morente), ed. Espasa - Calpe Argentina, B. A., 1939.

R. Descartes: REGLAS PARA LA DIRECCIÓN DEL ESPÍRITU (trad. de M. Mindán), ed. Revista de Occidente, Madrid, 1935.

R. Descartes LAS PASIONES DEL ALMA, ed. Elevación, B. A., 1944.

R. Descartes: CARTAS SOBRE LA MORAL (trad. de E. Goguel), ed. Yerba Buena, B. A., 1950.

M. Leroy: DESCARTES, EL FILÓSOFO ENMASCARADO (trad. de J. Sanz Pastor), .ed. Nueva Biblioteca Filosófica, 1931. Introducción. *El Enigma de Descartes*; Libro III. *El Secreto de Descartes*.

Revista Cubana de Filosofía: HOMENAJE A DESCARTES, número 6, enero - diciembre de 1953, Francisco Romero: *Sobre la oportunidad histórica del cartesianismo;* Humberto Piñera Llera: *Descartes, el sentido común y la filosofía;* Ramón Xirau: *Lo que no se lee en Descartes;* Mercedes García Tudurí: *El cartesianismo y la crisis;* Rosaura García Tudurí: *Descartes y el pensar;* Máximo Castro: *Presencia de Descartes en la filoso-*

fía contemporánea; Victoria González: *El argumento ontológico en Descartes;* Justo Nicola *La intuición del cogito;* Dionisio de Lara: *Descartes, el reformador.*

SPINOZA

W. Durant: HISTORIA DE LA FILOSOFÍA (trad. de A. González R.) ed. Empresa Letras, Santiago de Chile, 1937, Capítulo IV. *Spinoza.*

C. Gebhardt: SPINOZA (trad. de O. Cohan), ed. Losada, B. A., 1940, Capítulo II. *Spinoza en el judaísmo,* Capítulo IV. *La posición histórica del spinozismo,* Capítulo VI. *Las cuatro equivalencias del spinozismo.*

B. de Spinoza: ETICA.

MALEBRANCHE

J. Ferrater Mora: DICCIONARIO DE FILOSOFÍA, *op. cit.,* artículo *Malebranche (Nicolás),* pp. 584 - 585.

N. Malebranche: SOBRE EL ALMA (trad. de J. Izquierdo), ed. Tor. B. Aires.

N. Malebranche: CONVERSACIONES SOBRE LA METAFÍSICA (ed. Española de 1912).

G. Stieler: MALEBRANCHE (trad. de R. de la Serna), ed. Revista de Occidente, Madrid, 1931, IV. *La teoría del conocimiento,* pp. 71 - 150.

LEIBNIZ

G. F. Leibniz: TRATADOS FUNDAMENTALES (primera serie) (trad. de V. P. Quintero), ed. Losada, B. A., 1946, *Nuevo sistema de la naturaleza,* pp. 9 - 22; *Sobre la demostración cartesiana de la existencia de Dios,* pp. 41 - 83; *La Monadología,* pp. 59 - 79; *Principios de la naturaleza y de la gracia,* pp. 81 - 92; *Discurso de metafísica,* pp. 93 - 148.

G. F. Leibniz: LA MONADOLOGÍA (trad. de H. Piñera Lléra), ed. Cenit, La Habana, 1949.

G. F. Leibniz: TEODICEA (trad. de P. de Azcárate), ed. Claridad, B. A. 1946.

BACON

F. Bacon: LA NUEVA ATLÁNTIDA (trad. de J. A. Vázquez), ed. Losada, B. A., 1941.

F. Bacon: NOVUM ORGANUM (trad. de C. H. Balmorí), ed. Losada, B. A., 1949.

Lord Macaulay: LORD BACON (estudios críticos), ed. Excélsior, S. de Chile, 1938.

J. Marías: LA FILOSOFÍA EN SUS TEXTOS, op. cit., tomo I, Bacon: *Nuevo Organo,* pp. 846 - 883.

HOBBES

T. Hobbes: Leviathan (trad. de M. Sánchez Sarto), ed. Fondo Cultura Económica, México, 1940, Parte primera, *Del hombre*, Capítulo I. *Del sentido*, Capítulo II. *De la imaginación*, Capítulo V. *De la razón y de la ciencia*, Capítulo IX. *De las varias materias del conocimiento*, Capítulo XIII. *De la condición natural de la humanidad en lo que respecta a su felicidad y a su infortunio*. Capítulo XIV. *Primeras y segundas leyes naturales y de los contratos*, Capítulo XVI. *De las personas, autores y cosas personificadas*. Segunda Parte, *Del Estado*, Capítulo XVII *De las causas, origen y definición del Estado*, Capítulo XVIII. *De los "derechos" de los soberanos por institución*. También en J. Marías: La Filosofía en sus Textos, *op. cit.*, tomo I, pp. 884 - 909.

LOCKE

J. Locke: Ensayo Sobre el Gobierno Civil (trad. de J. Carner), ed. Fondo de Cultura Económica, México, 1941, Sapítulos II. *Del estado de naturaleza*, Capítulo VII. *De la sociedad política o Civil*, Capítulo IX. *De los fines de la sociedad y gobierno político*, Capítulo X. *De las formas de una república*, Capítulo XVIII. *De la tiranía*, Capítulo XIX. *De la disolución del gobierno*.

A. Petzall: Locke (selección de textos y estudio preliminar) (trad. de L. Dujovne), ed. Sudamericana B. A., 1940.

BERKELEY Y HUME

G. Berkeley: Tratado Sobre los Principios del Conocimiento Humano (trad. de R. Frondizi), ed. Losada, B. A., 1939.

R. Frondizi: Introducción a la Filosofía de Berkeley, en la obra citada anteriormente, pp. XI - L.

D. Hume: Investigación Sobre el Entendimiento Humano (trad. de J. A, Vázquez), ed. Losada, B. A., 1939.

D. Hume: Diálogos Sobre Religión Natural (trad. de E. O'Gormann), ed. El Colegio de México, 1942.

D. Hume: Investigación Sobre la Moral (trad. de J. A. Vázquez), ed. Losada B. A., 1945.

D. Hume: Ensayos Económicos, ed. Biblioteca Económica Filosófica, Madrid, número 79.

F. Romero: Hume y el Problema de la Causalidad, en D. Hume: Investigación Sobre el Entendimiento Humano, *op. cit.*, pp. 7 - 20.

KANT

E. Cassirer: Kant. Vida y Doctrina (trad. de W. Roces), ed. Fondo de Cultura Económica, México, 1948.

M. Castro: Estudios Filosóficos, ed. Lex, La Habana, 1953, *Estudios kantianos*, pp. 109 - 144.

J. Ortega y Gasset: TRÍPTICO (Mirabeau o el político, Kant, Goethe), ed. Espasa - Calpe Argentina, 1943.

E. Kant: CRÍTICA DE LA RAZÓN PURA (trad. de J. del Perojo), ed. Losada B. A., 1943 *(Estética trascendental y Analítica trascendental).*

E. Kant: CRÍTICA DE LA RAZÓN PURA, ed. Sopena Argentina, B. A., tomo I (trad. de J. del Perojo) *(Estética trascendental y Analítica trascendental)* 1940; tomo II (trad. de F. Alvarez) *(Lógica trascendental y Dialéctica trascendental),* 1943.

E. Kant: CRÍTICA DE LA RAZÓN PRÁCTICA (trad. de V. E. Lollini), librería Perlado, B. A., 1939.

E. Kant: PRINCIPIOS METAFÍSICOS DEL DERECHO, ed. Americalee, B. A., 1943.

E. Kant: CRÍTICA DEL JUICIO (trad. de A. Moreno y J. Ruvira), Madrid, 1876.

E. Kant: TRATADO DE LÓGICA, ed. Araújo, B. A., 1938.

E. Kant: LO BELLO Y LO SUBLIME (trad. de A. Sánchez Rivero). LA PAZ PERPETUA, (trad. de F. Ruíz Pastor), ed. Espasa - Calpe Argentina, B. A. 1946.

ROUSSEAU Y VOLTAIRE

J. J. Rousseau: EL CONTRATO SOCIAL (trad. de A. D.), ed. Tor, B. A., 1945.

J. J. Rousseau: LAS CONFESIONES (trad. de U. del Real), ed. Jorro, Madrid, 1923.

Voltaire: CÁNDIDO (trad. de R. Anaya Dorado), EL INGENUO (trad. de R. Anaya Dorado), ed. Sopena Argentina, B. A., 1940 y 1941.

Voltaire: DICCIONARIO FILOSÓFICO (trad. de L. Aznar), ed. Araújo, B. A., 1938.

CAPITULO XII

FICHTE

J. T. Fichte: PRIMERA Y SEGUNDA INTRODUCCIÓN A LA TEORÍA DE LA CIENCIA (trad. de J. Gaos), ed. Revista de Occidente, Madrid, 1934.

J. T. Fichte: DISCURSOS A LA NACIÓN ALEMANA, ed. Americalee, B. A., 1943.

J. T. Fichte: LOS CARACTERES DE LA EDAD CONTEMPORÁNEA (trad. de J. Gaos), ed. Revista de Occidente, Madrid, 1934.

J. T. Fichte: DESTINO DEL HOMBRE y DESTINO DEL SABIO, ed. V. Suárez, Madrid, 1913.

H. Heimsoeth: FICHTE, ed. Revista de Occidente, Madrid, 1932.

F. Medicus: FICHTE, en la colección LOS GRANDES PENSADORES, ed. Espasa - Calpe, Madrid, 1925, tomo II.

SCHELLING

O. Braun: SCHELLING, en la colección Los GRANDES PENSADORES, *op. cit.*

J. Ferrater Mora: DICCIONARIO DE FILOSOFÍA, tercera edición, ed. Sudamericana, B. A., 1951, artículo *Schelling*, pp. 835 - 837.

HEGEL

B. Croce: LO VIVO Y LO MUERTO DE LA FILOSOFÍA DE HEGEL (trad. de F. González Ríos), ed. Imán, B. A., 1943.

W. Dilthey: OBRAS COMPLETAS (trad. de E. Imaz), ed. Fondo de Cultura Económica, México, 1944, tomo V: *Hegel y el idealismo*.

H. Falkenheim: HEGEL, en la colección Los GRANDES PENSADORES, *op. cit.*

J. G. F. Hegel: LECCIONES SOBRE LA FILOSOFÍA DE LA HISTORIA UNIVERSAL (trad. de J. Gaos), ed Revista de Occidente Argentina, B. A., 1946.

J. G. F. Hegel: ESTÉTICA (trad. de H. Giner de los Ríos), ed. Libertad, Madrid 1908. Tomo I, Primera parte. DE LA IDEA DE LO BELLO EN EL ARTE O DEL IDEAL.

J. G. F. Hegel: ENCICLOPEDIA DE CIENCIAS FILOSÓFICAS (trad. de E. O. Maury), ed. Libertad, B. A. 1944, *Lógica, II. Filosofía de la Naturaleza, III. Filosofía del Espíritu.*

J. G. F. Hegel: FENOMENOLOGÍA DEL ESPÍRITU (trad. de X. Zubiri), ed. R. de O., Madrid, 1935, *Prólogo, Introducción* y la última parte sobre *El saber absoluto.*

W. Moog. HEGEL Y LA ESCUELA HEGELIANA (trad. de J. Gaos, ed. Revista de Occidente, Madrid, 1932.

M. A. Virasoro: LA LÓGICA DE HEGEL, ed. Claridad, B. A., 1932.

SCHOPENHAUER

A. Schopenhauer: EL MUNDO COMO VOLUNTAD Y REPRESENTACIÓN (trad. de E. Ovejero Maury), ed. Biblioteca Nueva, B. A.

A. Schopenhauer: EUDEMONOLOGÍA (Parerga y Paralipómena) (trad. de J. B. Bergua), ed. Librería Bergua, Madrid.

A. Schopenhauer: EL AMOR, LAS MUJERES Y LA MUERTE, ed. Ercilla, S. de Chile, 1937.

A. Schopenhauer: LA LIBERTAD, ed. Tor, B. A.

COMTE

A. Comte: PRIMEROS ENSAYOS (trad. de F. Giner de los Ríos), ed. F. C. E., México, 1942, IV Parte: *Consideraciones Filosóficas sobre las Ciencias y los Sabios*; V Parte: *Consideraciones Acerca del Poder Espiritual.*

A. Comte: DISCURSO SOBRE EL ESPÍRITU POSITIVO (trad. de J. Marías), ed. Revista de Occidente, Madrid, 1935.

J. Ferrater Mora: DICCIONARIO DE FILOSOFÍA, *op. cit.*, artículo *Comte (Auguste)*, pp. 163 - 165.

R. Hubert: COMTE (selección de textos y estudio preliminar) (trad. de D. Ñáñez), ed. Sudamericana, B. A., 1943.

SPENCER

O. Gaupp: SPENCER (trad. de J. González), ed. R. de Oçc., Madrid, 1930, Primera parte. *Vida de Spencer;* Segunda parte, *La obra de Spencer.*

H. Spencer: PRINCIPIOS DE SOCIOLOGÍA (Abreviatura de), ed. Revista de Occidente, Madrid, 1947.

H. Spencer: PRIMEROS PRINCIPIOS (trad. de J. A. Irueste) ed. Perojo, Madrid, Primera parte: *Lo incognoscible.*

H. Spencer: ENSAYOS CIENTÍFICOS, (trad. de J. G. Llana), ed. Jorro, Madrid, 1908. Ensayo I. *La hipótesis del desenvolvimiento.*

H. Spencer: ENSAYOS SOBRE EDUCACIÓN, ed. D. Appletton and Co., New York, 1889, Cap. I. *¿Qué conocimientos son los más valiosos?;* Cap. II. *Educación intelectual.*

CAPITULO XIII

KIERKEGAARD

L. Chestov: KIERKEGAARD Y LA FILOSOFÍA EXISTENCIAL (trad. de J. Ferrater Mora), ed. Sudamericana, B. A., 1947, *A modo de introducción,* pp. 7 - 33.

S. Kierkegaard: EL CONCEPTO DE LA ANGUSTIA, ed. Espasa - Calpe Argentina, B. A., 1946, *El concepto de la angustia,* pp. 46 - 51; *La angustia en unión con la fe como medio de la salvación,* pp. 174 - 182.

S. Kierkegaard: TRATADO DE LA DESESPERACIÓN (trad. de C. Liacho), ed. Santiago Rueda, B. A., 1941, Primera parte, Libro I. *Donde se ve que la desesperación es la enfermedad mortal;* Libro III. *Personificación de la desesperación.*

S. Kierkegaard: TEMOR Y TEMBLOR (trad. de J. Grinberg), ed. Losada, B. A., 1947, Prólogo, Problema I. *¿Hay una suspensión teológica de la moral?* Problema II. *¿Hay un deber absoluto hacia Dios?*

H. Piñera Llera: FILOSOFÍA DE LA VIDA Y FILOSOFÍA EXISTENCIAL, ed. Lex, La Habana, 1952, *Soeren Kierkegaard,* Primera parte, pp. 27 - 33 y Segunda parte, pp. 118 - 126.

NIETZSCHE

F. Nietzsche: EL ORIGEN DE LA TRAGEDIA (trad. de E. Ovejero Maury), ed. Espasa - Calpe Argentina, B. A., 1943, *El espíritu de la música, origen de la tragedia,* pp. 25 - 168.

F. Nietzsche: LA VOLUNTAD DE PODER (trad. de P. Simón), ed. Poseidón, B. A., 1947, Libro III, *Principio de una nueva valorización,* 3. *La naturaleza,* 4. *La Sociedad;* Libro IV. *Disciplina y selección.*

F. Nietzsche: Así HABLÓ ZARATHUSTRA (trad. de P. Simón), ed. Poseidón, B. A., 1947, *El discurso preliminar de Zarathustra*, pp. 15 - 27; *Los discursos de Zarathustra: De las cátedras de la virtud*, pp. 33 - 35; *De las virtudes y las pasiones*, pp. 39 - 41; *Del amor al prójimo*, pp.59 - 61; *De los virtuosos*, pp. 88 - 90; *Del vencimiento de sí mismo*, pp. 104 - 107; *De viejas y nuevas tablas*, pp. 173 - 175; *La sombra*, pp. 235 - 238; *Del hombre superior*, pp. 247 - 256.

A. Pfänder: NIETZSCHE, en la colección LOS GRANDES PENSADORES, ed. Espasa - Calpe, Madrid, 1925, tomo II.

H. Piñera Llera: FILOSOFÍA DE LA VIDA Y FILOSOFÍA EXISTENCIAL, *op. cit., Nietzsche*, Primera parte, pp. 37 - 44 y Segunda parte, pp. 126 - 130.

DILTHEY

W. Dilthey: HISTORIA DE LA FILOSOFÍA (trad. de E. Imaz), ed. Fondo Cultura Económica, México, 1950.

W. Dilthey: INTRODUCCIÓN A LAS CIENCIAS DEL ESPÍRITU (trad. de E. Imaz), ed Fondo Cultura Económica, México, 1944, Introducción: I. *Propósito de esta introducción a las ciencias del espíritu;* II. *Las ciencias del espíritu constituyen un todo autónomo frente a las ciencias de la naturaleza;* XII. *Las ciencias acerca de los sistemas culturales.* Sección IV: II. *Las ciencias de la naturaleza*, III. *Las ciencias del espíritu*, IV. *Consideración final acerca de la imposibilidad metafísica del conocer.*

W. Dilthey: EL MUNDO HISTÓRICO (trad. de E. Imaz), ed. Fondo Cultura Económica, México, 1944, *Fundación de las ciencias del espíritu*, II. *Preconceptos descriptivos:* 1. *La estructura psíquica*, 2. *La captación de la estructura psíquica*, 3. *Las unidades estructurales*, 4. *La conexión estructural*, 5. *Los tipos de la relación estructural. Plan para continuar la estructuración del mundo histórico.* Primera parte, III. *Las categorías de la vida: Vida. La vivencia.* Segunda parte, Introducción 1. *La historia*, 2, *La nueva tarea.*

J. Ortega y Gasset: GUILLERMO DILTHEY Y LA IDEA DE LA VIDA, Revista de Occidente, Madrid, tomos XLII y XLIII, años 1933 - 34.

H. Piñera Llera: FILOSOFÍA DE LA VIDA Y FILOSOFÍA EXISTENCIAL, *op. cit., Guillermo Dilthey*, pp. 47 - 57.

E. Pucciarelli: INTRODUCCIÓN A LA FILOSOFÍA DE DILTHEY en W. Dilthey: LA ESENCIA DE LA FILOSOFÍA (trad. de E. Tabernig), ed. Losada, B. A., 1944, pp. 7 - 77.

BERGSON

J. Benrubí: BERGSON (selección de textos y estudio preliminar) (trad. de D. Ñáñez), ed. Sudamericana, B. A., 1942, pp. 107 - 223.

H. Bergson: LA EVOLUCIÓN CREADORA (trad. de C. Sabás Ercasty), ed. Claudio García y Cía., Montevideo, Capítulo III. *De la significación de la vida. El orden de la naturaleza y la forma de la inteligencia.*

H. Bergson: LAS DOS FUENTES DE LA MORAL Y LA RELIGIÓN (trad. de M. G. Fernández), ed. Sudamericana, B. A., Capítulo I. *La obligación moral.*

H. Bergson: LA RISA, ed. Losada, B. A., 1947.

J. Ferrater Mora: INTRODUCCIÓN A BERGSON en H. Bergson: LAS DOS FUENTES DE LA MORAL Y DE LA RELIGIÓN, *op. cit.*, pp. 7 - 60.

E. L. Figueroa: BERGSON (exposición de sus ideas fundamentales), ed. Biblioteca Humanidades de la Universidad de la Plata, 1930, Primera parte, I. *Los datos inmediatos de la conciencia. El problema de la libertad;* II. *La materia y el espíritu. Relaciones entre el alma y el cuerpo;* III. *La evolución creadora. Lugar del hombre en la naturaleza.*

M. García Morente: LA FILOSOFÍA DE HENRI BERGSON, ed. Claudio García y Cía, Montevideo.

H. Piñera Llera: FILOSOFÍA DE LA VIDA Y FILOSOFÍA EXISTENCIAL, *op. cit., Henri Bergson*, pp. 61 - 72.

J. Xirau: VIDA, PENSAMIENTO Y OBRA DE BERGSON, ed. Leyenda, México, 1944. Textos escogidos: *La conciencia y la vida, El alma y el cuerpo, La libertad, las dos formas de la memoria, El impulso vital, La existencia y la nada.*

BRENTANO

F. Brentano: PSICOLOGÍA (trad. de J. Gaos), ed. Schapire, B. A., 1942, I. *De la distinción entre los fenómenos psíquicos y los fenómenos físicos.*

F. Brentano: EL ORIGEN DEL CONOCIMIENTO MORAL (trad. de M. García Morente), ed. Revista de Occidente, Madrid, 1927.

F. Brentano: EL PORVENIR DE LA FILOSOFÍA (trad. de X. Zubiri), ed. Revista de Occidente, Madrid, 1936, *Las cuatro fases de la filosofía y su estado actual*, pp. 1 - 33; *El porvenir de la filosofía*, pp. 35 - 85.

HUSSERL

E. Husserl: INVESTIGACIONES LÓGICAS (Abreviatura por F. Vela), ed. Revista de Occidente, Madrid, 1949, *Prólogo del editor; La lógica como disciplina normativa y especialmente como disciplina práctica*, pp. 30 - 39; *El psicologismo*, pp. 48 - 51; *Las interpretaciones psicológicas de los principios lógicos*, pp. 60 - 70; *Los prejuicios psicologistas*, pp. 92 - 108; *La idea de la lógica pura*, pp. 123 - 139; *Los objetos universales y la conciencia de la universalidad*, pp. 195 - 202; *La conciencia como vivencia intencional*, pp. 319 - 343; *Para la fenomenología de los grados del conocimiento*, pp. 412 - 432; *Intuiciones sensibles y categoriales*, pp. 484 - 492; *Percepción externa e interna. Fenómenos físicos y psíquicos*, pp. 492 - 502.

E. Husserl: IDEAS (trad. de J. Gaos), ed. Fondo Cultura Económica, México, 1949, *Hechos y esencias*, pp. 17 - 45; *El mundo de la actitud natural*, pp. 64 - 66; *La ἐποχή fenomenológica, pp.* 73 - 74; *Vivencia intencional. Vivencia en general*, pp. 81 - 83; *La fenomenología como ciencia descriptiva de las esencias de las vivencias puras*, pp. 166 - 168; *El tiempo fenomenológico y la conciencia del tiempo*, pp. 191 - 194; *La intencionalidad, tema fenomenológico capital*, pp. 198 - 200.

E. Husserl: MEDITACIONES CARTESIANAS (trad. de J. Gaos), ed. El Colegio de México, 1942, *Prólogo del traductor*, pp. VII - XLIII; *Introducción*, pp. 3 - 11.

F. Romero: FILOSOFÍA CONTEMPORÁNEA, ed. Losada, B. A., 1941, *Descartes y Husserl*, pp. 81 - 110; *Pérdida y recuperación del sujeto en Husserl*, pp. 111 - 116.

J. Xirau: LA FILOSOFÍA DE HUSSERL, ed. Losada, B. A., 1941, Capítulo IV. *Formas y esencias;* Capítulo V. *La conciencia.*

SCHELER

M. Scheler: EL PUESTO DEL HOMBRE EN EL COSMOS, ed. *Losada*, B. A., 1938, Capítulo II. *Diferencia esencial entre el hombre y el animal;* Capítulo III. *El conocimiento ideatorio de las esencias como acto fundamental del espíritu.*

M. Scheler: EL PORVENIR DEL HOMBRE, ed. Espasa - Calpe Argentina, B. A., 1942, *La idea del hombre y la historia,* pp. 53 - 104.

M. Scheler: ETICA (trad. de H. Rodríguez Sanz), ed. Revista de Occidente, Madrid, 1941, *La ética material de los valores y la ética de los bienes y de los fines,* pp. 35 - 38; Bienes y valores, pp. 39 - 53 (tomo I). *El valor y el placer,* pp. 10 - 24; *La relatividad de los valores al hombre,* pp. 44 - 50; *La relatividad de los valores a la vida,* pp. 50 - 73.

HARTMANN

E. Estiú: EL PENSAMIENTO DE UNA "PHILOSOPHIA PRIMA" EN NICOLÁS HARTMANN, Revista de Filosofía y Letras, México, enero - marzo de 1943, número 9, pp. 31 - 57.

G. Gurvitch: LAS TENDENCIAS ACTUALES DE LA FILOSOFÍA ALEMANA, ed. Losada, B. A., 1939, *La filosofía de Nikolai Hartmann,* pp. 209 - 222.

N. Hartmann: EL PENSAMIENTO FILOSÓFICO Y SU HISTORIA, ed. Claudio García y Cía., Montevideo, 1940.

F. Romero: FILOSOFÍA CONTEMPORÁNEA, *op cit., Un filósofo de la problematicidad* pp. 9 - 26.

HEIDEGGER

M. Heidegger: EL SER Y EL TIEMPO (trad. de J. Gaos), ed. Fondo Cultura Económica, México, 1951, *Explicación de la pregunta que interroga por el sentido del ser,* pp. 3 - 14; *Planteamiento del problema de un análisis preparatorio del "ser ahí",* pp. 49 - 60 *El "ser ahí" y la temporalidad,* pp. 265 - 270; *Temporalidad e historicidad,* pp. 428 - 456.

M. Heidegger: DE LA ESENCIA DE LA VERDAD (trad. de H. Piñera Llera), Revista Cubana de Filosofía, enero - junio de 1952, número 10, pp. 5 - 22.

M. Heidegger: ¿QUÉ ES METAFÍSICA? (trad. de X. Zubiri), ed. Séneca, México, 1941.

E. Nicol: HISTORICISMO Y EXISTENCIALISMO, ed. Fondo Cultural Económica, México, 1953, *Ontología y existencia. Heidegger,* pp. 332 - 369.

H. Piñera Llera: FILOSOFÍA DE LA VIDA Y FILOSOFÍA EXISTENCIAL, *op. cit.,* pp. 134 - 139 y 199 - 209.

SARTRE

V. Fatone: EL EXISTENCIALISMO Y LA LIBERTAD CREADORA (Una crítica al existencialismo de J. P. Sartre), ed. Argos, B. A., 1948.

H. Piñera Llera: FILOSOFÍA DE LA VIDA Y FILOSOFÍA EXISTENCIAL, *op. cit.*, pp. 145 - 148 y 199 - 209.

I. Quílez: JUAN PABLO SARTRE. EL EXISTENCIALISMO DEL ABSURDO, ed. Espasa - Calpe Argentina, B. A. 1949.

J. P. Sartre: EL SER Y LA NADA (trad. de M. A. Virasoro), ed. Iberoamericana, B. A., 1948, *El problema de la nada*, tomo I, pp. 43 - 100; *La existencia de los otros*, tomo II, pp. 7 - 53; *Ser y hacer: la libertad*, pp. 9 - 78.

J. P. Sartre: EL EXISTENCIALISMO ES UN HUMANISMO (trad. de V. P. Fernández), ed. Sur, B. A., 1947.

CAPITULO XIV

EL PRESBITERO CABALLERO

R. Agramonte: ESTUDIO PRELIMINAR sobre el Pbro. J. A. Caballero, en J. A. Caballero: PHILOSOPHIA ELECTIVA (trad. de J. Artiles), ed. de la Universidad de la Habana, 1944, pp. L - C.

J. A. Caballero: PHILOSOPHIA ELECTIVA, *op: cit.*, *Disertación primera: La filosofía en general*, pp. 165 - 217.

M. Vitier: LA FILOSOFÍA EN CUBA, ed. Fondo Cultura Económica, México, 1948, III. *La enseñanza del Padre José Agustín Caballero.*

VARELA

R. Rexach: EL PENSAMIENTO DE FÉLIX VARELA, ed. Lyceum, 1950, III. *Vida y formación del presbítero Félix Varela;* IV. *El problema del conocimiento en Varela.* V. *Las ideas políticas y sociales en Varela.*

F. Varela: MISCELÁNEA FILOSÓFICA, ed. de la Universidad de la Habana, 1944, Parte primera, Capítulo I. *De la lógica*, Capítulo II. *De nuestra existencia*, Capítulo III. *De nuestras percepciones e ideas.* Parte quinta, *Observaciones sobre el escolasticismo*, pp. 201 - 220.

F. Varela: CARTAS A ELPIDIO, ed. de la Universidad de la Habana, 1944, tomo I, Carta tercera: *Causas de la impiedad;* tomo II, Carta primera: *Naturaleza de la religión y la superstición. Efectos de ésta. Paralelo entre ambas.*

GONZALEZ DEL VALLE

J. Z. González del Valle: FILOSOFÍA EN LA HABANA, en J. M. Mestre: DE LA FILOSOFÍA EN LA HABANA, edición del Ministerio de Educación, La Habana, 1952, pp. 95 - 108.

J. M. Mestre: DE LA FILOSOFÍA EN LA HABANA, *op. cit.*, *Elogio del doctor José Z. González del Valle*, pp. 129 - 143.

M. Vitier: LA FILOSOFÍA EN CUBA, op. cit., V. Los González del Valle, pp. 68 - 79.

LUZ Y CABALLERO

R. Agramonte: DON JOSÉ DE LA LUZ Y LA FILOSOFÍA COMO CIENCIA DE LA REALIDAD, en LA POLÉMICA FILOSÓFICA, ed. de la Universidad de la Habana, 1946, tomo I, pp. XIII - LXXXVI.

J. de la Luz y Caballero: AFORISMOS, ed. de la Universidad de la Habana, 1945, IV. La filosofía, V. El filósofo y sus palabras, VI. Los conceptos filosóficos, VII. Los sistemas filosóficos, XX. Etica religiosa, XXI. Metafísica religiosa.

J. de la Luz y Caballero: LA POLÉMICA FILOSÓFICA, op. cit., tomo I, 1946, Cuestión de Método, Primera parte, I, II, III, IV, V y VI réplicas de Luz y Caballero sobre la cuestión de si el estudio de la física debe preceder al de la lógica, pp. 17 - 50, 61 - 74, 75 - 91, 92 - 112 y 113 - 126.

J. de la Luz y Caballero: LA POLÉMICA FILOSÓFICA, op. cit., tomo V, 1948, Impugnación a Cousin, Anotaciones, 1 a 16, pp. 27 - 50.

J. Mañach: LUZ Y "EL SALVADOR" (discurso leído en la sesión pública del 27 de marzo de 1948, en conmemoración del centenario de la fundación del colegio "El Salvador"), Imprenta El Siglo, La Habana, 1948.

M. Vitier: LA FILOSOFÍA EN CUBA, op. cit., VII. José de la Luz y Caballero. Sus ideas filosóficas, pp. 95 - 114.

MESTRE

J. M. Mestre: DE LA FILOSOFÍA EN LA HABANA (estudio preliminar y notas por H. Piñera Llera), edición del Ministerio de Educación, La Habana, 1952.

J. I. Rodríguez: VIDA DEL DOCTOR JOSÉ MANUEL MESTRE, Imprenta Avisador Comercial, La Habana, 1909, Capítulo IV. Mestre como filósofo y profesor de filosofía, pp. 53 - 56.

VARONA

R. Agramonte: VARONA, EL FILÓSOFO DEL ESCEPTICISMO CREADOR, ed. Montero, Habana. 1949.

P. Camacho: VARONA, UN ESCÉPTICO CREADOR, ed. Lyceum, Habana. 1949.

E. Entralgo, M. Vitier, R. Agramonte: ENRIQUE JOSÉ VARONA: SU VIDA, SU OBRA Y SU INFLUENCIA, edición oficial, Habana, 1937.

F. Lizaso: EL PENSAMIENTO VIVO DE VARONA, ed. Losada, B. A. 1949.

E. J. Varona: CONFERENCIAS FILOSÓFICAS: 1. Lógica, II. Psicología, III. Moral.

CURSO DE PSICOLOGÍA, ed. La Moderna Poesía, Habana 1905.

NOCIONES DE LÓGICA, ed. La Moderna Poesía, Habana, 1902.

Este libro se terminó de imprimir
el dia 25 de mayo de 1980 en el
Complejo de Artes Gráficas
MEDINACELI, S.A.
Pi i Margall, 53
Barcelona - 24
(España)

www.ingramcontent.com/pod-product-compliance
Lightning Source LLC
Chambersburg PA
CBHW031402290426
44110CB00011B/233